# 安全氛围与安全知识对安全绩效的作用机制

马振鹏 著

东南大学出版社
·南京·

图书在版编目(CIP)数据

安全氛围与安全知识对安全绩效的作用机制 / 马振鹏著. —南京：东南大学出版社，2021.10
 ISBN 978-7-5641-9717-9

Ⅰ.①安… Ⅱ.①马… Ⅲ.①安全教育-作用-企业安全-企业绩效-研究 Ⅳ.①F407.9

中国版本图书馆 CIP 数据核字(2021)第 200304 号

## 安全氛围与安全知识对安全绩效的作用机制
Anquan Fenwei Yu Anquan Zhishi Dui Anquan Jixiao De Zuoyong Jizhi

| | |
|---|---|
| 著　　者 | 马振鹏 |
| 责任编辑 | 贺玮玮 |
| 责任印制 | 周荣虎 |
| 出版发行 | 东南大学出版社 |
| 社　　址 | 南京四牌楼 2 号　　邮编：210096 |
| 网　　址 | http://www.seupress.com |
| 经　　销 | 全国各地新华书店 |
| 印　　刷 | 江苏凤凰数码印务有限公司 |
| 开　　本 | 787mm×1092mm　1/16 |
| 印　　张 | 12.5 |
| 字　　数 | 265 千 |
| 版　　次 | 2021 年 10 月第 1 版 |
| 印　　次 | 2021 年 10 月第 1 次印刷 |
| 书　　号 | ISBN 978-7-5641-9717-9 |
| 印　　数 | 1—1000 册 |
| 定　　价 | 59.00 元 |

本社图书若有印装质量问题，请直接与营销部调换。电话(传真)：025-883791830

# 前　言 Preface

建筑业的迅猛发展虽然促进了我国经济的增长,但建筑业安全事故的频发,对社会稳定和经济发展构成了严重威胁。建筑企业作为安全事故的高发行业之一,社会各界开始着重关注建筑业安全问题。现有研究表明,安全知识的缺乏是造成安全事故的重要原因。既有文献对安全知识影响安全绩效的研究较少,且不够系统和深入,基于建筑行业视角的研究则更为稀缺。

鉴于以上背景,本研究从事故致因角度出发,结合知信行理论和社会认知理论,运用扎根理论,从收集的562条案例中提炼出98条案例和20家企业深度访谈数据进行质性研究,构建了一个多层次可调节的中介模型,探索组织安全氛围、员工安全知识和安全绩效的跨层次关系,并探讨安全态度和知觉控制感在安全知识和安全绩效关系中的中介效应。组织安全氛围作为组织情境变量,包含三个维度,即安全培训、管理监督和安全规程,三个维度分别对安全知识影响安全态度和知觉控制感关系起着调节作用,并能够直接影响安全态度和知觉控制感。

为检验上述问题,对所构建的跨层次中介模型通过文献分析和逻辑推导,对各变量的关系提出研究假设。借鉴国内外成熟量表设定调查问卷,对上海、北京、山东、河南、浙江等8个省市32家建筑企业进行调研,最终得到483份员工样本嵌套数据。通过结构方程模型运用SPSS20.0及AMOS20.0软件,对变量的信效度和个体层面概念模型进行验证;通过多层线性模型运用HLM6.08软件,对安全氛围的跨层次调节作用进行实证检验;通过逐级回归分析验证两中介变量的中介作用。

依照质性研究和实证验证结果,本书得出的主要结论如下:①运用质性研究建立了多层次可被调节的中介模型,构建了组织安全氛围、员工安全知识与安全绩效的理论概念模型,将安全态度和知觉控制感作为安全知识和安全绩效关系的中介变量。②实证表明,安全知识对安全态度具有正向影响,安全知识对知觉控制感具有正向作用。安全知识对安全态度和知觉控制感的作用路径系数都是0.75,作用效果明显。③安全态度、知觉控制感在安全知识对安全绩效的影响中起到部分中介作用,并正向影响安全绩效。安全态度对安全遵守及安全参与的作用路径系数分别为0.81和0.68,知觉控制感对安全遵守及安全参与的作用路径系数分别为 0.15 和 0.29,两中介变量作用效果显著。同时通过逐级回归分析验证了安全态度和知觉控制感起到部分中介效应。④组织安全氛围在安全知识影响安全态度和知觉控制感的关系中具有显著的跨层次正向调节作用和直接效应。安全氛围包含三个维度:安全培训、管理监督和安全规程。三个维度在调节安全知识和两中介变量的关系中起到了正向调节效应。同时检验结果还表明了安全氛围的三个维度能够分别对安全态度和知觉控制感产生正向预测作用。

本书通过质化分析和实证研究为国内建筑企业全面认识组织安全氛围、员工安全知识和安全绩效的关系提供了重要启示。理论贡献上,一是丰富了已有的安全氛围理论研究,构建了组织安全氛围、员工安全知识和安全绩效之间的概念关系模型,拓展了员工安全知识影响安全绩效的作用机制理论框架。二是揭示了国内建筑业员工的知觉控制感向安全绩效转化的个体心理中介作用机制。三是澄清了知觉控制感在员工安全绩效形成过程中的作用,为构建适合于本土情境的企业安全管理理论注入新的元素。四是阐明了组织安全氛围对员工安全知识向安全态度及知觉控制感转化的跨层次调节作用。实践价值上,首先,本书的研究结论能够帮助企业更为全面地了解员工安全知识和组织安全氛围的重要性,为企业进行科学的安全管理提供有价值的启示。其次,本研究有助于建筑企业厘清组织安全氛围、员工安全知识和安全绩效之间的影响作用,能够为建筑企业消除安全事故所带来的负面影响,预防安全事故的发生,同时有利于做好前馈控制工作,为提升安全绩效提供重要的启示。最后,本研究丰富了员工安全态度和知觉控制感的个体心理影响因素研究,能够帮助企业更为全面地进行员工安全观念和态度意识管理。

# 目 录 Contents

第1章 绪论 ·································································· 1
  1.1 研究背景 ······························································ 1
    1.1.1 现实背景 ······················································· 1
    1.1.2 理论背景 ······················································· 3
  1.2 研究问题的提出 ····················································· 4
  1.3 研究意义 ······························································ 5
    1.3.1 理论意义 ······················································· 5
    1.3.2 实践意义 ······················································· 6
  1.4 研究目标与研究框架 ·············································· 7
    1.4.1 研究目标 ······················································· 7
    1.4.2 研究框架及章节安排 ······································ 8
  1.5 研究方法与技术路线 ·············································· 9
    1.5.1 研究方法 ······················································· 9
    1.5.2 技术路线 ······················································· 9
  1.6 主要创新点 ·························································· 10

第2章 理论基础分析 ···················································· 12
  2.1 扎根理论 ····························································· 12
  2.2 计划行为理论 ······················································ 13
  2.3 社会认知理论 ······················································ 14
    2.3.1 三元交叉决定论 ············································ 14
    2.3.2 个体因素影响 ··············································· 14
  2.4 事故致因理论 ······················································ 15
  2.5 知信行理论 ·························································· 16
  2.6 多层次理论 ·························································· 17
  2.7 本章小结 ····························································· 17

## 第3章 文献回顾与述评 ... 19
### 3.1 安全绩效相关述评 ... 19
#### 3.1.1 安全绩效的界定及维度 ... 19
#### 3.1.2 安全行为的维度结构 ... 20
### 3.2 安全知识对安全绩效的作用机制研究综述 ... 21
#### 3.2.1 安全知识的含义 ... 21
#### 3.2.2 安全知识对安全绩效的影响研究 ... 21
### 3.3 安全态度、知觉控制感对安全绩效的影响机制 ... 22
#### 3.3.1 安全态度相关研究 ... 22
#### 3.3.2 知觉控制感相关研究 ... 23
### 3.4 安全氛围的研究述评 ... 24
#### 3.4.1 安全氛围的概念 ... 24
#### 3.4.2 安全氛围结构维度 ... 25
### 3.5 安全氛围和安全绩效的关系述评 ... 27
#### 3.5.1 组织环境对行为绩效的影响分析 ... 28
#### 3.5.2 安全氛围对安全绩效的影响模式分析 ... 28
### 3.6 本章小结 ... 30

## 第4章 基于扎根理论的探索性分析 ... 32
### 4.1 研究目的 ... 32
### 4.2 扎根理论研究流程 ... 32
### 4.3 研究方案设计与资料收集 ... 33
#### 4.3.1 研究方案设计 ... 33
#### 4.3.2 研究资料收集 ... 36
### 4.4 研究资料的分析 ... 38
#### 4.4.1 研究数据整理与编码 ... 38
#### 4.4.2 研究数据的开放式编码 ... 39
#### 4.4.3 研究资料的主轴编码 ... 48
#### 4.4.4 研究资料的整合类属 ... 59
### 4.5 理论饱和度检验 ... 63
### 4.6 本章小结 ... 63

## 第5章 理论模型与研究假设 ... 65
### 5.1 理论模型的完善 ... 65

5.2 模型假设 ································································· 67
    5.2.1 安全知识通过安全态度对安全绩效的影响 ······················· 67
    5.2.2 安全知识通过知觉控制感对安全绩效的预测 ······················ 69
    5.2.3 安全行为对安全结果的研究假设 ··································· 71
5.3 安全氛围的作用效应假设 ·············································· 72
    5.3.1 安全培训的作用效应 ················································ 73
    5.3.2 管理监督的作用效应 ················································ 74
    5.3.3 安全规程的作用效应 ················································ 76
5.4 本章小结 ································································· 78

## 第6章 研究设计与数据收集 ··················································· 79
6.1 研究方法 ································································· 79
    6.1.1 描述性统计分析 ······················································ 79
    6.1.2 相关分析 ······························································· 79
    6.1.3 信度分析 ······························································· 79
    6.1.4 效度分析 ······························································· 80
    6.1.5 结构方程模型分析 ··················································· 81
    6.1.6 跨层次分析技术 ······················································ 81
    6.1.7 数据处理工具 ························································· 81
6.2 问卷设计和数据收集 ···················································· 82
    6.2.1 量表设计过程 ························································· 82
    6.2.2 量表的基本结构 ······················································ 82
    6.2.3 问卷防偏措施 ························································· 82
    6.2.4 样本选择与数据收集 ················································ 83
6.3 变量测量 ································································· 86
    6.3.1 调节变量 ······························································· 86
    6.3.2 自变量 ·································································· 89
    6.3.3 中介变量 ······························································· 90
    6.3.4 因变量 ·································································· 92
6.4 本章小结 ································································· 94

## 第7章 假设检验与结果分析 ··················································· 95
7.1 信度与效度分析 ························································· 95
    7.1.1 信度分析 ······························································· 95

  7.1.2 效度分析 ································································· 98
7.2 结构方程模型与假设检验 ············································· 106
  7.2.1 个体变量间的相关分析 ······································· 106
  7.2.2 中介效应检验分析 ··············································· 107
  7.2.3 结构方程模型检验 ··············································· 111
7.3 组织层面数据聚合检验 ················································· 115
  7.3.1 描述性统计分析 ··················································· 115
  7.3.2 组内一致性检验 ··················································· 115
  7.3.3 跨层次调节效应检验 ··········································· 116
7.4 本章小结 ········································································· 122

# 第8章 结论与展望 ································································· 123
8.1 主要结论 ········································································· 123
8.2 管理启示 ········································································· 125
8.3 研究的局限性与研究展望 ············································· 127

附录 A 调研问卷 ········································································· 128

附录 B 数据编码表 ····································································· 132

参考文献 ······················································································· 174

致 谢 ··························································································· 189

# 第1章 绪 论

## 1.1 研究背景

### 1.1.1 现实背景

伴随国民经济的快速发展,我国建筑业在规模上不断发展和扩大,产业水平日益提高,在经济发展中的地位日益凸显。建筑业不但承载了固定资产的社会实现过程,而且创造了社会再就业的机会,在经济发展中起到重要作用。改革开放以来,我国经济迅猛发展并取得举世瞩目的成就,建筑业在经济发展中起到支柱产业的作用。据统计,2002年我国建筑业总产值约为1.7万亿元,2011年达到近11.8万亿元,为2002年的近7倍,年均增速超过20%。2012年高达13.5万亿元,增幅达到16.2%,建筑业已成为我国国民经济的支柱产业。2013年,全国建筑业总产值高达约15.9万亿元,同比增长17.7%。2002年到2013年期间,我国GDP每年以约10%的速度增长,我国建筑业的产值也以惊人的速度增长。2014年建筑业总产值超过17万亿元,同比增长10.2%。2015年建筑业总产值超过18万亿元,比上一年增长2.3%,国内建筑行业房屋施工面积已近124.3亿 $m^2$[①]。2020年的建筑行业增加值近7.3万亿元,比上一年增长了3.5%。全国具备相关资质等级的建筑业总承包企业利润达到8 303亿元,比上年增长近0.3%,其中国有控股企业占比较高,利润达到2 871亿元,增长了4.7%。2016—2020年建筑业生产总值的变化如图1.1所示。

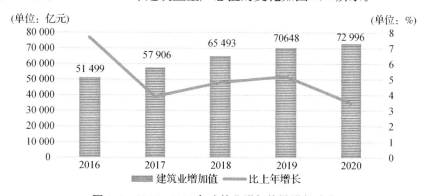

图 1.1 2016—2020年建筑业增加值及增长速度

---

① 数据来源:中华人民共和国住房和城乡建设部统计数据,2004—2015。

2014年7月住建部出台《住房城乡建设部关于推进建筑业发展和改革的若干意见》，推进我国深化改革进程，建筑业期待转型升级。2017年2月，为贯彻和落实《中共中央国务院关于进一步加强城市规划建设管理工作的若干意见》，国务院办公厅印发《关于促进建筑业持续健康发展的意见》，进一步深化建筑业"放管服"的改革，加快产业升级，推动建筑业持续健康发展，为新型城镇化提供支撑。我国建筑业快速发展，动力源于国民经济高速发展，但其内部的结构调整、技术创新相对缺失。建筑业属于劳动密集型产业，它的快速发展和组织内部的结构、制度建设和管理方式等匹配不当，容易形成粗放式的经营模式，导致组织内部结构、技术投入及管理职能难以和安全生产能力同步，从而引起安全事故等一系列问题。

建筑业事故频发，安全事故居高不下，属于典型的高危行业，主要原因在于建筑业具有技术水平要求偏低、项目工期较长、密集型劳动等特点。同时安全事故也是世界各国面临的一个严重问题。每年经济损失与GDP的2%相当，高达2 000亿元[1]。2011—2020年期间，各类生产安全事故发生数量虽逐年下降，但死亡人数仍居高不下。安全生产虽较为稳定，但形势依然严峻。

在全球范围内建筑业都属于事故多发行业。美国劳工部（United States Department of Labor）统计显示，2012年美国建筑业内死亡人数高达775人，是所有行业死亡人数的20%，也是近年死亡人数最多的行业。英国健康安全局（Health and Safety Executive）2012/2013年度的调查显示了建筑业死亡人数占全行业的27%。国内建筑业安全状况非常不理想，国家安全生产监督管理总局的数据表明，2011年建筑业成为死亡人数最多的行业。虽然2012年事故发生率比2011年下降4.7%，但死亡人数仍居高不下，达到7万多人。2012年建筑施工企业发生较大事故100多起，在工矿商贸事故中占比最高①。住建部的统计表明，2014年前8个月，全国房屋市政工程生产安全事故达到327起，死亡人数达到393人。2019年，国内共发生住房和市政工程安全生产事故773起，死亡人数904人，比2018年增加事故39起，死亡人数达到64人，分别上升5.31%和7.62%。全国31个省（区、市）和新疆生产建设兵团均有房屋市政工程生产安全事故发生，17个省（区、市）死亡人数同比上升。国内每年安全事故造成的直接经济损失达上百亿元，造成了严重的不良影响，并给我国人民的生命财产和国民经济造成了重大损失。

从世界安全事故情况来看，2013年世界重大事故总量高达35万起以上，建筑企业事故数量高居榜首②。从世界各国和地区来看，建筑业安全事故导致的经济损失占建设总成本的比例也相当高，在美国建筑业事故造成的损失达到建设总成本的7.9%，在英国占

---

① 数据来源：国家安全生产监督管理总局。
② 来自权威国际劳工组织统计。

到建设总成本的3%～6%,中国的直接和间接损失则达到建设总成本的8.5%①。从2011年到2020年的10年间,我国建筑施工企业事故数量和伤亡人数②如图1.2所示,虽然事故发生数量逐步减少,但事故数量和人员伤亡仍然比较高,在世界各地建筑业仍然是事故多发行业之一。

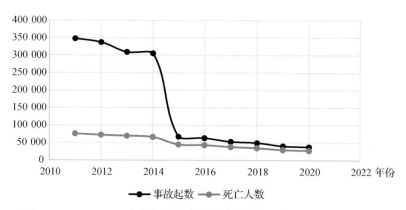

图1.2 2011—2020年期间全国安全生产事故发生起数及死亡人数情况

安全问题不仅影响建筑业的发展,还影响了人类的物质文化生活和社会的长治久安,已成为世界性的焦点问题。安全事故往往造成项目工期拖延、人员伤亡和巨大经济损失,同时会对整个社会形成严重伤害,其直接及间接损失巨大。建筑业的迅猛发展,造成建筑安全形势严峻,建筑业面临的不确定性因素影响增加,使得我国建筑业将面临巨大挑战。建筑业安全问题以及如何提高建筑业安全绩效是产业界和学术界关注的焦点,并引起社会各界的关注。

## 1.1.2 理论背景

世界卫生组织统计表明,由于安全事故形成的经济损失已经占到GDP总量的4%～5%[2]。安全事故对经济的影响相当可怕,同时其对社会及家庭的冲击也相当惊人[3]。20世纪50年代后期,美国工程师海因里希(Heinrich)在美国调查了7.5万起工业事故,发现"人为因素"造成的事故比例达到88%,机械设备造成的事故占10%左右,而由不可抗力引起的事故仅占事故总数的2%。同时,"人为因素"造成的疏忽直接导致"硬件"的不安全状态[4]。Heinrich提出的事故致因链表明,造成事故的主要因素有两个:一是人为因素,二是机械设备等不安全状态。该事故链为事故原因的探索和预防提供了基本的理论和方法框架,对后续安全事故原因的研究分析和实际生产管理具有巨大的影响[5]。

---

① 来自中国建筑安全网,http://www.jzaq.com/,安全管理专栏。
② 来自中华人民共和国住房和城乡建设部官方网站,http://www.mohurd.gov.cn/,统计信息专栏。

Salminen 等从个体因素和行为因素的角度研究了 20 世纪 80 年代末芬兰的安全事故,发现人为因素造成的事故占事故总数的 84%～94%[6]。杜邦公司经过近 10 年的统计分析发现,人为因素占事故总数的 95% 以上。我国的实证研究也发现,施工人员的不安全行为是建筑业安全事故发生的重要原因。颜伟文等在研究中提到,国内 90% 的安全事故是由人的不安全行为引起的[7]。美国建筑业的伤害率和死亡率一直遥遥领先[8]。建筑业安全事故高发的一个重要原因是移民劳动力的教育水平低,缺乏相应的安全知识和意识,缺乏系统的安全培训[9]。张吉广和张伶认为事故发生的主要原因是管理疏忽和违反安全规定[10]。在安全事故的主要影响因素中,不仅有环境、机械设备等物理因素,也有员工安全行为等人为因素[11]。此外,人为因素和物质因素是事故发生的直接原因[12]。俞秀宝发现安全事故的三个关键要素,包括安全知识、安全态度和知觉控制感等[4]。以上研究表明,安全知识、安全意识、安全态度等人为因素成为预防安全事故的重要因素。

社会交换理论认为,个体的特定行为是交换结果的体现。一个和谐的企业安全氛围可以对员工的心理产生积极的影响,有利于员工的积极行为[13]。在硬件设备投资边际效益递减的情况下,很难避免安全事故的发生。因此,许多学者对员工安全行为的研究已经转移到人的因素研究,尤其是对制度文化和安全沟通的研究[14]。Cheyne 和 Oliver 等人进一步研究了员工心理等个体水平和组织管理对安全绩效的影响[15]。

综上所述,通过对安全事故原因的分析,发现安全知识、安全态度或意识是影响安全事故的重要因素,研究安全知识、安全氛围之间的关系,以及对安全行为、安全绩效的影响已为国内外学者广泛关注。安全知识通过什么途径对安全绩效造成影响,安全知识(个体因素)和安全氛围(环境)之间保持一种怎样的交互关系,安全氛围如何发挥调节作用才能有效提高安全绩效,是一系列值得研究的课题。

## 1.2 研究问题的提出

建筑行业的危险性和安全事故的居高不下,引起了社会各界的关注和重视。为了保证安全生产活动的有序进行,建筑企业在安全管理方面不断地进行改进和调整,陆续投入了大量的人力、物力、财力,在一定程度上提高了公司安全绩效,降低了公司的事故发生率,避免了较大的经济损失,但国内建筑行业安全事故仍频繁发生。如何保障建筑业的安全生产、减少安全事故、保障从业人员的人身安全,以及探讨建筑业的安全事故原因,从人因角度探索员工安全绩效的影响因素和机制,成为当前学术界研究的焦点,也为解决当前安全管理问题提供新的路径。

事故发生的常见原因之一是员工缺乏足够的安全知识[12]。俞秀宝提出,在造成安全事故的三个关键因素中,主要分析员工的安全知识和个体心理状态[4]。Campbell 的研究将员工的安全知识、技能和安全动机作为影响安全绩效的主要因素[16]。同时,它们是影响安全绩效的不同因素[17]。学者们进一步研究了上述三个因素对安全绩效影响的差异,认为在影响安全绩效两个维度(安全参与和安全遵守)的过程中,员工的知识和技能对安全遵守有较强影响。安全动机能够较强影响安全参与。安全知识对安全行为的影响已基本得到证实[18]。国内学者也提出了类似的观点,认为安全事故发生的一个重要原因是员工缺乏安全知识[19]。理论分析表明,安全知识、安全态度等人为因素是影响安全事故的重要因素。

社会认知理论认为个体、行为和环境三要素之间相互作用,个体行为会受到外部环境和个人心理感知两个要素的影响[20]。Cox 和 Cheyne 研究表明安全管理因素对员工安全行为的影响存在很大的不同[14]。对于外部环境而言,企业所提供的安全氛围就是很重要的安全管理因素,安全氛围的提出,非常有利于规范和制约员工的安全行为[13],它可以作为提升员工安全素质的柔性方法[21-22],Williamson 等提出可从改进个体的心理因素着手提升安全绩效[23],影响安全绩效的因素同时还包括个体的安全态度以及安全监管、组织对安全管理及培训的态度等内容[24]。由此可知,安全氛围概念的提出便于探讨人为因素在安全管理中的作用。

综上所述,安全绩效受员工安全知识、安全态度和安全行为等因素的影响,这些因素也是造成行为发生和事故结果的关键因素。本研究围绕"安全知识是通过什么途径以及如何影响安全绩效"这一中心深入开展研究,试图探求安全知识对安全绩效的作用影响机制。具体而言,本研究主要探究以下问题:

(1) 安全知识通过什么路径对企业安全绩效产生影响?
(2) 安全态度和知觉控制感在安全知识对安全绩效作用过程中的具体作用是什么?
(3) 安全氛围作为组织情境因素如何调节安全知识与安全态度间的关系,以及对安全态度的作用?
(4) 安全氛围作为组织情境因素如何调节安全知识与知觉控制感间的关系,以及对知觉控制感的影响作用?

## 1.3 研究意义

### 1.3.1 理论意义

本研究以建筑企业为研究对象,结合计划行为理论、社会认知理论、知信行理论(Knowledge-Attitude-Practice,KAP)与已有文献,运用扎根理论(the Grounded Theory)的质性研究方法探索提升安全绩效、降低安全事故的关系模型,构建并验证安全知识影响安全绩效的理论模型;针对研究内容,归结出有助于丰富和拓展安全绩效研究深度和范围的体系,形成理论贡献和实践价值。

（1）从作用机制角度剖析安全知识影响安全绩效的过程。既有文献针对安全知识与安全行为间的关系，认为有两种不同的作用——直接作用和间接作用。学者在研究安全知识作用于安全行为过程中，考虑个体的不同心理状态，采用不同的变量作为中介，目前尚未对安全知识影响安全行为和绩效进行深入系统的研究，安全管理的研究成果还比较少。本书结合计划行为理论、知信行理论和社会认知理论等相关理论，构建"安全知识—安全绩效"影响机制模型，认为安全知识能够影响安全绩效，在安全知识影响安全绩效的过程中，个人安全态度和知觉控制感起中介预测作用，安全氛围在安全知识与安全态度、安全知识与感知控制之间的关系中起情景效应。进而对模型进行实证检验，并得出了合理性的结论。

（2）验证安全氛围在安全知识对中介变量作用过程中的调节作用。安全知识对安全态度和知觉控制感作用过程中，安全氛围影响了它们之间的作用过程。学术界一般将安全氛围作为个体层面，而安全管理实践中将安全氛围作为组织层面运行，目前研究较少将其作为组织层面直接运用于建筑企业的具体情境中。研究组织安全氛围对安全知识与中介变量（安全态度、知觉控制感）之间关系的跨层次调节，更加切合实际，视角新颖，在情境适用性方面做出一定的理论贡献。

（3）丰富和完善国内学者既有的研究成果，深化安全氛围内涵及维度结构。既有安全氛围的研究中，多维度结构的内容、形式和结构等存在很大的差异性，且针对不同的研究对象和不同的内容，安全氛围的表现形式和结构不同。为了深入、系统地研究安全氛围对建筑业员工的安全绩效的作用过程，本书从组织层面出发，比较和分析了安全氛围多因子结构，选择适应建筑企业安全管理的内容和结构，奠定实证研究的基础。

## 1.3.2 实践意义

引发建筑行业安全事故的原因主要包括两类：一类是自然事件，一类是个人行为导致的事故。个人不安全行为是安全事故发生的主要原因。开展本研究的实践意义包括以下方面：

（1）对安全知识影响安全绩效过程的探索，有助于安全管理者加深对安全知识影响机制的理解。本研究选取了事故致因理论、计划行为理论、知信行理论等基础理论，通过构建安全知识对安全绩效的理论模型，运用实证研究对理论假设进行验证，其结果深化了管理层对安全知识—安全绩效过程的理解，利于员工改进安全态度，进而改善自身安全行为，促进安全绩效的提升。

（2）通过安全氛围作为情境变量来观察安全知识对安全态度和知觉控制感的作用效应，能够指导管理者通过改变组织环境来提高安全绩效。本研究借鉴社会认知理论、心理学场论和多层次理论，对建筑业安全氛围的系统阐释和影响作用的检验，加深建筑企业管理者理解安全氛围及其对安全绩效的促进作用，为企业开展营造安全氛围的活动提供借鉴，最终降低事故发生率。

（3）提升员工的安全意识，有利于促进安全绩效的提高。本研究采用安全态度和知觉控制感为媒介，探讨对员工行为的影响，其结果为企业重视安全意识，改进现场的安全参与、安全遵守等管理方式和措施提供指导性建议。

研究结论有助于建筑业结合自身情况制定相应的安全管理规则，能够有效干预安全氛围、个体安全知识和安全态度等内容，强化员工的安全行为，具有很强的指导意义和实践价值。

## 1.4 研究目标与研究框架

### 1.4.1 研究目标

本研究基于事故致因理论、计划行为理论、社会认知理论和知信行理论等基础理论，分析建筑企业组织安全氛围、安全知识和安全绩效的关系，构建安全知识、安全氛围与安全绩效的作用机制。研究以国内建筑企业为研究对象，通过扎根理论进行探索性分析，构建理论概念模型，实地调查采集样本数据，利用结构方程模型探讨建筑业员工安全知识对安全绩效的作用机制，以不同的心理变量作为中介，对安全绩效形成不同的影响路径。在作用机制过程中首先对安全行为产生影响，通过行为影响到安全结果。

本研究将安全氛围作为调节变量，深入探讨安全氛围作为情境因素的作用，丰富了安全领域的研究成果，本书研究目标主要包括以下内容：

1. 验证安全知识对安全绩效的影响机制

对安全知识对安全绩效的作用机制，采用结构方程模型进行验证；安全绩效由两个维度构成：安全行为（安全遵守、安全参与）和安全结果，将安全行为作为前因变量，然后进一步分析安全知识对安全行为和安全结果的具体影响。对各变量进行信效度检验，并对模型进行效度检验。

2. 安全态度和知觉控制感作为中介变量的效应机制

个体心理包括安全态度和知觉控制感两个变量，作为安全知识和安全绩效的中介变量，对安全态度和知觉控制感是否发挥中介作用做出检验，并判别中介类型，进行类型分析。

3. 剖析安全氛围的因子结构及作为情境变量的跨层次调节作用

提出组织安全氛围的维度包括安全培训、安全规程和管理监督，在安全知识作用于安全态度和知觉控制感两个中介变量过程中起到调节作用。个体层面的影响过程镶嵌于组织层面，组织层面影响到个体层面的活动，分别对三个维度如何发挥调节效应进行检验。

4. 有助于建筑企业在理论上提升安全绩效

依据安全知识影响安全绩效的机理过程，结合建筑业的实际情况，从安全结果的前置变量安全行为入手,开发具有针对性的管理策略,调整安全知识、安全氛围、安全态度、知觉控制感等变量,提出建筑企业安全管理的建议。

### 1.4.2　研究框架及章节安排

本研究主要内容分为8章,具体如下:

第1章　绪论。主要阐述本研究的实践和理论背景,归纳出研究问题和研究价值,确定研究目的、内容框架、研究方法和技术路线等,最后说明本研究的主要创新点。

第2章　理论基础分析。本研究对计划行为理论、社会认知理论、安全致因理论等相关基础理论进行了分析,借用以上理论的研究框架,构建本书的研究思路和概念模型。

第3章　文献回顾与述评。首先界定安全知识、安全态度、知觉控制感、安全氛围和安全绩效等的定义,并从理论角度分析以上变量间的关系,探求安全态度和知觉控制感所起到的中介作用,以及安全知识、安全氛围等变量对安全绩效的影响,从而引出本研究所涉及的问题。

第4章　基于扎根理论的探索性分析。运用扎根理论构建初步概念模型,收集安全事故案例资料,并结合企业深度访谈形成分析数据。对数据进行编码后,形成主要类属概念,并对概念进行故事线串联,进而形成初步理论模型。

第5章　理论模型与研究假设。在对国内外研究现状述评的基础上,提出概念理论模型,界定各潜变量的含义,对各变量进行测量,形成测量量表。然后根据理论基础,挖掘并阐述安全知识对安全绩效的影响作用,同时验证了安全氛围的调节效应,并提出本研究的理论假设。

第6章　研究设计与数据收集。根据前期研究结果,借鉴国内外建筑业及其他高危行业成熟量表,首先对安全知识、安全氛围、安全态度、知觉控制感和安全绩效等变量量表进行设计。然后通过对建筑企业数据的收集,对各变量量表题项进行信效度检验,保证量表的信效度。

第7章　假设检验与结果分析。首先进行描述性统计分析、变量间相关性分析、变量的信效度分析。其次检验安全知识对安全绩效作用过程,以及安全态度和知觉控制感在以上过程中的中介作用、安全氛围作为情境变量的调节效应。最后,汇总和讨论假设检验的各项结论。

第8章　结论与展望。根据研究内容归结出主要研究结论,分析本课题研究的不足之处,并展望研究的未来规划。通过总结分析,提出创造良好的安全氛围,增强员工安全知识以及安全态度等,在安全管理方面提出建议,以利于建筑企业进行实践借鉴。

## 1.5 研究方法与技术路线

### 1.5.1 研究方法

采用文献分析、扎根理论、深度访谈、结构方程和跨层次理论等多种定性与定量的研究方法,论证研究问题和概念模型等内容,不同研究阶段采用不同的研究方法。本研究在各层面的研究方法主要包括:

1. 文献研究结合调查访谈

整理有关文献,通过文献研究认识实际问题;采用访谈对测量工具和变量的设定等进行确定和验证,以便于和实际问题相匹配。文献研究与深度访谈相结合,两者互为辅助和补充。一方面,便于切入到本研究中,另一方面为模型构建和假设提出提供理论基础。

2. 扎根理论的质性研究与模型验证

通过扎根理论进行探索性分析,并结合理论分析构建理论概念模型,建立安全知识和安全绩效的作用机制模型,拟合了员工安全行为的作用机制过程。基于情景理论和扎根分析,考虑个体层面嵌入组织层面,安全氛围对个体层面的影响机制起到调节效应。鉴于计划行为理论和知信行理论,设定了个体层面的影响机制过程,理论的验证结果保证了建筑业员工的安全行为和安全绩效的提升,有利于建筑企业对安全管理的改善。

3. 定性研究和定量实证研究

理论模型设计及构建主要采用定性研究,统计分析与假设检验主要采用定量方法。借鉴国内外成熟量表,基于中国国情进行实地调研,保证了问卷回收的数量和质量。在充分理论探讨形成研究假设后,本研究采用了问卷调查的方法向全国具有代表性的32家建筑企业发放问卷600份,获取483份有效问卷,取得所需的足够数据。本研究利用描述性统计分析、信效度分析、相关分析、跨层次分析、结构方程建模等统计分析方法对样本数据进行研究,对基本假设进行实证检验,探索安全知识对安全绩效的基本影响路径。

4. 多种统计分析方法相结合

本研究对个体层面数据采用SPSS20.0和AMOS20.0等统计分析软件。研究涉及变量包括个体和组织两个层面。为提高实证研究的准确性,对组织层面影响个体层面的关系模型采用跨层次分析方法,应用HLM软件进行分析检验。

### 1.5.2 技术路线

本研究主要有文献述评、模型构建、理论检验和研究总结四部分,本书的第1章和第3章主要进行文献分析,相关理论基础的分析放在第2章。第4至5章构建模型,在理论基础、文献分析和扎根理论探索的基础上,构建安全氛围、安全知识与安全绩效的跨层次模型。

最后对模型进行验证,通过样本选取、量表设定、数据收集等选择研究方案,运用结构方程模型和多层次理论对模型进行检验。具体研究思路与技术路线见图1.3。

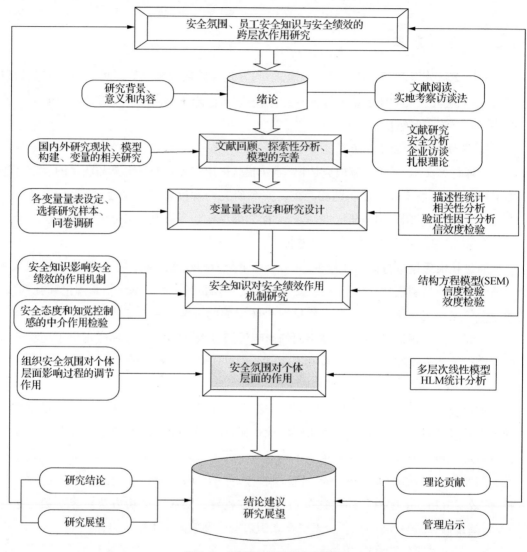

图 1.3　研究思路与技术路线图

## 1.6　主要创新点

本研究在总结现有研究成果的基础上,从跨层次研究视角出发,通过文献回顾、探索性分析和逻辑推导构建了组织安全氛围、员工安全知识和安全绩效的概念模型,采用结构方程模型和跨层次方法进行检验,明确了员工安全知识如何通过个体的安全态度和知觉控制感对安全绩效起作用,以及安全知识对安全态度和知觉控制感的作用机制所起的调节作用和直接效应。通过研究主要获得了以下三方面的创新与理论贡献：

1. 构建了组织安全氛围、员工安全知识和安全绩效的概念模型，拓展了员工安全知识影响安全绩效的作用机制理论框架。

现有的相关研究根植于西方管理情境，重视探讨影响员工个体因素与安全绩效间关系的作用机制，或者探讨二者间的个体心理中介效应或组织情境调节效应，但同时考查两类作用效应的成果却并不多见，而且结合国内建筑企业情境特质对两类作用机制的研究尤其缺乏。因此，本研究在探讨国内建筑企业员工的安全知识对安全绩效的作用关系时，以知信行理论（KAP）和计划行为理论（TPB）相整合作为研究框架，并运用扎根理论作为探索性分析工具，结合国内建筑企业的案例数据和访谈资料，厘清了员工安全态度及知觉控制感的中介作用和组织安全氛围的跨层次调节作用。

2. 揭示国内建筑业员工的知觉控制感向安全绩效转化的个体心理中介机制。

本研究通过对实践案例和访谈数据的探析，基于计划行为理论和社会认知理论，并结合国内建筑企业员工行为特点，揭示了知觉控制感是形成员工安全行为及绩效的一个前因变量。这个结论有效地将个体因素的解释力从社会情境推广到组织情境，说明了员工个体因素在安全行为的形成中起到重要作用，从而完善了建筑企业员工安全绩效的形成机制。明确了知觉控制感在员工安全绩效形成过程中的作用，有助于充实和完善安全行为成因及影响的理论支撑，为构建适合于本土情境的企业安全管理理论注入新的元素。

3. 阐明了组织安全氛围加强员工安全知识向安全态度及知觉控制感转化的跨层次调节机制，也说明了组织情境对员工安全知识内化为个体心理作用的跨层次调节机制。

安全氛围是组织内员工共享的对于具有风险的工作环境的认知[25]，表现为个人和组织在特定时间内对安全状态的认知，常与企业内部的工作环境和安全状态问题紧密相关[26]。国内建筑企业普遍存在安全氛围的组织情境作用，管理者往往在组织内营造一种促进员工安全意识和心理特征积极化的情境。组织环境对个体因素和个体心理有直接或间接的影响。本研究结合扎根理论的探索性分析，探索出构成组织安全氛围的三个维度：安全培训、管理监督和安全规程，构建了组织安全氛围调节员工安全知识对安全态度和知觉控制感的跨层次概念模型。并通过 HLM6.08 软件进行分析，检验出组织安全氛围三个维度能够正向调节安全知识对安全态度和知觉控制感的作用关系，并对安全态度和知觉控制感产生正向预测作用。既有研究中，组织安全氛围往往作为自变量对安全行为或绩效进行预测，而作为组织层面的情境变量对个体心理因素调节研究比较缺乏。本研究通过实践性探索分析，对组织安全氛围这一调节性情境变量进行确认，明确了组织安全氛围加强员工安全知识向安全态度及知觉控制感转化的跨层次调节机制，以及组织情境对员工安全知识内化为个体心理作用的跨层次调节机制。

# 第 2 章　理论基础分析

本研究以员工安全知识为自变量、组织安全氛围为调节变量、安全绩效为果变量(因变量),运用跨层次理论,研究组织安全氛围、员工安全知识与安全绩效之间的跨层次作用机制,主要涉及扎根理论、计划行为理论、社会认知理论、事故致因理论、知信行理论和多层次理论等。

## 2.1　扎根理论

依照本研究的主要内容及问题,将扎根理论作为理论模型构建的方法。扎根理论是一种较为常见的质化研究方法,由 Glaser 和 Strauss 于 1967 年在《扎根理论的探索》中提出[27]。扎根理论作为一种典型的定性研究,将理论内容与实践相结合。它可以分析和组织实践或文献,为科学家组织第一手资料和构建理论提供一套程序和方法,最终形成合理的理论概念[28]。它是以实际研究为背景,通过文献、案例、观察或访谈等各种方式收集资料,应用量化方法进行分析整理,以探测和阐释社会问题的综合研究方法。"在扎根理论研究方法中,一切都是数据"[29]。研究人员需要以开放的心态对待关注的问题,并充分关注不断出现的数据。这是运用这一理论进行研究的基本要求。[30]

扎根理论以实际研究背景作为收集数据和资料的基础,对数据进行比较分析,以此提炼理论和概念范畴,作为理论构建的依据,在理论研究与实践之间搭建桥梁。扎根理论通过对实际研究背景及自身的分析理解进行理论提取,是形成新理论的一种质化研究方法。这种方法认为从现实资料和情境中提炼和浓缩的理论才会真正长效。这种自下而上的归纳式研究能够为理论研究与经验研究之间架起桥梁,这一方法不但注重现实资料的整理,还非常重视理论的提取、归纳和提升,避免了纯粹的理论探讨与经验研究的脱节行为,同时也规避了社会科学界前期研究中存在的不足。扎根理论很少在收集数据之前提出研究假设,主要基于实际数据对提取的数据进行总结和改进。研究者运用扎根理论进行研究,需要采用灵活的方式收集和分析定性的文献或数据,并在数据中构建理论[31]。同时这一方法还描述了进行研究的步骤,并提供进行研究过程的路径。

扎根理论是了解所研究内容的一种方式。Strauss 的观念反映了实用主义思想,认为深入现实情境非常重要,基于现实的理论能够解决实际问题,而不是构建空洞的理论。Glaser 采用编码技术进行质性分析,具体思路包括:一是同步开展资料收集和分析;二是排除预想的假设,从数据资料中构建代码和类属;三是在收集资料的同时不断进行比较;四是理论发展一直贯穿于数据收集和分析过程中;五是采用备忘录等形式记录和完善类属,记录各类属的特点和相互间的关系,同时分析各类属间的差别;六是为建构概念进行抽样。依照以上程序控制研究过程,能够增强研究的分析力度和科学性。

通过以上分析,本研究以 Charmaz 的建构扎根理论作为研究基础,借鉴 Glaser 原始扎根理论的基本原理和思路,以 Strauss 和 Corbin 的流程和做法作为具体的操作技术[32-33]。本研究中安全知识及安全行为、绩效等的研究已为国内外多数学者所认同,但是建筑行业员工安全知识及其对安全绩效的作用机制仍是建筑业研究的空白。安全知识属于员工的意识世界,量化研究难以完全触及,因此,用扎根理论去研究人和事,可以更好地诠释个体安全知识、安全态度、安全行为、安全绩效等在组织安全氛围下的过程。同时,在真实的建筑安全事故案例和访谈中去提炼概念,建构的理论会更加客观。

因此,本研究采用扎根理论方法,着眼于安全知识对安全绩效的作用效果和路径,以及调节因素在作用机制过程中的影响进行质性研究,从个体和组织两个层面进行探讨和理论构建,为进一步实证研究奠定基础。

## 2.2 计划行为理论

Ajzen 在理性行为理论(Theory of Reasoned Action,TRA)的基础上提出了计划行为理论(Theory of Planned Behavior,TPB),它主要从心理学的视角探索个体行为的转变[34]。根据这一理论,个体行为改变包括三个主导因素:行为态度(Attitude)、主观规范(Subjective Norm)和知觉行为控制(Perceived Behavioral Control)。行为态度是指个体对某一行为的评价或积极和消极的感受。主观规范是个人在其他人或组织指导下进行某项行为。知觉行为控制反映了个体对过去经验和预期障碍的认知。当个体感到自己拥有更多的机会和资源,而预期障碍更少时,他们会加强知觉行为控制。以上三个变量可以通过意愿这个中介变量间接影响行为,同时也可以直接影响实际行为的产生。理论模型中还包含行为意向(Behavior Intention,简称意愿)和行为(Behavior)两个因素,意愿是指个体对于采取特定行为的主观判定,是个体实际行动前的心理及动机的反应和强化过程。行为是指个人实际采取行动的行为。因此,三个变量紧密相连,共同影响个体行为意向。其运行机理模型如图 2.1 所示。

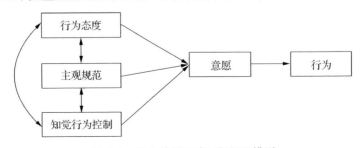

**图 2.1　行为计划理论运行机理模型**

本研究借鉴了该理论,深入探讨行为态度和知觉行为控制对建筑业员工安全行为的作用及其形成机理。建筑企业员工若对安全持有积极的态度,通过激发参与兴趣和动机进而表现出积极的参与行为。安全态度能够促进员工安全行为的形成,因此培养良好的安全态度很有必要。

当建筑企业安全氛围中各项规章制度、教育培训等运作规范时,员工在参与中能感受到实际收获和被重视的感觉,企业容易产生凝聚力和向心力,促使员工产生参与的意愿。在提升员工安全知识的基础上,通过强化员工的安全态度和知觉行为控制营造一种安全氛围,促使建筑企业员工认为应该参与安全管理,进而转化成企业员工内心的意愿。建筑企业员工如果对自己充满信心,并能够较好地控制自己,则会为证实自己而努力工作,同时也会产生规范化的行为,从而更好地证实自己。

## 2.3 社会认知理论

社会认知理论(Social Cognitive Theory)是由美国心理学家班杜拉(Bandera)在社会学习理论的基础上提出的[35]。该理论从引发个体行为的作用出发,着重探讨行为与环境间的相互作用,即探讨个体、行为与环境因素,三者间的相互作用及其对人类行为的影响。其主要观点如下:

### 2.3.1 三元交叉决定论

三元交叉决定论描述了个体、行为和环境之间的动态相互作用,个体能力和外部环境共同决定个体行为。由于三者之间动态交互决定,形成三元交叉决定论。第一,环境和人的行为相互影响;第二,人的意向信念和情感等内在因素与人的行为、外部环境之间相互影响;第三,在人与环境的关系中,认知能力与环境相互影响、相互制约。班杜拉强调,这三个因素对行为的影响是不均等的。在不同的时间和条件下,这三个因素都可能成为影响行为的主导因素,如图 2.2 所示。

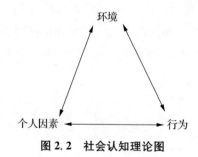

图 2.2 社会认知理论图

### 2.3.2 个体因素影响

班杜拉认为人的心智活动能够驱动行为。班杜拉的社会认知理论强调了认知因素对行

## 第 2 章 理论基础分析

为变化的影响,揭示了人类行为的形成机制,认为人的认知因素能够起到主导作用。同时,他认为影响个体行为的主要因素是自我效能感和结果期望。自我效能感是对一个人完成特定任务的能力的判断,结果期望是个体对自身行为的期望结果。结果期望影响行为,在其他条件相同的情况下,个体倾向于选择积极结果最大化、消极结果最小化的行为。

在本研究中,环境因素对应的是组织安全氛围环境,个体因素可以视为是安全知识、安全态度和知觉控制感,行为因素则是指安全行为(安全绩效)。在本研究中,包括两个机制:安全知识影响安全绩效的作用机制,安全氛围影响个体层面的调节机制。

## 2.4 事故致因理论

事故致因理论是研究事故如何发生以及如何防止发生的理论,它以具体事故为基础,经过原因分析,提炼出相应的事故机理和模型。本书根据研究需要,把与人的不安全行为相关有代表性的理论进行阐述。具有代表性的理论主要贡献及不足如表 2.1 所示。

表 2.1 事故致因理论综合状况表

| 理论名称 | 主要贡献 | 局限性 |
| --- | --- | --- |
| 海因里希(Heinrich)因果连锁论[5] | 海因里希借助于多米诺骨牌描述了事故的因果连锁关系。中止连锁过程达到控制事故的目的。此理论有助于生产事故的预防 | 过程描述过于简单、绝对化 |
| 博德事故因果连锁理论 | 进一步发展了海因里希理论,描述了管理失误对事故的影响,指出安全管理的重要程度 | 未能深度探求事故发生的因果关系 |
| 瑟利模型 | 为事故预防提供了具有实际意义的思路,它分析危险出现、释放到事故致因 | 忽视了危险源及其可观测性 |
| 轨迹交叉论 | 为预防事故提供思路,它关注人和物的不安全状态,指出如避免二者在时空上的交叉,则在相当程度上可控制事故 | 事故的发生呈现较为复杂的因果关系,并不是简单的人和物两条轨迹 |

综合国内外研究结果,事故致因理论大致经历了三阶段:一是单因素理论,它强调人的不安全行为或物的不安全状态的单个因素;二是双因素理论,它包括人和物以及两者的共同作用;三是多因素的事故致因理论。伴随着人们的认识和意识能力不断深化和增强,多因素事故致因理论认为事故是社会因素、管理因素和危险因素被偶然事件触发引起的,其中事故的直接原因导致偶然事件的触发,间接因素引发了直接因素,其中间接因素主要包括经济、文化、教育等社会因素。总体来说,多因素的事故致因理论主要包括人、物、环境和管理等,它们之间相互作用而引发多重原因。将事故致因理论进一步拓展到建筑企业员工安全行为中,则能更好地阐释建筑企业内部的安全行为以及安全事故发生的根本原因。事实表明,安全生产事故既是偶然,也存在必然的规律性,运用事故致因理论可以揭示导致安全事故发生

的多种因素,由表及里,从而为安全管理研究提供强有力的理论指导以及扎实的理论基础支撑,图 2.3 为建筑企业安全事故致因机理图。

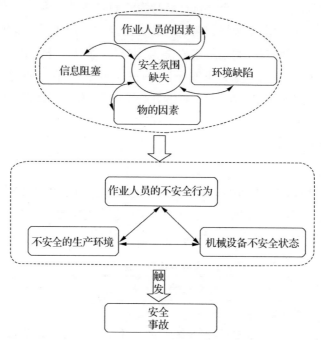

图 2.3　建筑企业安全事故致因机理

## 2.5　知信行理论

1950 年哈佛大学的梅奥教授(Mayo)等提出知信行( knowledge-attitude-practice 以下简称 KAP)理论[36]。KAP 理论阐述了从传递知识到改变不良行为的一个过程,把人们的行为分为获取知识、转变态度和形成正确行为的模式,即从认知到采取行为的过程。知信行包括知识(Knowledge)、态度(Attitude)和行为(Practice),以上三者的首字母简称 KAP。知信行理论模型随着研究的发展,应用范围不断扩大,不再局限于个体的健康行为的解释,已经延伸到个体的其他行为。依照知信行理论,通过知识或态度的改变来转变人的行为。知信行理论模型如图 2.4 所示。

图 2.4　知信行理论模型

该理论模型中,知、信和行三者相互作用,"知"代表知识、教育或认知;"信"是行为的重要动力;"行"是行为,代表个体行为。个体首先必须具备相关的知识储备,才能够进行整体思考,构成自己的态度,通过积极的态度引导自身行动。此理论说明了知识、态度与行为等具有密切关系。但所有知识并非都可以转变成行为,还必须施加外界因素,其中教育、培训和沟通等是重要的外界因素。总而言之,知识、态度和行为三者只有相互结合、相互作用,才能构成知信行理论。这一理论不仅应用在行为科学研究领域,而且已扩展到了教育学、管理学、经营学等应用领域。

## 2.6 多层次理论

多层次理论又称跨层次理论,涉及不同层次的变量之间的关系。一是高水平变量直接作用于低水平变量,称为跨层次直接效应模型。二是两个不同层次的变量之间的相互作用影响较低层次的因变量,称为跨层次调节模型。第三种因变量,利用个体在团队或组织中的相对位置来影响个人水平,称为池塘效应。

多层次性理论是综合研究个体、群体和组织关系的方法。特别是组织行为学领域以研究个体为主,它不仅是独自的个体,而且是镶嵌于组织内的个体。而传统研究中,仅考虑同一层面因素的影响与关系,往往在不同情境下得出不同的结论。个体层面的研究充分考虑了个体的差异,而忽略了其在团队或组织内的差异,如果忽视这种不同层面上的差异,就可能导致个体层面研究结论上的失误。本书通过分析影响个体心理和行为的多层次变量,揭示情境的重要性和构建多层次理论的必要性。本书将在实证数据分析中应用多层线性模型方法及其理论对安全氛围的跨层次调节进行分析。

## 2.7 本章小结

为了清晰表述安全知识、安全氛围对安全绩效的理论运行机理,整体研究的理论支撑设计运行系统如图 2.5 所示。图中展现了各个组成部分之间的逻辑关系、信息及各因素间的作用机理,便于理解各因素间的作用和理论体系运行的系统性。

本研究在事故致因理论和行为安全管理理论基础上提出研究问题,由事故致因理论探求事故致因的主要原因或关键要素,结合既有文献的研究,认为安全知识是引起安全事故的主要原因之一,但其对安全绩效的相关研究较少,且对安全绩效的影响过程还需要进一步探索。基于此,提出"安全知识影响安全绩效的作用机制"这一核心问题。由于建筑行业属于高危行业,虽企业投入较多,事故却居高不下,本研究从建筑业的视角对宏观背景、组织环境和个体特征及行为进行分析。

社会认知理论为探索个体因素、个体行为与环境的相互作用提供了支持;心理场理论提出人的因素和环境因素具有关联性,对人的因素和环境因素共同作用提供了理论指导。对于不同层次间的关系研究,多层次理论中的跨层次直接效应和跨层次调节作用,为分析组织安全氛围环境对个体层面的影响提供了理论方向,社会认知理论、心理学场论和跨层次理论为引入组织安全氛围变量奠定了基础,有利于研究其对个体层面的影响作用。

在个体层面的作用机制中，借鉴计划行为理论研究框架，引入安全态度和知觉控制感作为对安全行为影响因素，基于知信行理论的"知识—态度—行为"三者的作用机制，分析了个体层面的安全知识通过安全态度对行为的影响。同时，知觉控制感和安全态度同样作为心理因素直接对行为产生影响，因此，将两者作为双重中介变量因素，探讨安全知识对安全绩效的影响过程。

本章通过对事故致因理论、计划行为理论、社会认知理论等一系列理论的分析，建立了本书的理论基础和研究架构，在解释环境、个体心理特征和个体行为等方面提供了理论指导。本章所探讨的理论整体运行机理如图2.5所示。

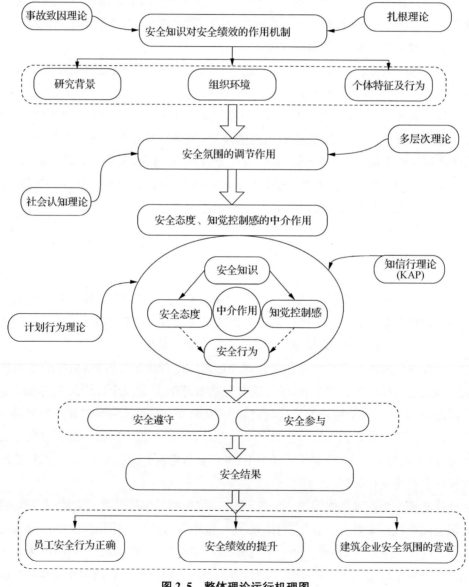

图2.5 整体理论运行机理图

# 第 3 章　文献回顾与述评

本章基于组织安全氛围、员工安全知识和安全绩效等相关研究对该领域的文献脉络进行了整理,分别从安全知识和安全绩效的关系及组织安全氛围作为情境因素两个方面对研究文献进行了回顾。同时,我们还回顾了安全态度、知觉控制感、安全行为等与安全绩效相关的文献。基于文献的系统性回顾,厘清员工安全知识、组织安全氛围及安全绩效的理论分析框架。

## 3.1　安全绩效相关述评

### 3.1.1　安全绩效的界定及维度

高风险组织特别是在建筑行业中,安全绩效已成为企业组织安全生产或作业水平的重要指标。安全绩效作为组织绩效的重要组成部分,直接影响着组织绩效。目前学术界倍加关注安全绩效的研究。由于研究角度和研究目的的差异,对于安全绩效的定义及维度构成尚未形成统一认识。安全绩效的界定及维度主要包括以下三方面的观点:

(1) 个体的安全行为被视为安全绩效。Motowidlo 和 Scotter[37]提出安全绩效行为,包括任务绩效行为(Task Performance)、情景绩效行为(Contextual Performance)两个维度。Neal 等在职务绩效理论基础上提出了安全绩效模型,在其研究中将安全绩效定义为个体的安全行为[21]。安全绩效模型包括安全遵守(Safety Compliance)和安全参与(Safety Participation)两个维度:安全遵守是指员工以安全的方式进行工作并能够遵守安全程序;安全参与是指在作业中能够提高工作场所安全、帮助工友以及提升安全方案等。

以上两类观点的维度结构非常类似,任务绩效行为可等同于安全遵守,情景绩效行为与安全参与相当。其中任务绩效包括服从安全规则,情景绩效涵盖了同事间的相互帮助和提升工作环境安全等内容[21]。国内众多学者倾向于采用 Neal 的观点,特别是在探析安全氛围因子及对安全绩效作用机制时,安全绩效常通过安全遵守和安全参与两个维度进行测度[38]。

(2) 安全绩效即员工个体的安全结果。一类是以受伤事故率或受伤程度进行定义,安全绩效被看作事故发生对个人或组织所造成的伤害程度,或者是需要就医的轻伤事故率和需要休息的受伤事故[22]。另一类是将安全绩效看作与工作相关的受伤情况,将安全绩效定义为工作组的受伤数量[39],与工作相关的受伤情况也可以被看作安全绩效,后来将自我报告的差点出事(Near Misses)和伤害(Injure)界定为安全绩效的内容。

(3) 安全绩效用安全行为和安全结果来表示。一种方法是将安全服从和安全结果视为安全绩效,其中安全结果以工作场所的事故和受伤情况表示。其中,典型的安全绩效模型是安全行为与安全结果的双因素模型[40]。刘素霞等认为安全绩效是事故、职业伤害和安全工作体系整体运行的综合[41]。于广涛和李永娟认为安全绩效包括两个主要指标,即自我报告的主观绩效和客观绩效[42],第一个指标是 Neal 等解释的安全行为模型[21]。

部分学者将安全事故、员工受伤、出事率和损害等定义为安全绩效,或者将安全行为作为安全绩效的衡量标准。同时,在企业的微观安全绩效管理中,人们越来越注重过程控制研究,而安全绩效的结果和过程指标描述各有优缺点。因此,较为全面的方式是将安全行为和安全结果结合起来共同描述安全绩效。根据以上分析结果,安全绩效采用安全行为和安全结果两维度来解释。

### 3.1.2 安全行为的维度结构

学术界对于员工安全行为构成维度的研究较多,本研究借鉴部分研究成果确立安全行为的维度结构。任务行为是要求员工必须遵从的行为,如安全制度和安全操作标准等,是一种被动行为;情景行为是一种主动行为,强调工作中自觉参与讨论、安全规程等个体行为。对此,Cheyne 等采用结构性行为和交互性行为来表达,类似上述任务和情景两类行为[43]。Neal 和 Griffin 认为安全绩效就是安全行为,包括安全遵守与安全参与两种行为[21]。安全遵守要求员工严格遵守安全流程和规章进行工作;安全参与要求员工主动参与到安全管理实务中去,同事间互帮互助,提出相关建议等,能够促成安全氛围,并能够进一步影响到员工的安全意识和安全态度。虽然安全行为具有不同的维度结构,但多数以 Neal 和 Griffin 等学者的研究作为基础。此后国内不少学者将安全行为划分为安全遵守和安全参与两个维度进行研究,比如刘素霞将员工的安全行为划分为以上两个维度进行研究[44]。

根据以上所述,本研究将安全绩效分为安全行为和安全结果两个维度,同时安全行为又包括安全参与和安全遵守两个维度,各维度之间的关系如图3.1所示。

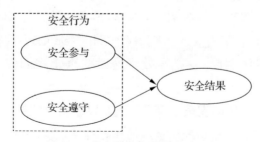

**图 3.1 安全绩效的维度及关系图**

## 3.2 安全知识对安全绩效的作用机制研究综述

### 3.2.1 安全知识的含义

以牛津字典对知识的界定为基础,安全知识包括安全的事实和信息、理论和实践中的理解以及有关安全的经验、背景和教育所获得的意识等内容,说明了安全知识所囊括的主要内容[45]。国内相关研究认为,安全知识是员工应具备的知识储备[46]。安全知识是操作人员在安全作业中必须具备的知识和技能,包括操作技能、识别隐患和及时决策的能力。本研究借鉴以上所述,认为安全知识就是为预防安全事故发生,员工须具备的知识和技能。

员工可以通过各种形式获取安全知识,如参与安全培训和安全会议,主动了解安全信息等方式,促进安全知识增长。员工掌握安全知识十分必要,由于工作中安全隐患因素难以预知,企业制定的安全程序难以囊括安全隐患,只有员工拥有安全知识才可以识别潜在安全隐患,从而预先采取措施降低安全事故的发生率,同时有助于完善组织的安全制度和安全管理系统。

### 3.2.2 安全知识对安全绩效的影响研究

安全知识被认为是影响员工安全行为绩效的重要变量,在最初研究安全行为和解释变量时,许多研究者常从不安全行为入手。Rasmussen提出了基于技能、规则和知识的三种不安全行为,认为人们的不安全行为与安全知识和技能等密切相关[47]。

通过上述分析,可以看出对安全行为造成不同影响的人为因素成为安全绩效的主导因素。知识、技能和动机这三个决定性因素导致安全绩效的差异性[16],三者是影响安全绩效的关键因素。部分学者认为还存在其他决定性因素,认为情景因素能够形成个体方面的差异[48]。但是,"知识、技能和动机"在前后影响关系中仍作为导致个体安全绩效的决定性因素,安全知识和安全技能影响安全行为。个体只有拥有相关的知识或技能,才能在工作岗位上发挥其职责。推而论之,员工只有在拥有足够的安全知识或技能的前提下,才能保障设备和工作实施过程中的安全。如果员工缺乏安全知识和安全技能,不能遵循安全规章制度或实施安全操作,则员工难以进行正常的安全行为或行动。安全动机能够促使个体遵从安全规定或政策,积极参与安全会议及活动,进而使员工选择执行相关行动。因此,安全知识、技能和动机在安全氛围和安全绩效两者间起到桥梁作用。

个体员工需要知道如何安全地进行工作以及操作相关设备,掌握安全工作技能,才能遵守安全规章制度。良好的安全动机或态度会增强安全参与行为,从而对安全参与行为的作用加强。从性质上讲,安全参与活动常常是自愿行为,而安全服从则是命令性行为,普通形式的知识和技能更适于安全参与行为活动的需要[49]。

Christian认为安全知识对安全行为存在显著正向预测[40]。员工缺乏"安全知识"非常危险,它是导致安全事故的关键要素。安全知识能够对安全行为产生积极影响。郭彬彬在对煤矿矿工生产的研究中,认为个体认知状态是安全生产的主要影响因素,它主要包括心理、知识和身体等三个方面[50]。

安全知识缺乏是导致安全事故的一个共因,但安全知识与安全行为等的关系还有待于证实。由于安全知识会对安全行为及态度产生影响,而安全行为是安全事故的重要致因,因此员工安全知识的提高,既可能减少员工不安全行为的发生,还可能通过改善安全意向或态度等中介变量,减少安全事故的发生。安全知识会作用到安全意向、态度和行为等。建筑企业应不断加强员工安全知识的培训与考核,有效干预安全行为,提升安全绩效。

综上所述,安全知识是安全行为的决定性影响因素,但其影响路径及如何通过员工的心理对安全绩效产生影响,还需要进一步探讨。安全知识和安全行为以及行为态度等心理变量间的关系尚缺乏实证研究。

## 3.3 安全态度、知觉控制感对安全绩效的影响机制

安全知识作为一种资源,安全绩效作为企业绩效内容的一部分,研究"资源"对"绩效"的影响机制,往往在二者之间引入中介变量,在影响过程中起到桥梁作用。现有文献对二者之间中介变量的研究还相当缺乏,本研究尝试引入两个中介变量探讨过程中的作用机制。

### 3.3.1 安全态度相关研究

安全态度为影响安全事故的重要因素,既有研究阐释了安全态度的内涵,即作业者对安全操作的态度和自我认知,安全态度的缺失主要是指不按安全规程和要求进行作业,导致违章[4]。在近几年的管理学研究中,工作场合的心理因素和人际关系逐步受到关注,并就态度对绩效的影响不断进行探索[51]。安全态度会影响作业者的安全行为,继而影响到安全绩效。本研究借鉴以上研究,将安全态度引入理论模型中,探讨安全知识对安全绩效的作用效应。

社会或组织心理学研究强调安全态度对安全行为的影响,态度与行为的关系及态度对安全绩效的作用是生产现场安全的核心研究领域。对某种行为的态度是指对该行为的正面或负面评价,这种评价是基于个体动机的满意程度。某种态度可以预测行为[52]。在安全管理领域,相关研究也在不断增加。在安全态度与安全行为关系的研究中,安全态度与安全行为显著相关,态度的改变可以提高组织的安全绩效[53]。Siu等人发现安全态度可以积极预测安全行为[54],安全态度可以很好地预测事故率[55]。

在KAP模型的研究中,研究人员期望通过态度促进行为改变,从而避免安全事故的发生,但态度与行为之间的相关性较弱[56]。这使得态度和行为的影响关系受到质疑,但多数研究依然秉持着态度会对行为产生影响。影响行为的因素中安全态度只是影响因素之一,同时还包括个人习惯、风险知觉、安全动机等因素[57]。由以上可知,个体行为是一个复杂的

过程,不能孤立地看待,个体行为不仅受个体因素影响,还受社会因素影响。这在一定程度上表明了员工对安全行为的态度主要受追求安全和追求便捷的影响[58]。应该考虑各因素之间的内在联系,结合各种行为的个体、组织和社会等因素综合看待问题。

## 3.3.2 知觉控制感相关研究

在安全管理研究中,俞秀宝首次将"知觉控制感"(Perceived Control)引入安全研究领域,知觉控制感是指员工对工作的知觉和身体控制能力[4]。员工如果缺失知觉控制感,则难以正常地驾驭作业。知觉控制感成为安全事故致因的关键要素之一,本研究借鉴这一研究成果,将知觉控制感作为安全知识影响安全绩效的中介变量,探讨其对员工安全行为产生明显的作用效应。

早期研究中,知觉控制感是用来解释行为的重要因素之一[59]。控制常被定义为展现个人能力、优势和对环境把控的需要。在环境心理学中,Mehrabian 和 Russell 将控制定义为个体的基本情绪,这种情绪包括快乐和刺激以及个体的兴奋—觉醒—支配情感反应过程[60]。他们认为环境刺激能够影响到个人情绪,进而作用到个人行为。此外,知觉控制感的概念包括三个不同的维度:认知控制、决策控制和行为控制[61]。认知控制指的是事件被解释、被评价或被纳入认知计划的方式。决策控制被定义为在各种行动方案中所选择的机会,可能代表范围的选择和数量的选择。行为控制是指反应的有效性,它可能直接影响或修改威胁事件的客观特征。这种特定类型的控制,被 Ajzen 定义为"能感知到难易程度的实施行为"[62]。

计划行为理论(TPB)提供了一个结构化的框架,来解释感知行为控制、个人对行为的态度和主观规范[34]。根据计划行为理论,知觉控制感首先影响意图,然后影响实际行为。先前研究表明,在物质环境中为个体提供知觉控制感对其健康非常必要,包括生理反应、任务绩效、痛苦和挫折的忍耐、痛苦及压力的自我汇报和生理健康。文献证实知觉控制感有积极影响,特别是在应对压力方面[63]。普遍认为当知觉控制感缺乏时,压力感觉会随之而来。

行为控制感知是员工执行某项任务的能力。"能力"包括三方面内容:知识、能力和影响行为执行的外部条件。例如:工人认为具备执行行为的安全知识,且自己的身体状况具备执行能力,但不具备安全工作的外部条件,则工人往往倾向于选择不安全的行为。心理、生理和技能等因素都会影响到感知控制。刘轶松对不安全行为内部因素进行分析,主要剖析了三方面因素:一是心理因素,包括精力集中程度、性格因素和情绪等;二是生理因素,包含身体机能、体力和年龄等;三是技能因素,包括安全知识和操作熟练程度等[64]。Huang 等提出安全控制感概念,是指个体通过控制工作状况来避免事故伤害的能力[65]。在交通领域这种感知控制非常重要,交通中的人因失误表现在感知、判断和操作等方面,操作失误是导致交通事故的常见原因[66]。

基于计划行为理论和 KAP 理论模型,在安全知识和安全绩效之间引入安全态度和知觉控制感两个中介变量(如图3.2所示),在安全知识影响安全绩效的过程中起到桥梁作用。安全态度是个体的行为意向或动机,作为个人知识资源的驱动因素。知觉控制感是个体对自身能力或体力的感知,能够让个体知识资源更好地为个体应用,通过个体的控制感知提高行为的准确性和可控性。

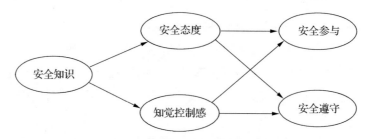

图3.2 安全知识与安全绩效的作用关系模型

## 3.4 安全氛围的研究述评

### 3.4.1 安全氛围的概念

1980年,以色列学者Zohar首先提出了"安全氛围"(Safety Climate)的概念,指的是组织内员工对危险工作环境的普遍认知[67]。随后,将"安全氛围"运用到企业安全管理活动中。随着学术界对安全氛围认识的不断深入,安全氛围作为一个综合概念,可以描述组织安全伦理,反映员工安全信念[68],同时,也可以通过符号、政策等手段来体现文化[69]。安全氛围是人们通过特定时间点对组织的感知,被视为安全文化的即时衡量标准。它也可以看作是人们在特定时间和地点对安全的感知[70]。安全氛围是企业安全文化的一个具体指标,容易受到外部环境的影响。Zohar从组织层面出发,认为安全氛围是团队成员之间对安全管理实践的共同感知[71]。

近年来国内学者也提出了有关概念。陆柏、傅贵等认为,安全氛围是员工在一定时期内对安全生产的感知[26]。国内定义类似,从文化和信念出发,强调人们对安全的考虑和认可。表3.1是安全氛围的主要研究情况。安全氛围是一种心理现象,表现为个体和组织在某一特定时期内对安全状态的共享感知,包括对组织安全政策、安全规章制度和安全规程的认知。安全氛围作为安全文化的"快照",将会随着环境不断变化。

在安全管理发展过程中,安全氛围的概念不断发展,其内容存在着很大的不同。关于安全氛围主要有两种观点:一是员工对公司重视安全的心理感知;二是组织在安全生产经营方面形成的局面。本书倾向于Zohar及Neal和Griffin的概念[21-22],认为安全氛围是一种特殊的组织氛围,是安全文化的具体指标,是员工对安全的共同认知和价值观。

表 3.1　安全氛围具有代表性的定义

| 作者 | 定义 |
| --- | --- |
| Zohar[67] | 员工对作业环境共享的基本知觉总和 |
| Dedobbeleer 等[72] | 人们对工作环境的基本知觉。它由两个因素构成:管理层的安全监管和工人的安全参与 |
| Coyl 等[73] | 对安全健康问题的态度与知觉客观测量 |
| Díaz 等[74] | 个体对组织环境的一种整体知觉,这种知觉会影响个体的安全行为 |
| Hofmann 等[75] | 管理层安全监管和员工安全参与的知觉 |
| Cheyne 等[43] | 安全文化短暂"写照",人们对组织的知觉在某些时间点上反映出来 |
| Cooper[76] | 是对组织内个体安全态度及安全行为模式的知觉反映 |
| Mearns 等[77] | 员工对风险和安全的知觉、态度和信念 |
| Zohar[22] | 团队成员间对管理实践共享的一种知觉,是团队层面的安全氛围 |
| Neal 等[21] | 它是组织氛围的一种特殊形式,描述员工对作业环境安全的价值观念 |
| Yule 等[78] | 员工在作业场所中主动的安全行动状态的知觉和态度 |
| Silva 等[79] | 安全氛围能被观察和测量,是组织价值观、实践及规范的共享感知 |
| Fang 等[80] | 安全氛围是组织内员工对于安全事务观念的总和 |
| Tharaldsen 等[81] | 安全氛围作为潜在的组织安全文化的一种体现 |
| Keren 等[82] | 与安全相关的政策、程序和实践的共享观念 |
| 陆柏等[83] | 特定时期内被员工所认知的反映企业安全文化属性的关键要素及组织的安全管理现状 |
| 刘海东[84] | 安全氛围是员工进入企业后所感受到的安全感官感受,包括静态感官感受和动态感官感受 |
| Fogarty 等[85] | 组织中员工对相关安全的规章制度、程序及实践的共享感知 |
| Dollard 等[86] | 安全氛围包括心理安全氛围和组织安全氛围 |
| Brondino 等[87] | 安全氛围分为组织安全氛围和团队安全氛围 |
| Colley 等[88] | 员工对工作中安全相关的政策制度、规程和实践所持的共享感知 |

## 3.4.2　安全氛围结构维度

### 3.4.2.1　国外对安全氛围的相关研究

Zohar 首先提出了安全氛围的概念,将安全氛围分为八个维度[67]。随后,Brown 和 Holmes(1986)对美国 10 家生产型企业进行了调查,发现安全氛围由三个维度组成:管理层的态度、管理层的行为和风险水平[89]。Dedobbeleer 和 Béland(1991)对美国 9 家建筑公司进行了调查,发现在不同的行业中,组织管理实践存在差异,安全氛围的维度结构也存在较大差异[90]。

随后,学术界展开对安全氛围的系列研究,虽然研究成果较多,但相关结构和内容存在很大差异,本书提取了国内外1980—2013年间具有代表性的文献,对其维度结构进行了研究,如表3.2所示。

表3.2 安全氛围的维度结构

| 文献来源 | 维度数目 | 维度结构 |
| --- | --- | --- |
| Zohar[67] | 8 | 安全培训;管理层的安全监管;安全行为的影响;工作地点的风险;安全作业的快慢;安全执行人的地位;安全行为对社会地位的影响;安全委员会的地位 |
| Neal 等[21] | 4 | 管理层的价值观;安全沟通;安全培训;安全管理系统 |
| Rundmo[91] | 4 | 违规的容忍度;安全生产优先级;监管者的关注;管理监督 |
| Cox 等[92] | 9 | 管理层的承诺;安全优先级;安全沟通;安全规章;支持环境;安全参与;个人对安全的优先级;个人风险评估;工作环境 |
| Glendon 等[93] | 6 | 沟通和支持;安全程序;工作压力;防护装备;关系;安全规程 |
| Mohamed[94] | 9 | 安全态度和管理监督;安全咨询和安全培训;监督员角色和工友角色;冒险行为;安全资源;安全程序和工作风险评价;不适当的安全程序;工人参与;工友影响及胜任能力 |
| Seo 等[95] | 5 | 管理承诺;监督支持;工友支持;员工参与;工作能力 |
| Huang 等[65] | 4 | 管理层承诺;受伤后返回工作的政策;伤害事故后管理;安全培训 |
| Fang 等[96] | 9 | 安全态度;安全咨询和安全培训;管理承诺;冒险行为;安全资源工作风险评价;安全管理体系和程序;雇员参与;同事的影响 |
| Wu 等[97] | 5 | CEO的安全监管;管理者安全监管;员工安全监管;紧急情况反应;风险感知 |
| Lin 等[98] | 7 | 安全意识和能力;安全规程;组织环境;管理者支持;风险判断;安全培训;安全注意事项 |
| 于广涛等[42] | 3 | 组织安全规则;管理者承诺;员工安全参与 |
| Vinodkumar 等[99] | 8 | 管理者承诺;安全知识和安全遵守;安全态度;员工参与和安全监管;作业环境安全;对紧急情况的准备;安全优先权;风险原因 |
| Zhou 等[100] | 6 | 安全规则;安全监督;安全培训;同事支持;管理层关注;安全态度 |
| Fernández-Muñiz 等[101] | 4 | 管理层的承诺;激励;工作压力;安全规程 |
| Kwon 等[102] | 4 | 安全知识;安全遵守;安全激励;安全工作环境 |

安全氛围的维度结构具有不稳定性,Kwon研究结果显示安全氛围维度从2个到16个,结构差别较大[102]。本研究根据以上研究成果,对1980年到2013年具有代表性的文献进行研究,鉴于安全氛围的维度结构差异性,在不同背景下维度内容差异较大。本研究选取国内建筑行业,对安全氛围维度内容做进一步分析。

#### 3.4.2.2 国内安全氛围的维度结构研究

目前国内对于安全氛围维度结构研究并不多,而关于安全氛围维度结构探讨的实证性研究较少,以下对其进行简要介绍。

2002年,香港职业安全与健康局与清华大学就安全氛围进行了初步调查。2004年,蓝荣香以中国建筑业为基础,编制了安全氛围问卷,探讨了安全氛围对安全行为的作用[103]。陈扬提出"安全监管"和"工友行为与影响"两个维度具有建筑业的特征,其他维度通用[104]。安全生产氛围因素主要包括工作组织环境、安全培训、管理支持与沟通等7个因素[105]。丁明蓉提出的5个维度除了员工安全意识和安全规程外,与林嗣豪等的5个维度相似[106]。也有学者将安全管理、安全认知和安全态度的三维结构作为安全氛围维度。中国矿业大学陆柏、傅贵等等在安全氛围因子结构中划分了包括安全意识和部门安全责任程度的7维结构[26]。张玮基于员工对氛围的感知对安全氛围进行了描述[38]。也有学者将安全理念、领导者的关注与参与、工作场所风险处理、管理模式、稳定的工作队伍等因素作为安全氛围的影响因素[107]。组织安全规程、管理者承诺等维度也被视为安全氛围的内容[108]。

叶新凤等在其他学者研究基础上增加了监管者行为、安全政策等因子对影响员工安全行为进行研究[109]。王亦虹对建筑施工企业确定了安全氛围的二阶维度结构,包括管理者关注、监督者态度、工友行为影响、安全意识、安全沟通与参与,其中管理者关注包括管理者态度、安全规程、安全培训、工作环境4个子维度[110],这项研究对笔者的研究有重要启示。同时张力对安全氛围的维度分析对笔者的研究也有很多借鉴之处,他将安全意识、安全规程、安全交流、安全培训和安全态度作为组织安全氛围进行测量[111],组织安全氛围的研究也逐步提上日程。本书研究的维度借鉴了以上内容的探讨,特别是对最后三项研究内容的借鉴。

通过对国内安全氛围研究进行分析发现,前人围绕安全氛围的问题提出了许多值得借鉴的理论和观点。但也存在以下方面的不足:内容研究多停留于表面,成果还不够丰富,在国内权威杂志上的文章较少;以强调安全氛围的重要性为主,实证的深入性还不足;基于文献、经验和少数案例的讨论及概念、框架和定性论述较多,实证研究和多案例支持的研究较少。

总而言之,国内安全氛围内容及维度结构研究还处于理论介绍、研究成果引进和推广阶段,难以同国外丰富的成果相比较,国内相关实证研究还需要进一步加强与完善。

### 3.5 安全氛围和安全绩效的关系述评

安全生产需要员工具备稳定的情绪和平静的心态,全身心投入地工作。但是,人的行为还受到工作中个人状态、人际关系、家庭情况、组织环境以及国家政策等的影响。个体状态在生产或工作过程中最为重要,员工存在心理问题或精力不集中,导致不安全行为增多,甚至引起安全事故发生。微观环境对个体的影响比较直接和明显。

### 3.5.1 组织环境对行为绩效的影响分析

环境会影响个体的心理,从而影响个体的行为。Wagenaar 等认为环境是人因失误的重要原因,环境会增加人因失误的概率[112]。Helmreich 认为沟通、合作、决策等因素会导致飞行事故中的不安全行为[113]。Choudhry 分析了安全事故报告,发现除了个体认知、态度和心理因素影响不安全行为外,安全培训教育、安全管理等因素也与不安全行为相关,其中安全管理是重要的影响因素[114]。

郑莹依据事故发生路径"环境作用心理—心理影响行为—不安全行为引起事故",提出环境影响矿工安全心理的相应干预对策[115]。田水承提出三类危险源事故致因模型,作为第三类危险源的组织和群体失误是事故发生的深层次原因[116]。李永娟、王二平等认为组织因素很大程度上影响核电安全,并对组织错误等相关环节进行探索[117]。部分学者在对复杂技术系统的人因失误探索中,认为可以从个体、班组、组织 3 个层面进行分析[118]。人因失误最直接的结果是引起不安全行为的产生。

关于不安全行为的研究较多,近年来具有代表性的文献较多。一是曹庆仁提出的管理者的行为会影响矿工不安全行为的发生[119]。员工的安全知识和安全动机受到管理行为的影响,设计行为通过管理行为影响员工的安全知识和安全动机,员工的安全动机和安全知识分别正向影响服从行为和参与行为。二是殷文韬和傅贵从管理者、班组领导和一线员工的角度识别出 3 个关键影响因素,并构建三者之间的依赖矩阵,揭示安全投入程度、监管机构能力、安全处罚适当性等因子对员工行为方式的影响程度,并形成员工行为方式影响因子的四分图[120]。

综上所述,个体行为影响因素的研究大多从内部和外部两方面展开;内部因素研究包括个体、心理和生理等因素;外部因素研究涵盖了组织、环境和管理等因素。

### 3.5.2 安全氛围对安全绩效的影响模式分析

安全氛围作为一种情境,在解析"氛围"对"绩效"的影响机制过程中,往往通过引入中介变量构建二者之间的影响。安全氛围用以描述组织或工作场所安全行为准则,反映员工安全信念,可以预测员工安全行为。安全氛围可以衡量员工的安全与健康。良好的安全氛围能有效地减少事故的发生或降低安全事故发生率,并会影响安全绩效[121]。安全氛围对安全绩效的作用机制主要包括以下几种模式:

(1) 安全氛围影响安全绩效,心理压力作为媒介。Siu 等对心理压力在安全氛围与安全绩效之间的中介作用的研究表明,安全态度作为心理压力的一个维度,对职业伤害具有预测效应,心理压力可以预测事故率,而安全态度在这个过程中发挥中介作用[54]。

(2) 安全氛围通过安全知识和安全动机影响安全绩效。Griffin 等讨论了安全氛围对安全绩效的影响,其中安全知识和安全动机起到中介作用[17]。学术界有两种典型的观点。观点一:在安全合规过程中,安全知识在安全氛围的过程中起着部分媒介作用,而安全氛围在安全参与过程中对安全氛围的影响并没有起到中介作用。观点二:在安全氛围影响安全绩效的过程中,安全知识、参与动机和遵守具有完全的中介效应[122]。Neal 等[21]发现安全知识和安全动机在安全氛围影响安全绩效的过程中发挥媒介作用。

(3) 安全氛围作为调节变量的影响作用。安全氛围在其他变量对安全绩效的影响过程中起到调节作用。Smith-Crowe 等研究发现,安全培训作为一种组织氛围,在安全知识与安全绩效之间具有调节作用,较高的安全氛围水平可以提高预测安全绩效的安全知识水平[123]。Jiang 等研究表明,组织安全氛围与感知到的同事安全知识/行为对安全行为有显著的交互作用,即高水平的安全氛围使可感知的同事安全知识/行为对安全行为的影响更大,同事安全知识/行为对事故伤害的影响可以通过安全行为感知[124]。

现有的研究中,安全氛围和安全绩效间中介变量的主流文献匮乏,"安全氛围—安全知识—安全动机—安全绩效"是比较主流的逻辑思维。Barbaranelli C 通过对不同的组织环境中跨国管理者和从业者的研究,证明了安全氛围对安全知识、安全动机产生影响,进而对安全绩效产生积极的影响,同时验证了结构模型变量间的稳定性[125]。Christian 进一步将安全氛围分为心理安全氛围与组织安全氛围,安全知识与安全动机强烈影响安全绩效,并为进一步管理和提高工作场所的安全提供了理论支撑[40]。

除以上主流逻辑思维外,还有其他几类逻辑思维。Liu 等通过对国内 3 970 名制造业工人的调查,找到了职业伤害的路径:"安全氛围—安全防护设施—安全遵守—安全动机—安全绩效",并用结构方程验证了路径系数之间的关系[126]。Fugas 结合计划行为理论,探索安全氛围、安全遵守与主动安全行为的社会认知机制之间的关系,从而提出概念之间的路径关系:"安全氛围—情境相关因素—安全态度—可感知的行为控制—安全绩效"[127]。Siu 通过对香港 27 个施工现场的 374 名工人进行调查,研究了心理压力在安全氛围和安全绩效之间的直接作用和中介作用,提出"安全氛围—心理压力—安全绩效"间的关系模型[54]。安全氛围影响安全绩效及相关变量间的作用关系,如图 3.3 所示。

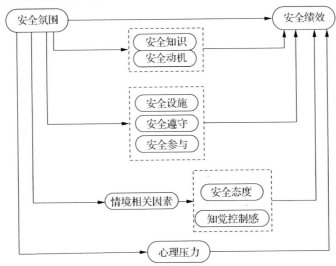

**图 3.3 安全氛围与安全绩效的作用关系图**

选用不同的安全氛围因子,相应的中介变量也存在较大差异。部分学者认为有些变量属于安全氛围维度,而另一部分学者却认为是中介变量。造成这种状况的原因主要包括两个方面。一方面,不同的组织和不同行业安全氛围的维度因子差别很大。另一方面,对于安全氛围的研究仍然处于摸索过程中,理论基础有待夯实。由于许多研究认为,安全氛围会通过某些中介对安全行为产生影响,学术界开始采用不同中介来探讨安全氛围和安全绩效间的关系。

## 3.6 本章小结

既有研究主要是基于安全知识为中介变量对安全行为与安全绩效之间的影响关系有所探讨,通过对现有研究的回顾,可以发现:

(1) 已有研究证实,安全知识是造成安全事故的原因之一。安全知识与安全行为和态度之间的关系尚需进一步研究,安全知识会影响安全行为和态度。通过改善安全意向、安全态度、安全感知等中介变量,提高员工的安全知识,促进安全行为的改善,或减少安全事故的发生。现有文献对安全知识影响安全行为的过程研究较少,对中间变量引入的研究更是少之又少。

(2) 国内安全氛围跨层次作用安全绩效的研究刚刚起步。安全氛围对安全行为或绩效影响的研究,为企业提升安全绩效提供了借鉴。一是既有研究中多数将安全氛围作为自变量,其对安全绩效的作用的研究较多,作为调节变量的研究较少。二是由于安全氛围的因子不同,以及行业的差别,目前研究中仍存在着不足之处,特别是作为组织层面的安全氛围对个体层面的跨层次研究就更为稀少。今后通过多种研究方法相结合,可以深入探讨安全氛围的维度内容。

(3) 国内对安全知识及安全绩效间的中介变量研究有待深入。基于计划行为理论和KAP理论等模型,在安全知识和安全绩效间引入安全态度和知觉控制感等中介变量,在影响过程中起到桥梁作用。安全态度是个体的行为意向或动机,作为知识资源的驱动因素对安全绩效产生影响。知觉控制感是个体对自身能力或体力的感知,能够让个体知识资源更好地为个体服务,并提高行为的准确性和可控性。国内将安全态度和知觉控制感引入作用机制的研究较少,特别是知觉控制感方面的研究更为稀缺。

(4) 安全氛围的维度结构研究还不够全面。综合以往学者的研究成果,由于行业不同、研究内容差异和研究对象的变化,导致安全氛围的维度结构存在差异。即便国内建筑业的安全氛围在维度选取上也存在很大差异,因此在安全氛围维度的研究上,基于权变原理多角度探索安全氛围的因子结构,并对其进行全面精确的描述。

综上所述,企业生产经营中需要员工拥有良好的心理心态,并保持注意力集中。但是,人的行为还受到工作中个人状态、人际关系、家庭情况、组织环境等的影响。个体状态在生产或工作过程中最为重要,员工存在心理问题或精力不集中,导致不安全行为增多,甚至引起安全事故发生。基于上述原因,开展微观环境和个人状态对个体的影响研究非常必要。安全知识就是在生产过程中,为避免事故的发生,员工所必须具备的知识和技能。安全知识是安全行为的决定性影响因素,但其影响路径以及如何通过员工的心理作用对安全绩效产生影响,还需要进一步探讨。安全知识、行为态度、个体心理感知和安全行为等心理变量间的关系尚缺乏实证研究,还需要进一步进行探讨和细化。

本研究基于上述研究存在的不足,尝试从建筑业视角对员工安全知识、组织安全氛围与安全绩效三者关系进行深入系统的研究,包括安全知识影响安全绩效的过程、安全氛围和安全知识的交互作用对安全绩效的跨层次的调节效应,并分别通过结构方程模型检验及组织安全氛围的跨层次模型进行实证研究,分析了国内建筑行业的员工安全知识对安全绩效的作用机制,以及安全氛围在影响个体作用过程中的调节作用,为建筑企业安全绩效的提升探索新的途径,从而减少安全事故的发生。

# 第 4 章　基于扎根理论的探索性分析

## 4.1　研究目的

通过第 3 章的关于安全知识、安全绩效等文献回顾,发现安全知识、安全氛围对安全绩效的作用机制和路径研究仍有探索空间,如安全知识作为一种个体技能变量,如何影响安全绩效？通过什么路径对安全绩效产生影响？安全氛围在整个过程中起到什么作用？各要素间的作用机制如何？各要素间影响过程较为复杂,目前仍可以视为一个"黑箱"。目前对安全知识的影响机制研究假设仍基于文献研究,通过文献归纳总结方式提出的假设模型往往受限于文献的研究内容和深度,缺乏对新现象和变量的探索。因此,对本问题的研究缺乏有针对性的系统探索性研究,需要对实际事故案例进行分析,或结合具体访谈进行分析。因此,本研究通过扎根理论研究方法,建构安全知识对安全绩效的影响机制模型。

但我国建筑行业员工的教育背景、职业素养和知识水平等,与西方理论中建筑员工教育背景较高、知识水平和素养较高的研究对象存在较大差别,如果仅基于西方成熟的理论提出假设,则会因脱离中国现实国情而难以契合我国建筑业员工的安全绩效内在作用机制,在对安全事故的分析和理论的解释等方面存在不足。因而这些要素的识别需要植根于我国安全事故发生的现实情景和真实操作过程中,而不能仅仅做一般性理论抽象概括,并由此形成与减少安全事故、提升安全绩效相契合的阐释视角和理论方法。作为一个探索性的研究方法,扎根理论将有助于我们做出更为切合现实的原创性发现。

基于以上分析,本章将运用扎根理论方法,从安全知识角度出发探求员工安全知识作用到安全绩效的途径,以及安全氛围对减少安全事故、提升安全绩效的影响,从而提出各变量间的理论模型。

## 4.2　扎根理论研究流程

扎根理论研究不仅强调规范的程序,而且是一个根据研究过程不断调整和修正的过程。扎根理论采用系统的应用方法形成归因理论。具体的研究流程如图 4.1 所示。

# 第 4 章 基于扎根理论的探索性分析

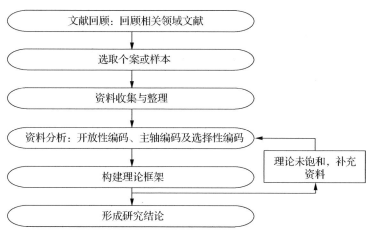

图 4.1 扎根理论研究流程图

根据 Charmaz 的扎根理论构建思想，结合 Glaser 和 Strauss 的扎根理论原理和方法，将扎根理论的研究过程分为三个阶段。

第一阶段：研究方案设计。根据所要研究的问题和内容，选择合适的资料和数据，并根据不同的数据和资料来确定数据收集方法，并设计相应的收集方案。

第二阶段：资料和数据的收集。数据和资料须具备细节性、聚焦性和全面性。这些特点能够反映研究对象的观点、感受、行动等相应的工作环境及内容。

第三阶段：分析资料和数据。本阶段包括数据编码、理论抽样和反复对比三个过程。数据编码是定义数据和信息的过程，包括开放性编码、主轴编码和选择性编码三个步骤。在此过程中，研究者寻求相关者、事件或信息来解释和定义类属的边界及相关性，以此通过抽样来发展理论。反复对比是指将访谈资料或事件案例等进行比较，确定资料是否能揭示新的事件，直到难以产生新的见解或达到理论饱和时，可以初步确定理论框架。

## 4.3 研究方案设计与资料收集

### 4.3.1 研究方案设计

根据所要研究的问题，研究方案可分为两个主要部分：一是个体因素中影响安全绩效的主要因素包括哪些，安全知识影响安全绩效的作用过程是怎样的；二是组织因素主要有哪些，对个体影响过程的作用效果如何。扎根理论要求研究者事先不可携带任何问题进入研究领域，也可以不做文献回顾。本研究问题基于研究兴趣的驱使，通过相关文献分析，得出已有文献并未给出的相关结论，因此本研究问题还属于开放的研究领域，据此进行研究方法的选择，而前期文献探索并未对研究者的思路形成限制。经典扎根理论并不排斥文献分析。为了避免文献的影响，在对数据进行分析后对相关文献进行综述和比较。而在经典扎根理论中,也以文献为资料[128]。

扎根理论的数据起到举足轻重的作用,它决定了研究质量及可信性。在收集资料过程中占有尽可能丰富翔实的资料,包括文字资料和口头材料等,应当对所收集和观察的任何细节资料给予关注。本研究拟采用两种方法收集资料:安全事故案例和访谈法。安全事故案例能够展现导致事故的直接原因和表象因果关系,而访谈法则往往从深层次了解事故或绩效的间接原因及深度因果关系,两者互为补充,能够更全面展现事故的表象及深层次关系。因此本研究采用以上两种方式收集数据。

#### 4.3.1.1 案例研究

案例研究是指通过对案例的详细描述和理解,掌握事件的动态过程及其所处环境的状态,从而获得更全面的事件发展过程。同时,案例研究可以在不干预任何对事件的操纵的情况下对事件进行检验,可以更完整地保留事件和一些有意义的特征。案例研究已经成为当代社会科学的一种重要研究方法,主要是对实践中存在的现象进行研究,特别是在与领域边界难以区分的情况下,可以采用案例研究方法[129]。案例研究可以看作是一种研究设计的逻辑,要求研究者仔细思考问题,考虑情况的适应状况[130]。

案例研究需要依靠各种证据材料,不同的数据材料需要进行三角验证(Triangulation),并能得出相同的结论。案例研究主要解释三个问题:如何改变,怎样改变以及结果是什么,是适用于组织与管理的实证研究[131]。

#### 4.3.1.2 访谈法

访谈法是质性研究中收集数据的重要方法之一,本研究采用半结构访谈法收集原始数据。访谈法一直是质性研究所采用的一种非常有用的数据收集方法,是对具体问题或经验的深入探究,访谈对象需要有解释研究问题的相关经验。半结构化访谈是指访谈者对主要问题和问卷固定化,在主要问题的访谈指导下,访谈者可自由地针对被访谈者的某些观点、问题进一步提问,让被访谈者进行阐述或澄清。通过与研究对象深入交谈了解其生活方式,探讨事物的形成和行为活动的原因,寻求解决问题的思路和办法,因此半结构化访谈特别适合扎根理论方法。为了收集丰富翔实的数据,构建反映实际情况的社会理论,本研究选取灵活性较高的半结构化访谈的方式来获得数据资料。访谈过程中在征取访谈对象的同意后,对访谈过程进行录音以便取得真实可靠的数据,然后再将录音转换为文本资料。在选定半结构化访谈的收集方法后,根据访谈的特点和本章研究的问题制定方案。

1. 访谈对象的选取

本研究对象为建筑业的员工,在建筑业员工类别范围内选择访谈对象。在选取过程中,首先和建筑企业的负责人进行联系。在不断沟通中确定该组织中的安全生产相关负责人员或一线员工,并确认能否对其进行访谈。根据沟通协商结果确定访谈对象,获取联系方式。

## 2. 提纲设计

扎根理论研究要求设计及提出开放性问题,聚焦访谈问题,尽量引发问题的细致讨论,鼓励访谈对象畅所欲言,甚至谈出意料之外的故事。半结构化访谈可以设计成半结构性的焦点问题,对访谈对象进行松散式的引导。

本章将个体安全知识、安全氛围、事故、安全绩效等概念引入研究,以此为出发点来设计访谈问题,并在借鉴安全管理专家的意见和文献探究的基础上,形成访谈提纲初稿。通过预访谈,记录沟通中的问题和疏漏,在与3位技术经济及管理和建设工程管理专业博士进行探讨后,不断调整访谈提纲,最终形成"安全知识、安全氛围对安全绩效的作用机制"的访谈提纲,如表4.1所示。

表 4.1 安全知识、安全氛围对安全绩效的作用机制访谈提纲

| 1. 背景资料 | |
|---|---|
| 访谈目的 | 介绍研究的背景、目的及部分关键概念,以便被访者快速理解相关问题。做出保密承诺,获取访谈对象的背景信息及对安全的个人经验 |
| 访谈问题 | 请您简要介绍一下您的个人情况和工作经历,如您的工作单位、职位、工作年限、工作内容等(可根据个人意愿做选择性介绍)。您对安全生产问题有哪些感触? |
| 2. 影响安全绩效个体因素探讨 | |
| 访谈目的 | 探索性挖掘访谈对象对安全绩效影响因素的看法。了解个体层面的影响因素和影响过程,以及不同个体间存在的主要差异 |
| 访谈问题 | 您觉得哪些个人因素或素质会影响到企业安全绩效,其影响过程是怎样的?请举例说明(比如个人的心理状态、知识水平、情感或态度等)<br>每位员工的心理状态或知识水平等存在很大差别,您认为是什么原因导致上述差异? |
| 3. 降低安全事故及影响安全行为因素探讨 | |
| 访谈目的 | 探求降低安全事故的主要因素,了解访谈者对个体安全行为影响因素的看法。运用关键事件法探求影响个人安全行为的主要因素 |
| 访谈问题 | 对于降低安全事故,每位员工的想法或安全行为表现差别较大(特别是一线员工),您认为什么因素导致以上差异?<br>您会有什么样的个人想法和行为表现?您认为哪些情况能够影响这些想法和行为? |
| 4. 组织因素及情境作用探讨 | |
| 访谈目的 | 探究影响安全绩效组织因素的看法。了解组织层面的影响因素和组织层面所起到的情境作用 |
| 访谈问题 | 组织层面中会有哪些因素影响到员工的安全知识、态度或个人控制力?<br>哪些因素与预防或降低安全事故有关?以上因素在企业中实施的情况如何? |

续表

| 5. 开放性问题 | |
|---|---|
| 访谈目的 | 补充、完善个体及组织影响因素及其形成、作用机制方面的见解 |
| 访谈问题 | 你对降低企业安全事故或提高安全绩效有哪些个人看法?对于刚才的讨论,您有需要补充或强调的内容吗?(比如,您认为组织和个人还应该从哪些方面着手来减少事故的发生?) |

3. 访谈程序的制定

访谈前通过电话、邮件等形式,向访谈对象简要介绍访谈目的及主题,听取并解答访谈对象的相关疑问及意见。对访谈形式(如时间、地点等)进行协商,必要时提供访谈提纲。对于无法当面访谈的对象,拟采取电话访谈、视频访谈等形式。通过以上的交流和沟通,访谈者表达尊重并与访谈对象初步建立良好和谐的联系,消除沟通障碍。同时,初步的沟通还可以降低访谈过程中的紧张情绪,确保正式访谈的可行性、焦点性和时间保证,为取得合理科学的访谈资料提供保障。正式访谈的具体程序如表4.2。

表4.2 扎根访谈的程序

| 设计问题 | 本研究以半结构式访谈为主,通常采用访谈提纲来引导被访谈者。访谈前访谈者根据研究问题有针对性地设计相关问题。除根据提纲引导访谈进度,双方还会产生一些互动,以便引发深层次的思考和深度交流,最后根据访谈内容设计访谈的具体流程并组成访谈项目小组 |
|---|---|
| 访谈预约 | 访谈前与访谈单位负责人预约访谈时间,避免在访谈过程中被打扰,扰乱访谈进程,保证访谈顺利进行。同时将访谈提纲提前发送至相关部门联系人。这种做法以便于让受访者提前了解访谈的内容和目的,做好充分的准备,同时表示尊重和增加合作意愿 |
| 访谈过程 | 访谈的主要地点是各公司部门的办公室或会议室,访谈者在争取受访者的同意后对访谈内容进行全程录音。访谈持续时间一般为1小时到2小时。访谈材料包括访谈保密协议、访谈提纲、录音笔、笔记本等材料。访谈前首先说明来意和访谈内容,围绕提升安全绩效和降低安全事故展开,侧重于对安全绩效影响因素和影响过程的了解,受访者根据自身熟悉的专业领域畅所欲言,可以涵盖较多的内容,使资料更加丰富 |
| 资料整理 | 访谈结束后,项目组成员将访谈文本和录音等资料逐句转化为文本信息。后期的编码需要反复听录音看文本,注意表述时的语气语调,以期能够把握话语的真实意思,并且在结束后,访谈者要对访谈过程进行总结和反思,及时撰写备忘录并确定或修改对下一个访谈对象进行访谈的思路 |

### 4.3.2 研究资料收集

#### 4.3.2.1 案例数据的收集

结合以上案例研究的要求和准则,本研究选定国家安全生产监督管理总局官方网站、中国安全生产网、安全管理网、安全文化网,主要通过这四个网站搜集与整理安全事故案例,成立数据资料库。这四大网站的数据资料具有权威性和正规性,所搜取的案例比较真实。

为了保证理论建设的严谨和有效,本研究共编制了约 560 起建筑安全事故案例作为案例数据库。首先,我们排除了信息简单或过程不清晰、相似度高、内容与研究问题差距大的案例。遴选过程较为详细,有代表性的案例约有 100 个。笔者选取其中 80 条案例进行编码,留出 20 条案例用来检验理论的饱和度。

#### 4.3.2.2 访谈数据的收集

收集访谈数据资料时,首先与建筑业界典型企业联系,研究对象为安全管理人员、安全技术人员、项目管理人员或一线员工。本研究主要预约访谈了上海、北京、青岛、济南、郑州、烟台、南京等地的 20 家建筑企业。在与公司高管及相关负责人沟通后,确定了相关受访人员并获取了个人联系信息。访谈前首先与受访者交流,确定好访谈时间、地点和访谈方式。对于不便进行当面访谈的员工,采取电话和网络访谈的辅助模式完成采访。本研究的访谈主要经历 4 个阶段(见表 4.3)。

表 4.3 各阶段访谈情况

| 访谈阶段 | 访谈对象 | 访谈地点 | 访谈主要内容 |
| --- | --- | --- | --- |
| 第一阶段 | 项目施工人员 1 人,项目经理 1 人 | 上海 | 预访谈阶段。访谈 2 位建筑业企业员工,按照初步访谈提纲初稿进行两次访谈,记录每次访谈中遇到的问题。访谈后,整理访谈资料,针对访谈流程、访谈提出的问题与技术经济及管理和建设工程管理专业领域的 3 位博士进行探讨,对提纲初稿进行补充和调整,形成正式访谈提纲 |
| 第二阶段 | 工程管理部 2 人,安全技术保障 2 人,项目部 2 人 | 青岛 烟台 济南 | 共采访 6 位建筑企业安全技术部和工程管理部等相关人员。重点了解访谈对象对影响安全绩效的个体因素以及组织因素的观点。在访谈过程中,鼓励访谈对象通过举例和事件描述进行讲解,深度挖掘访谈对象的思维过程、体验与感受 |
| 第三阶段 | 安全管理部 2 人,工程管理部 2 人,施工安全技术保障部 2 人 | 上海 南京 | 共访谈 6 名建筑业企业员工。结合第二阶段访谈者的采访结果,访谈者对收集到的资料已经有了进一步的了解,从中选择深度访谈主题,调整第三阶段访谈思路,不断补充和收集数据,有针对性地提出深度聚焦问题,填充概念缝隙。此阶段访谈中,将访谈话题范围集中既定框架和特定数据的收集上 |
| 第四阶段 | 安全监管部 2 人,现场施工管理部 2 人,项目管理部 2 人 | 北京 郑州 | 共访谈 6 名员工。此阶段访谈的目的主要包括:一是对以上三个阶段进行内容补充,追随问题的不足进一步深度挖掘。二是为了理论饱和的验证。在北京和郑州的访谈采取面对面形式。通过与这 6 位员工的深度访谈,弥补前期访谈内容的不足,利用其中的 5 次访谈验证信息与分析是否成功,检验是否还有新的信息、概念出现 |

访谈者通过以上4个阶段的访谈,共采访20位建筑企业安全管理相关部门员工。访谈对象来自北京、上海、山东、江苏、河南等的大中型建筑企业,经与统计学专业博士和技术经济及管理专业教授讨论,认为访谈对象来源广泛并具有代表性,满足扎根理论方法对访谈对象的要求。访谈对象的详细信息如表4.4所示。

表4.4 访谈对象描述性数据

| 访谈对象 | 类别 | 个体数量 | 百分比 |
| --- | --- | --- | --- |
| 来源(省份) | 上海 | 6 | 30% |
| | 北京 | 4 | 20% |
| | 山东 | 6 | 30% |
| | 江苏 | 2 | 10% |
| | 河南 | 2 | 10% |
| 职位 | 高层管理者 | 3 | 15% |
| | 中层管理者 | 9 | 45% |
| | 基层管理者 | 5 | 25% |
| | 普通员工 | 3 | 15% |
| 教育程度 | 博士 | 1 | 5% |
| | 硕士 | 6 | 30% |
| | 本科 | 9 | 45% |
| | 专科 | 4 | 20% |
| 样本总数 | 有效 | 20 | 100% |
| | 无效 | 0 | 0 |

## 4.4 研究资料的分析

在数据整理阶段,对数据的分析步骤包括三步:开放性编码、主轴编码和选择性编码,并对每一步编码中所建立的构思模型进行资料验证,从而构建出扎根资料的理论。

### 4.4.1 研究数据整理与编码

每项访谈后,研究者对访谈资料及时进行整理。本研究需要将事故案例、访谈文本、访谈录音等资料转化为书面材料,对访谈的有关信息,如对受访者的表情、语气、语调及交流所处环境等相关因素加以标注,以便后续研究使用。在本研究中,通过对案例资料、访谈资料和访谈录音的文本转换,共编制了约36万字的文本资料。整理数据后,研究者对数据进行编码和分析。编码环节是整理数据、解释数据和形成理论的关键工作。扎根理论编码的逻辑是通过定义数据中看到的内容来生成代码。本研究采用手工编码方法对案例数据和访谈数据进行排序,逐字编码,实现定性数据编码和编码族的分类。利用编码原始数据注释等各种对象构造网络图,同时提取定性数据中的概念,以便于建构理论。

### 4.4.2 研究数据的开放式编码

在进行开放编码时,研究者需要抛开个人偏见和现有理论,完全采用开放的心态,让数据信息真实自然地呈现、命名和通用。编写的代码尽量保持简短、生动和具有分析性。在编码研究过程中,我们遵循扎根理论中的原生编码原则,对所有的数据信息进行逐字逐句的分析、编码和初步的概念化并进一步范畴化。开放式编码包括三个阶段。

第一阶段是使用逐词、逐行和逐事件编码方法,生成原始代码,并采用标签标记所有数据片段。本部分由2位技术经济及管理专业博士研究生分别负责,比较和组合不同的代码。以编码方式对事故案例和访谈记录进行分解,寻找现象、情况和事件进行编码工作,共获得817条代码。标签代码以"a+序号"的形式表示,例如a1表示数据的第一个现象或事件,a2表示数据的第二个现象或事件。由安全事故案例和访谈资料生成的具体代码示例如表4.5和表4.6所示。在编码过程中,将频率较低或与本研究无关的内容剔除,以避免干扰。因手工编码较为烦琐,为避免遗忘或反复,对描述同一现象或事件的概念,采用不同的序号进行标注,以避免概念的遗漏,确保每个概念的自然呈现。第三阶段时再对同一现象或事件进行统一归类和划分。

**表4.5 安全事故案例资料原始代码生成示例**

| 序号 | 安全事故原始案例资料 | 原始代码 |
| --- | --- | --- |
| 1 | 2013年10月4日上午10时左右,由沭阳亿瑞置业有限公司开发、阳升集团有限公司负责土建工程的沭阳县西城馥邦小区(S2地块)27号楼工地施工现场发生一起高处坠落事故,塔吊操作工骆某某(男,沭城镇湾河村马西组114号)在27号楼的塔吊上整理起重钢丝绳时不慎坠落(a1),经县人民医院抢救无效于次日(10月5日)上午10时死亡。目前,善后事宜已处理完毕。经调查,依据《生产安全事故报告和调查处理条例》第三条,认定该起事故为一般生产安全责任事故。西城馥邦小区27号楼工地塔吊操作工骆某某无证上岗(a2),在无安全防护措施情况下整理起重钢丝绳(a3),不慎从高处坠落,受伤后经抢救无效死亡(a4) | a1 不慎<br>a2 无证上岗<br>a3 无防护措施进行工作<br>a4 坠落死亡 |
| 2 | 2015年9月9日10时20分许,重庆平元建筑工程有限公司的钢结构劳务班组安装工罗某某、冉某某在綦江工业园区标准化厂房(重庆万彩新型建材生产项目)工程的2#钢结构联合厂房屋面檩条上搬运玻钢瓦作业时,罗某某未挂好安全带(a5),不慎从12 m高的屋面上坠落至地面(a6)。事故发生后,现场工人立即报告项目部管理人员,钢结构劳务班组长胡某立即拨打120急救电话和通知罗某某家属,10时45分左右,120急救车赶到事故现场,经过几分钟现场急救处理后,随即将罗某某送至綦江区中医院救治,因伤势过重,罗某某于当日12时01分抢救无效死亡 | a5 安全带未系好<br>a6 坠落地面 |

续表

| 序号 | 安全事故原始案例资料 | 原始代码 |
| --- | --- | --- |
| 3 | 2015年7月27日上午，重庆凯明建筑工程有限公司杂工喻某某站在千山半岛国际A区24♯楼1单元6楼跃层楼梯间临时搭设的支撑架上进行砖砌体表面挂钢丝网作业，因支撑架垮落(a7)，喻某某从3m高的支撑架上坠落至地面。10时许，准备到6楼跃层楼梯间打地漏孔的水电工赵某某看见喻某某侧躺在地面，身下有大量血迹，地面上有一顶安全帽和几张钢丝网片，赵某某大声呼救，班组长张某某赶到事故现场后，于10时29分拨打120急救电话，其他工人将喻某某抬到公路边，10时40分许，120急救车赶到，进行了30分钟左右的现场急救，随后将喻某某送至綦江区人民医院救治，因伤势过重，喻某某于当日11时56分抢救无效死亡(a8)。 | a7 设备垮落<br>a8 伤势过重，抢救无效死亡 |
| 4 | 青岛海达石墨有限公司将东石墨大库的钢结构工程于2013年11月16日承包给了潍坊大成钢结构工程有限公司，并签订了"工程施工承包合同"。与青岛海达石墨签订承包合同的为李某某（潍坊大成钢结构工程有限公司于2013年10月1日任命李某某为平度地区项目部经理）。2014年3月31日17:30左右，李某某雇用的农民戈某某在青岛海达石墨有限公司钢结构车间顶部安装塑钢瓦，由于未佩戴安全帽、系安全带等防护用品(a9)，戈某某从高约10m的钢结构库房顶部坠落至水泥地面上(a10)，事故发生后，现场人员立即拨打了120急救电话，戈某某经救护人员现场抢救无效死亡 | a9 未佩戴安全防护品<br>a10 库房坠至水泥地 |
| 5 | 2014年2月19日上午7时30分，青岛安奇豪装饰工程有限公司施工负责人于某某临时雇用王某某、代某某等6人(7人均无架子工证)(a11)，在青岛盛孚泰家纺有限公司位于李园街道门村工业园的租赁厂房内，进行厂房房梁刷防火涂料作业，王某某未佩戴安全帽、安全带等防护用品(a12)，站在一个宽1.25m、长2.2m、高约5m的移动脚手架上刷防火涂料，上午约9时30分，王某某刷完一段涂料后坐在脚手架子上并示意代某某自己坐好了，就在代某某准备为王某某移动脚手架时(a13)，王某某从高约5m的无防护围栏的脚手架上坠落(a14)，头部着地，现场人员立即拨打120急救电话，王某某经现场抢救无效死亡。接到事故报告后，市政府分管领导高度重视，指示有关部门和李园街道办事处查清事故原因、吸取事故教训，并全力做好善后处理工作，公安机关对青岛盛孚泰家纺有限公司负责人于某某进行了控制。 | a11 无证上岗<br>a12 未佩戴安全帽、安全带<br>a13 擅自移动操作<br>a14 从脚手架上坠落 |
| 6 | 2014年3月31日9时左右，郭某某在工厂钢结构屋顶上安装屋面瓦，在安装过程中，未按规定佩戴安全防护用品(安全帽、安全带)(a15)，也未采取其他的自我保护措施(a16)，在进行第二层屋面板安装时，将固定第一层屋面板的螺栓取出，一只脚踏在屋面檩条上，一只脚踏在第一层屋面板上面，重心不稳坠落(a17)，且现场该区域无安全防范措施。工友拨打120将郭某某拉到平度市南村医院，经抢救无效死亡(a18)。事故发生后，该工程承包人赵某某等4人于4月1日上午到平度市安监局报告，安监局立即上报市委、市政府，平度市主要领导均在第一时间做出了指示，副市长牛某某到调查现场部署事故处置工作，并通知公安部门对组织施工的承包人赵某某采取了刑事拘留措施。 | a15 未按规定佩戴防护品<br>a16 未采取自我保护措施<br>a17 重心不稳，从钢结构屋顶坠地<br>抢救无效死亡 |

续表

| 序号 | 安全事故原始案例资料 | 原始代码 |
|---|---|---|
| 7 | 2014年5月23日,青岛市城阳区青岛迅达电力工程安装有限公司施工中,5月23日中午11时30分左右,在收工时施工人员贺某某(公司高压电工,2013年8月5日取得"中华人民共和国特种作业操作证")(a19),在078号高压线路塔至079号高压线路塔线路防舞动检维修结束,贺某某应该通过传递绳拉到079号铁塔上(a20),从铁塔上下来,但贺某某没有到079号铁塔,直接在检修点把滑轮卸下来背在身上(a21),双手抓着传递绳下滑过程中,在离地面10m多高处失手坠落(a22)。在079号高压线路塔下已收工的工友立即拨打120并通过电话和公司总经理牛某某进行汇报。现场工友将贺某某抬到农田路上,这时120也赶到事发现场,贺某某被拉到平度市南村医院,经抢救无效于12时30分左右死亡 | a19 取得安全资格证<br>a20 正确使用设备<br>a21 擅自操作<br>a22 失手坠落 |
| 8 | 2014年1月9日上午6点30分,荣光劳务工人李某某和刘某某(死者)被劳务工长田某安排去12号楼清理杂物,刘某某、李某某先后去仓库领取了工具,当李某某到达12号楼东侧时未发现刘某某,约7点30分左右李某某在11号楼北侧发现了刘某某躺在地上,遂马上喊来工友进行施救。经事故调查组调查发现:①刘某某在11号楼北侧头朝北、脚朝南趴在地上,所戴安全帽已经破碎,其正上方为11号楼主体外围悬挑防护,其北面为工程施工所形成的高约7m的土坡(a23),该土坡表面覆盖有混凝土,侧上方的混凝土护坡有部分脱落痕迹,脱落面较新,呈现出原有土质(a24),刘某某所拿工具(铁锹、凿子、锤子)散落其周围较远处(a25)。②根据与刘某某相近的工友反映,曾见过其从临近11号楼的北侧山坡上往来过。事故现场勘查发现,11号楼北侧的土坡上有较为明显的被踩踏形成的"小道"(a26) | a23 危险土坡<br>a24 易发事故土质<br>a25 冒险施工<br>a26 隐患未引起注意 |
| 9 | 2015年10月1日因风大,胶州市宝蓝大酒店三层宿舍楼屋顶西侧部分瓦片被刮落(a27),当天,酒店负责人孙某某找到以前打过交道的张某某来负责维修。10月4日7时多,张某某组织临时雇用的刘某某、甄某某等人和张某的汽车吊到宝蓝大酒店开始施工。8时许,张某操作汽车吊将刘某某、甄某某和工具材料一起吊上楼顶西部,上去后刘某某拿着抹板等工具挖了一些灰开始往屋顶走,刚向上走就滑下来被后面的烟囱挡住(a28),接着刘某某将穿的黄胶底鞋子脱了下来,赤脚继续向上走,走了两步后又滑落下来(a29),碰到楼梯上后又坠落到西侧的平房顶上受伤(a30) | a27 恶劣天气<br>a28 施工地面湿滑<br>a29 赤脚无防滑措施<br>a30 坠至房顶受伤 |
| 10 | 2015年4月中旬,承揽蓝水假期35#～38#、41#住宅楼工程施工的青岛安得利建筑工程有限公司开始复工前的备料工作。4月25日8时许,临时雇用人员韦某某在41#楼二单元13楼最东户北阳台处操作小型物料提升机运送腻子粉(a31),一高姓男子下楼告诉技术员孙某某说提升机不好用,只能上不能落(a32),孙某某上楼进行维修,并和韦某某一起操作提升机运送腻子粉(a33),运送到12楼时孙某某、韦某某连同提升机一起坠落地面,现场人员立即拨打120急救电话将2人送往胶州市人民医院救治,孙某某后经抢救无效死亡(a34),韦某某仍在康复治疗过程中 | a31 未经培训人员<br>a32 设备未检测<br>a33 违规操作<br>a34 连同提升机一起坠地 |

续表

| 序号 | 安全事故原始案例资料 | 原始代码 |
|---|---|---|
| 11 | 2015年8月15日,山东省引黄济青青岛建筑安装有限公司项目负责人陈某某组织孙某某等几人开始进行酸洗房安装工程,陈某某安排未取得高处作业资格的孙某某进行登高作业(a35),未采取可靠的安全防护措施(安全带佩戴但未悬挂)(a36)。孙某某主要负责接拿材料并紧螺丝。8月22日14时,孙某某在酸洗房顶部钢结构横梯(高5.5 m)上准备安装三脚架时不慎坠落至下方的酸洗池(深3.5 m)底部受伤(a37),现场人员发现后立即拨打120急救电话将其送往胶州市人民医院北院救治,后经抢救无效死亡 | a35 无从业资格<br>a36 安全带佩戴但未悬挂<br>a37 坠落至酸洗池受伤 |
| ⋮ | ⋮ | ⋮ |

以上是安全事故案例资料分析,访谈数据的内容分析如表4.6所示。

**表4.6 访谈内容资料原始代码生成示例**

| 序号 | 访谈内容 | 原始代码 |
|---|---|---|
| 1 | 　　公司主要从事房屋建筑、建筑防水、土石方、钢结构等相关工程的承包,我目前在公司负责工程项目管理,现场施工经验8年。安全是生命线,公司一直很重视。我认为,产生安全生产问题的主要原因多数是疏忽大意(a301),应加强员工的自身安全意识(a302),安全生产无小事,应该高度重视(a303)。个人的因素主要是现在工地主要都是40～50岁的农民工,以经济收入为一切,技能、知识都不懂、不会(a304),公司应多做宣传和培训(a305)。每个人的经历不同,教育程度不同,心理状态不同,如果员工工作注意力不集中(a306),容易造成安全隐患(a307),需要单位领导对这事情注意,还有员工的身心健康(a308),也会有很大影响,比如有些员工盲目自大(a309),不重视安全问题(a310),或者不自觉遵守规章制度(a311),存在侥幸心理(a312)等都会有所影响……<br>　　出现安全事故还往往有以下原因:一是冒险实施高处作业平台搭设活动(a313)。员工往往未经过专业技术培训及专业考试合格(a314),比如说不具备架子工作业资格(a315)而擅自进行抹灰作业高处平台搭设(a316),违反安全技术规范规定,因安全知识和安全技能缺乏(a317),且在无任何安全防护措施的前提下(a318),常会致使事故发生。二是安全设施及个体防护用品缺失(a319),安全技术交底不落实(a320)。在组织实施电梯井内壁扎架子等抹灰准备作业活动时,比如电梯井道内有时无任何防护设施(a321),且时常做不到向正在从事抹灰扎架子准备活动的人员进行安全技术教育(a322)及安全技术交底(a323),也难以做到向其提供任何防护用品,由于以上原因导致施工人员站立不稳(a324),从脚手板与电梯井内壁的缝隙处坠落。 | a301 疏忽大意,a302 加强安全意识,a303 高度重视安全生产,a304 缺乏安全知识,a305 加强公司培训,a306 注意力不集中,a307 形成安全隐患,a308 员工的身心健康,a309 员工盲目自大,a310 不重视安全问题,a311 不自觉遵守规章制度,a312 侥幸心理,a313 冒险实施作业,a314 未经技术培训,a315 不具备作业资格,a316 擅自作业,a317 安全知识和安全技能缺乏,a318 无安全防护措施,a319 个体防护用品缺失,a320 安全技术交底不落实,a321 无任何设施,a322 未进行安全技术教育,a323 安全技术交底未进行,a324 施工人员站立不稳 |

续表

| 序号 | 访谈内容 | 原始代码 |
|---|---|---|
| 1 | 从管理层来说，一是施工作业方案不够具体(a325)，现场安全管理落实不到位(a326)。就像公司项目部编制的"抹灰施工方案"和作业人员"安全技术交底"文件中未根据室内洞口、临边以及电梯井内壁抹灰作业等实际情况编制有针对性的安全技术措施和安全技术要求，明显不够具体(a327)。有时在项目中标后，会安排未取得相应执业资格的人员担任项目负责人，致使其在实际项目施工管理中不具备必要的安全生产知识和管理能力(a328)，仅在抹灰作业分包后任由分包人自行组织施工作业(a329)，未对施工现场实施任何安全生产管理活动(a330)，导致施工现场各类违规违章行为发生(a331)。二是违法分包劳务作业项目也会导致事故发生(a332)。公司有时会将项目抹灰作业分给不具备任何资质和安全生产条件的个人(a333)，并任由其组织实施作业(a334)，致使作业分包人在现场不具备抹灰作业条件的情况下，擅自安排无资质人员从事搭设高处作业安全设施(a335)、雇用未取得抹灰作业技能证书的人员(a336)从事抹灰工作业等违规违章行为持续存在(a337)，最终导致事故发生。三是施工监理制度落实不到位(a338)。监理公司在审查批复"施工方案"及"安全技术交底"时，对该方案和技术交底内容中缺少对洞口、临边作业及电梯井内抹灰作业安全措施(a339)，不符合该项目抹灰作业实际等情况未予发现和纠正(a340)，且未对抹灰作业队伍资质进行严格审查(a341)，未对抹灰工人持证情况及接受入场三级安全教育培训等情况进行认真监理检查(a342)，致使该项目违法分包劳务项目、施工队伍管理混乱(a343)的现场迟迟得不到消除。对于降低安全事故和提高安全绩效我觉得决策层的管理比较重要(a344)，安全第一，预防为主(a345)，提高员工安全意识(a346)，做出明确目标(a347)，经常培训教育(a348)，严格监督安全文明施工方案和具体施工过程(a349) | a325 作业方案不具体，a327 安全管理落实不到位，a326 安全技术要求不具体，a328 安全生产知识和管理能力不具备，a329 自行组织施工作业，a330 未实施安全管理活动，a331 现场违章行为，a332 违法分包劳务作业，a333 承包方不具备资质，a334 施工缺少必要的监督，a335 擅自安排无资质人员施工，a336 雇用无技能证书人员，a337 违规行为持续存在，a338 监理制度落实不到位，a339 缺少安全措施，a340 未发现违规情况，a341 未对作业资质严格审查，a342 未对持证及培训进行监理检查，a343 施工队伍管理混乱，a344 决策层的管理比较重要，a345 安全第一，预防为主，a346 提高员工安全意识，a347 明确目标，a348 需要培训教育，a349 严格监督安全施工方案 |
| 2 | 我在施工单位工作了近5年，主要负责安全技术保障。公司有专门的安全部门，很重视安全问题(a350)。但是目前好多企业在安全方面流于形式，安全投入不足(a351)。个人认为也可以用经济学知识解释，如果安全生产效益大于支出的成本，那么任何经济人都会自主选择安全生产。我认为安全生产的基础应该从优化生产流程等基本的操作开始，但流程不是决定性因素(a352)。<br>结合我们单位的情况，综合现场的勘验、询问调查等情况，未严格遵守公司一些规程和守则(a353)，往往会造成身体及重心失衡，可能会有滑跌坠落等现象(a354)。①安装作业现场往往事故隐患排查不及时、不彻底(a355)。比如公司编制的"作业安全操作规程"中对施工场地提出了"必须保持清洁、畅通"的规定，符合国家安全技术规范中"作业中的走道、通道板和登高用具，随时清扫干净"的要求。但在实际组织安装作业过程中，施工人员不认真组织走道、施工地面沙土等杂物的排查(a356)，当作业人员站在此处身体重心 | a350 重视安全问题，a351 安全投入不足，a352 流程非决定性因素，a353 遵守规程和守则，a354 身体及重心失衡导致滑跌坠落等事故，a355 隐患排查不及时，a356 不认真组织排查 |

续表

| 序号 | 访谈内容 | 原始代码 |
|---|---|---|
| 2 | 处于失衡状态时,往往形成滑跌事故隐患,进而容易导致事故的发生(a357)。②安装安全技术交底不到位(a358),作业现场管理不规范(a359)。综合公司提供的安全生产管理制度、操作规程和安全技术交底内容审查情况,公司对从事安装作业应注意的协作、联络等事项提出安全工作要求(a360)。在一些事故中,有些员工作业中途因故离开工作岗位(a361),回来后在未与同组工友取得联系的情况下直接作业,缺失联络、协同不好(a362),判断失误(a363),这也是导致事故发生的另一重要原因。对于个人和企业来说可以采取一些防范措施:一是深刻吸取事故教训,认真组织安全生产责任制及规章制度(a364)、安全操作规程,完善安装、维修作业安全技术交底内容(a365),完善安装过程中协同指挥作业的安全操作规程(a366),并强化对从业人员的安全教育培训(a367),强化安装人员协作意识(a368),加强对作业现场、环境的隐患排查(a369),及时排查消除各类事故隐患(a370),各级各岗位人员要严格落实各自安全生产责任(a371),杜绝冒险作业(a372)、违章作业(a373),严防类似事故的再发生<br>…… | a357 身体失衡形成滑跌隐患,a358 安全技术交底不到位,a359 现场管理不规范,a361 因故离开工作岗位,a362 缺失联络、协同不好,a363 判断失误,a364 认真组织安全生产责任制及规章制度,a365 完善技术交底内容,a366 完善安全操作规程,a367 强化安全教育培训,a368 强化安装人员协作意识,a369 加强隐患排查,a370 及时消除各类隐患,a371 严格落实安全生产责任,a372 杜绝冒险作业,a373 违章作业 |
| ⋮ | ⋮ | ⋮ |

资料来源:笔者整理(详见附录B)。

第二个阶段是对原始代码进行定义,实现数据的初始概念化。由此产生的概念将是资料分析的基本单位。笔者对每一个原始代码所指示的现象进行摘录,将同一事件或意思相近的原始代码归为一类,并赋予概念,共得到95个概念。概念则以"aa+序号"形式表示,如aa1代表提炼出的第一个概念,aa2代表第二个概念,具体的概念生成过程见表4.7。

表4.7 原始代码的概念化

| 序号 | 原始代码(现象/事件) | 概念化代码 |
|---|---|---|
| 1 | a573 缺乏应急能力,a586 事故应对能力 | aa1 应急能力 |
| 2 | a526 提高个人工作素养及职业素质,a727 员工职业化程度 | aa2 职业化素养 |
| 3 | a104 未遵守清理规程,a618 规范施工现场操作、提高安全意识,a311 不自觉遵守规章制度,a353 遵守规程和守则,a669 遵守安全管理制度,a182 未办理作业许可,a248 未保持安全距离,a265 未保持安全距离 | aa3 遵守规章制度 |
| 4 | a114 临时替工,缺乏相关知识和经验,a193 缺乏安全知识,a291 缺乏安全知识,未按规定方案施工,a328 安全生产知识和管理能力不具备,a390 不具备安全生产知识,a399 安全知识缺乏,a467 缺乏安全知识,a541 员工的安全知识,a629 安全知识水平,a695 员工的知识水平,a762 对安全了解 | aa4 安全生产知识匮乏 |

续表

| 序号 | 原始代码(现象/事件) | 概念化代码 |
|---|---|---|
| 5 | a3 无安全防护措施工作, a36 未采取安全保护措施, a60 未采取合理措施, a76 防护措施简单, a85 防护措施不力, a97 未采取安全措施造成坠亡, a100 未采取防护措施, a117 未设置防护设施, a169 未采取有效措施, a172 未采取防坍塌措施, a187 墙体无加固措施, a397 未系挂安全带或防护措施, a480 安全措施未落实不作业, a518 安全措施不到位, a555 危险因素、防范措施告知不够具体, a799 有效防护措施 | aa5 安全保护措施 |
| 6 | a511 个人的安全观念 | aa6 个人安全观念 |
| 7 | a423 工作人员心情差, a426 情感因素, a506 心情不好 | aa7 员工心情 |
| 8 | a144 冒险行动, a150 领导未阻止冒险行为, a185 拆除方法不符合规程, 冒险蛮干, a203 照明断电后继续作业, a210 为图方便, 冒险作业 | aa8 蛮干 |
| 9 | a510 知识水平, a512 个人文化水平, a563 业务知识水平, a602 文化水平差异, a665 个人知识水平, a598 知识水平高 | aa9 文化水平 |
| 10 | a366 完善安全操作规程, a401 安全操作规程不健全, a402 未制定必要的操作规程, a719 整改措施 | aa10 操作规程的完善程度 |
| 11 | a501 员工的责任心, a635 责任心重, a791 责任心不足 | aa11 员工责任心 |
| 12 | a413 对安全生产的认识, a677 安全认识, a566 对安全生产的认识, a497 个人安全认识 | aa12 安全生产认识 |
| 13 | a158 管理混乱, a343 施工队伍管理混乱, a801 项目施工管理混乱, a359 现场管理不规范, a686 安全管理松散, a587 安全生产管理职责现场安全管理不到位, a649 安全管理不到位, a409 现场安全管理不力 | aa13 管理执行到位 |
| 14 | a600 价值观 | aa14 价值观念 |
| 15 | a152 未按规程搬动, a443 操作工序, a435 规章制度和操作规程, a721 据工程特点制定施工措施, a590 规章制度和操作规程, a755 未熟悉安全操作规程, a626 组织层面操作工序的把握 | aa15 安全规程 |
| 16 | a65 精神状态差, 678 消极事情的心理影响, a503 员工的精神状态, a570 精神状态不好, a571 精神迷迷糊糊, a567 个人的精神状态 | aa16 精神状况差 |
| 17 | a25 冒险施工, a58 执意冒险施工, a77 冒险跳下, 工作人员发生高空滑落, a101 冒险操作, a313 冒险实施作业, a372 杜绝冒险作业, a392 高处冒险作业, a655 冒险作业, a731 冒险行为, a764 冒险进行作业, a774 冒险进行施工 | aa17 冒险实施作业 |
| 18 | a2 无证上岗, a11 无证上岗, a98 无操作证, a389 未持证上岗, a444 未持证上岗 | aa18 无证上岗 |
| 19 | a68 违规指挥, a227 安全人员未制止违章行为, a148 违规指挥, a280 指挥方式不合规, a485 反对违章指挥 | aa19 违规指挥 |

续表

| 序号 | 原始代码(现象/事件) | 概念化代码 |
|---|---|---|
| 20 | a412 工作态度,a560 工作态度,a696 个人态度,a795 良好的工作态度,a814 现场负责人态度和责任心 | aa20 个人工作态度 |
| 21 | a505 睡眠不足,a548 睡眠不足导致疲劳,a575 睡眠不足,a576 熬夜太长 | aa21 睡眠不足 |
| 22 | a418 培训机制不健全,a792 安全教育培训的程度及机会 | aa22 培训机会 |
| 23 | a425 自身学识 | aa23 自身学识 |
| 24 | a325 作业方案不具体,a364 认真组织安全生产责任制及规章制度,a326 安全管理落实不到位,a330 未实施安全管理活动,a381 管理制度,a417 安全管理和奖惩机制,a519 加强现场安全管理,a554 安全生产规章制度,a759 奖惩措施,a687 要求不严,a694 企业制度的落实,a601 令行禁止,奖惩分明,a701 纪律严明,a751 未约定安全生产管理职责,a763 安全管理规定,a804 施工现场的管理,a813 有效的奖罚制度 | aa24 规章制度 |
| 25 | a9 未佩戴安全防护用品,a12 未佩戴防护用品,a39 未佩戴防护用品,a40 未佩戴防护用品,a47 未佩戴安全防护,a453 无劳保防护用品,a468 未佩戴劳动防护用品,a212 未佩戴防护用品 | aa25 未佩戴安全用品 |
| 26 | a60 监督检查不力,a448 对防护用品佩戴监督不到位,a769 管理人员对违规监督不力,a451 做好全过程监督,a461 安全员和企业的监督,a507 监督不到位,a527 监督及奖惩制度,a588 工作督促,a592 监督检查,a596 安全管理和监督不力,a660 未认真履行监理责任,a661 缺乏有效监督管理,a708 监督管理,a775 督促、检查安全生产 | aa26 监督检查 |
| 27 | a317 安全技能缺乏,a459 提高安全生产技能,a525 提高安全技能,a663 技能专业性,a638 技能水平,a761 技能和知识掌握,a728 知识和技能 | aa27 安全生产技能 |
| ⋮ | ⋮ | ⋮ |

资料来源:笔者整理(具体内容见附件 B)。

第三个阶段是挖掘亚类属,亚类属是指具有关系的一组概念,它们涉及同一现象,由一个更高层次的抽象概念统摄。本研究对上述标签所表述的现象赋予 95 个概念,概念化的分析中,主要分析概念间的语义关系,为下一步的编码工作奠定基础。这 95 个概念主要呈现以下三类关系,如表 4.8 所示。

表 4.8 概念间相互关系说明

| 概念关系 | 具体内容 |
|---|---|
| 同义关系 | 概念间同义关系是指不同概念表述同一个现象或事件。例如,aa8 和 aa9,员工素质和职业化素养,不同的词语表达了一个意思。同义关系概念是概念形成的一种来源 |

续表

| 概念关系 | 具体内容 |
|---|---|
| 相关关系 | 指概念间具有一定联系,表现为多种相关性,它们可能发生于同一背景,也可能从各种角度解释现象。如aa93过度工作和aa67精力不济,从不同的角度描述精神状况,因此具有相关关系。 |
| 属分关系 | 概念间的属分关系是指不同概念所阐述的含义范围上不同,一个概念包含另一概念。如aa35未遵守规章制度和aa25未佩戴安全用品,即未遵守规章制度包含了未佩戴安全用品,两者是一种属分关系。这种关系有利于深入认识概念间关系,为下一步编码奠定基础 |

参照同义关系、相关关系、属分关系,对95个概念进行亚类属的挖掘,本研究共获得42个亚类属。将这42个亚类属以"A+序号"的形式进行编号,结合各个亚类属所涵盖概念的本质给予命名。各亚类属的名称及其构成概念见表4.9。

表4.9 亚类属名称及概念构成

| 序号 | 构成亚类属的概念 | 亚类属 |
|---|---|---|
| 1 | aa4 安全生产知识匮乏,aa9 文化水平,aa47 专业知识 | A1 安全知识 |
| 2 | aa27 安全生产技能 | A2 安全技能 |
| 3 | aa18 无证上岗,aa42 作业资格 | A3 从业资格 |
| 4 | aa2 职业化素养,aa23 自身学识,aa70 员工素质 | A4 职业素质 |
| 5 | aa20 个人工作态度,aa45 保持安全态度 | A5 安全态度 |
| 6 | aa6 个人安全观念,aa14 价值观念 | A6 安全观念 |
| 7 | aa29 安全意识不足,aa32 自我保护意识,aa64 安全管理意识淡薄 | A7 安全意识 |
| 8 | aa12 安全生产认识,aa89 安全常识了解 | A8 安全认识 |
| 9 | aa11 员工责任心,aa40 工作责任感 | A9 安全责任感 |
| 10 | aa1 应急能力,aa56 身体自控能力 | A10 知觉控制感 |
| 11 | aa21 睡眠不足,aa53 身体劳累过度,aa77 疲劳 | A11 身体状况 |
| 12 | aa37 个人工作状态,aa50 工作心理状态,aa93 过度工作 | A12 心理状态 |
| 13 | aa16 精神状况差,aa67 精力不济,aa85 注意力分散 | A13 精神状态 |
| 14 | aa7 员工心情,aa73 工作情绪,aa81 个人心态 | A14 个体情绪 |
| 15 | aa3 遵守规章制度,aa34 设计或施工不合要求 | A15 安全遵守 |
| 16 | aa25 未佩戴安全用品,aa58 未按规定佩戴安防用品,aa94 配发设施 | A16 佩戴防护用品 |
| 17 | aa5 安全保护措施,aa30 个体防护措施,aa91 安全隐患 | A17 防护措施 |
| 18 | aa36 安全带断开,aa43 未系挂安全带 | A18 佩戴安全带 |
| 19 | aa52 安全帽不合规,aa61 未佩戴安全帽 | A19 佩戴安全帽 |

续表

| 序号 | 构成亚类属的概念 | 亚类属 |
|---|---|---|
| 20 | aa8 蛮干,aa17 冒险实施作业 | A20 冒险施工 |
| 21 | aa55 擅自离岗,aa88 擅自操作,aa95 盲目行动 | A21 擅自作业 |
| 22 | aa44 操作的专业性,aa60 规范操作,aa63 设施标准要求 | A22 行为规范性 |
| 23 | aa48 野蛮施工 | A23 强行施工 |
| 24 | aa19 违规指挥,aa38 违章操作,aa69 违背规则 | A24 违章行为 |
| 25 | aa59 关注安全,aa76 自我意识 | A25 安全参与 |
| 26 | aa39 粗心大意,aa83 工作随意 | A26 专注安全 |
| 27 | aa79 侥幸心理 | A27 守则心理 |
| 28 | aa71 贪图方便 | A28 依章操作 |
| 29 | aa28 不慎坠落受伤,aa66 设施伤害 | A29 安全结果 |
| 30 | a92 失稳失足 | A30 失衡 |
| 31 | aa51 坠落死亡,aa75 设备致亡,aa54 坍塌掩埋 | A31 死亡事故 |
| 32 | aa72 设备致伤,aa74 设施障碍,aa78 使用不当 | A32 设施故障 |
| 33 | aa31 技术训练,aa35 专业技能教育 | A33 安全技术培训 |
| 34 | aa82 上岗训练 | A34 岗前培训 |
| 35 | aa22 培训机会,aa84 人员培训,aa90 公司培训教育 | A35 安全培训 |
| 36 | aa15 安全规程,aa10 操作规程的完善程度 | A36 安全规程 |
| 37 | aa65 技术交底的落实,aa68 明确任务 | A37 技术交底 |
| 38 | aa24 规章制度,aa13 管理执行到位,aa46 管理的严谨性,aa87 管理层的重视 | A38 安全管理制度 |
| 39 | aa26 监督检查,aa57 施工过程监督 | A39 管理监督 |
| 40 | aa33 排查隐患,aa80 隐患辨识 | A40 隐患排除 |
| 41 | aa41 设备检查,aa49 施工检验 | A41 安全检查 |
| 42 | aa62 警告,aa86 警示标识 | A42 安全警示 |

资料来源:笔者整理(具体内容见附件 B)。

### 4.4.3 研究资料的主轴编码

主轴编码是指选择核心范畴,系统地验证其和其他范畴间的关系,将尚未发展完备的范畴补充完整的过程[132]。国内学者定义的主轴编码就是在已经发现的概念类属中经过系统分析后选择一个核心类属[133]。

在开放式编码完成后,本研究提取出 42 个范畴,根据 Strauss 和 Corbin[134] 提出的研究思路和模型,进一步分析实现现象、实现条件、过程、行动、策略与结果等之间的逻辑关系。

在进行选择性编码时,Strauss 和 Corbin 使用一套科学术语来建立类属之间的联系,将研究对象的主要阐述聚合起来,成为结构框架的组成部分,来回答"哪里、为什么、谁、怎样和结果如何"这些问题。其结构框架中包括:①条件,即形成现象的环境或情境;②行动、互动和情感,研究对象对主题、事件或问题的策略反应;③结果,行动、互动和情感的后果。

经过对所有开放式编码、主轴编码进行全面系统分析、整合,对访谈资料进行反复比较、归类、整合,并经过系统的提取、重组、整合,按照 Strauss 和 Corbin 的典范模型把主要范畴间的关系予以展示。本章研究对 42 个亚类属进行整理与分析,共得到 9 个类属(类属代码用 B+序号表示):B1 安全知识、B2 安全态度、B3 知觉控制感、B4 安全遵守、B5 安全参与、B6 安全结果、B7 安全培训、B8 管理规程、B9 管理监督。以上 9 个类属中,除安全结果外,对其他 8 个类属的"故事线"进行深度梳理和阐述,以便整理和形成主要的"故事线"轴心。

#### 4.4.3.1 类属一:安全知识

通过对案例及访谈资料整理与分析,形成安全知识的典范模型,如表 4.10 所示。

表 4.10 类属一 安全知识的典范模型

| 条件-起因(因果条件) | 现　象 | | |
|---|---|---|---|
| A2 安全技能 | A1:安全知识 | | |
| A3 从业资格 | | | |
| A4 职业素质 | | | |
| 条件-起因的性质 | 安全知识的特征面向 | | |
| 员工的安全技能需要提高 | 能力取向 | 高 | 低 |
| 员工未持有安全从业资格 | 基本水平取向 | 高 | 低 |
| 安全知识的行动脉络 | | | |
| 当员工缺乏安全技能时,员工的知识水平自然较低。同时,当员工未持有从业资格时,员工对安全知识的学习不够系统和扎实,安全知识难以完备。而安全知识的匮乏使得员工难以规范自己的安全行为,进而导致安全事故的发生 | | | |
| 条件-背景(条件及环境) | 行动/互动策略 | | |
| A35 安全培训,A36 安全规程,A39 管理监督 | A5 安全态度,A10 知觉控制感 | | |
| 结　果 | | | |
| 加强员工安全知识能够提升员工安全绩效,减少安全事故的发生 | | | |

安全知识模型范畴间的关系,需要原始资料中的事件、观点去证实。本章研究根据表 4.10 中的典范模型,建立了类属"安全知识"与其他相关亚类属之间的关联,形成安全知识模型的证据链,如图 4.2 所示。

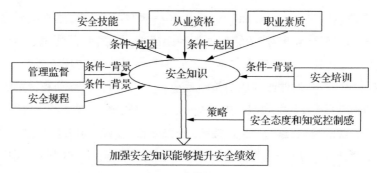

**图 4.2 类属一 安全知识的证据链**

证据链显示,安全知识主要通过 A2 安全技能、A3 从业资格和 A4 职业素质等方面表现, A35 安全培训是安全知识提高的重要条件,通过安全培训和教育,员工的安全知识才能不断改进。而 A39 管理监督员工能够保证安全知识在实际工作中发挥作用,管理监督是安全知识得以应用的保障。安全知识通过 A5 安全态度对员工的行为产生作用,良好的个人工作态度(aa20)和保持安全态度(aa45)有利于知识的充分发挥,而 A10 知觉控制感能够让员工控制好自身的应急能力(aa1)和身体自控能力(aa56),从而让员工具备自控力,减少失误及安全事故的发生。扎根过程中,通过运用资料中的事件、现象等验证以上证据链。构建模型为了进一步改进安全绩效。

#### 4.4.3.2 类属二:安全态度

通过对资料的整理与分析,形成了类属二的典范模型,如表 4.11 所示。

**表 4.11 类属二 安全态度的典范模型**

| 条件-起因(因果条件) | 现 象 | |
|---|---|---|
| A6 安全观念 | A5:安全态度 | |
| A7 安全意识 | | |
| A8 安全认识 | | |
| 条件-起因的性质 | 安全态度的特征面向 | |
| 个人的安全价值观念 | 态度的积极性 | 高 低 |
| 安全意识淡薄 | 安全意识程度 | 强 弱 |
| 安全认识不到位 | | |
| 安全态度的行动脉络 | | |
| 员工安全价值观念决定自身的积极性,安全意识的强烈程度也决定了安全态度的强弱,员工安全认识到位使得自己会更加重视安全问题,员工安全态度由以上几方面所决定 | | |
| 条件-背景(条件及环境) | 行动/互动策略 | |
| A35 安全培训,A36 安全规程,A39 管理监督 | A9 安全责任感 | |
| 结 果 | | |
| 安全态度能够强化员工的安全行为 | | |

本章研究根据表 4.11 中的典范模型，建立了类属"安全态度"的典范模型的证据链，如图 4.3 所示。

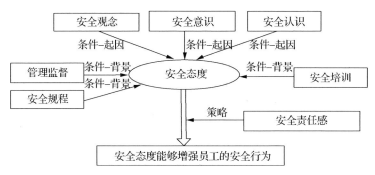

**图 4.3　类属二 安全态度的证据链**

概念范畴间关系通过运用扎根理论资料中的事件、现象等来进行验证。在"安全态度"的证据链中，A6 安全观念、A7 安全意识和 A8 安全认识是形成 A5 安全态度的因果条件，员工具备积极的安全态度时，结合良好的组织安全氛围（如 A35 安全培训、A36 安全规程）时，员工往往会提高自己的 A9 安全责任感，并会不断增强自身的 A15 安全遵守行为，从而降低安全事故率。组织安全氛围作为特定的情境影响个体行动策略的选择。案例和访谈资料中的事件、访谈信息等验证了以上的证据链。

#### 4.4.3.3　类属三：知觉控制感

通过对研究资料的整理与分析，形成了类属三知觉控制感的典范模型，如表 4.12 所示。

**表 4.12　类属三 知觉控制感的典范模型**

| 条件-起因（因果条件） | 现　象 | |
|---|---|---|
| A11 身体状况 | A10：知觉控制感 | |
| A13 精神状态 | | |
| A14 个体情绪 | | |
| **条件-起因的性质** | **知觉控制感的特征面向** | |
| 身体因素和精神因素也是员工安全行为的重要因素，清醒的状态能够使员工更好地工作 | 工作状态 | 好　坏 |
| 良好的个体情绪能使得员工保持良好的工作状态 | 精神状态 | 好　坏 |
| **知觉控制感的行动脉络** | | |
| 　良好的身体自控能力能够使员工控制自身动作和行为，清醒的精神状态有利于员工更好地发挥自身的知识和能力，而保持良好个体情绪利于员工保持清醒的工作状态和稳定的心理状态，促进员工提高安全绩效，从而减少事故 | | |

续表

| 条件-背景(条件及环境) | 行动/互动策略 |
|---|---|
| A35 安全培训，A36 安全规程，A38 安全管理制度 | A12 心理状态 |
| 结　果 ||
| 知觉控制感增强安全遵守行为、促进良好的安全结果，从而减少事故发生 ||

本章研究根据表 4.12 中的典范模型，建立了类属"知觉控制感"与其他相关亚类属之间的关联，形成了可以验证类属三的典范模型的证据链，如图 4.4 所示。

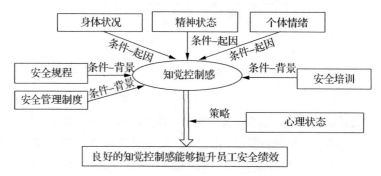

**图 4.4　类属三 知觉控制感的证据链**

在"知觉控制感"的证据链中，A11 身体状况、A13 精神状态和 A14 个体情绪是构成知觉控制感的重要原因，身体的疲劳和睡眠不足等都会导致个体出现动作或行为的失误，当员工能够很好地控制自己身体时，则会减少失误。个人的精神状态、情绪、心情等能够影响员工的行为，比如注意力分散（aa85）、精力不济（aa67）等都会致使员工的行为变形，甚至导致事故的发生。员工只有调整好自身的 A12 心理状态时，才能控制好自身的行为，做到行为安全。结合组织中的安全培训、安全规程和安全管理制度等组织环境，采取调整心理状态的行动策略，增强员工的安全绩效。

#### 4.4.3.4　类属四：安全遵守

通过对研究资料的整理与分析，形成了类属四安全遵守的典范模型，如表 4.13 所示。

**表 4.13　类属四 安全遵守的典范模型**

| 条件-起因(因果条件) | 现　象 |
|---|---|
| A16 佩戴防护用品，A18 佩戴安全带，A19 佩戴安全帽 | A15：安全遵守 |
| A20 冒险施工，A21 擅自作业 | |
| A23 强行施工，A24 违章行为 | |

续表

| 条件-起因的性质 | 安全遵守的特征面向 | | |
|---|---|---|---|
| 佩戴防护用品,佩戴安全帽、安全带是安全遵守的典型表现形式,也是遵守行为的基本要求 | 遵守行为的具体表现 | 强 | 弱 |
| 冒险、强行施工、擅自作业则是明显违章行为 | 违章行为的具体表现 | 强 | 弱 |
| **安全遵守的行动脉络** | | | |
| 佩戴防护用品,包括佩戴安全帽、安全带等系列防护用品,遵守这些日常行为能够确保员工的人身安全;同时,员工应当避免冒险、一味蛮干和擅自作业等违规做法,否则容易导致安全事故的触发 | | | |
| 条件-背景(条件及环境) | 行动/互动策略 | | |
| A35 安全培训,A39 管理监督,A36 安全规程,A38 安全管理制度 | A22 行为规范性 | | |
| **结　果** | | | |
| 施工过程中员工安全遵守行为能够避免事故,形成良好的安全结果 | | | |

本章研究根据表 4.13 中的典范模型,建立了类属"安全遵守"与其他相关亚类属之间的关联,形成了可以验证类属四的典范模型的证据链,如图 4.5 所示。

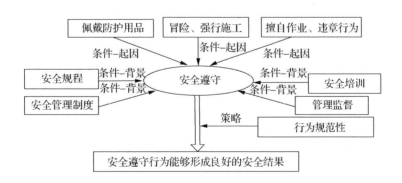

**图 4.5　类属四 安全遵守的证据链**

在"安全遵守"的证据链中,A16 佩戴防护用品、A18 佩戴安全带、A19 佩戴安全帽等行为形成安全遵守行为的前提条件,而 A20 冒险施工、A21 擅自作业、A23 强行施工和 A24 违章行为是安全遵守行为的消极面,仍属于安全遵守类属范围内。当员工采用 A22 行为规范性策略时,结合良好的组织安全氛围往往会增加自身的遵守行为,直接作用到行为的安全结果。证据链中的关联关系通过研究资料中的事件、现象得以验证。

#### 4.4.3.5　类属五:安全参与

通过对研究资料的整理与分析,形成了安全参与的典范模型,如表 4.14 所示。

表 4.14　类属五 安全参与的典范模型

| 条件-起因(因果条件) | 现　象 | |
|---|---|---|
| A26 专注安全 | A15:安全参与 | |
| A27 守则心理 | | |
| 条件-起因的性质 | 安全参与的特征面向 | |
| 员工专注于安全,会提高安全操作的系数,守则心理会影响自身的品质,对特定情境中的行为结果有预测性,决定个人作业中的危险程度 | 乐观、积极、主动性、适应性 | 强　　弱 |
| 安全参与的行动脉络 | | |
| 员工本身具备的心理和素质影响其在组织中的心理状态和行为,具有较强安全参与的员工,比较乐观,拥有较强的主动性和积极性,较容易适应新的情况和环境 | | |
| 条件-背景(条件及环境) | 行动/互动策略 | |
| A35 安全培训,A39 管理监督,A36 安全规程,A38 安全管理制度 | A28 依章操作 | |
| 结　果 | | |
| 改善员工的安全参与行为能够形成良好的安全结果,降低安全事故的发生率。工作过程中员工安全遵守行为能够避免事故,形成良好的安全结果 | | |

本章研究根据表 4.14 中的典范模型,建立了类属"安全参与"与其他相关亚类属之间的关联,形成了可以验证类属五的典范模型的证据链,如图 4.6 所示。

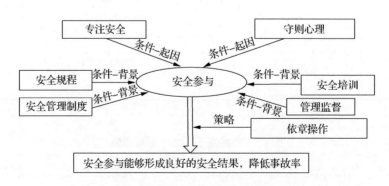

图 4.6　类属五 安全参与的证据链

在"安全参与"的证据链中,A26 专注安全、A27 守则心理是形成安全参与的前提条件,当员工积极进行 A25 安全参与时,结合组织的 A35 安全培训、A36 安全规程和 A38 安全管理制度,能够很大程度上提高员工的积极性,依章操作的行为策略能够形成良好的安全结果,降低安全事故率。证据链中的关联关系通过扎根理论资料中的事件、现象等得以验证。

### 4.4.3.6 类属六:安全培训

通过对研究资料的整理与分析,形成了安全培训的典范模型,如表 4.15 所示。

表 4.15 类属六 安全培训的典范模型

| 条件-起因(因果条件) | 现　象 |
|---|---|
| A33 安全技术培训,aa35 专业技能教育 | A35:安全培训 |
| A34 岗前培训 | |
| **条件-起因的性质** | **安全培训的特征面向** |
| 组织安全技术培训、专业技能教育和岗前培训会对组织员工带来知识、素质、技能等方面的提升,进而影响到安全绩效的提高 | 安全技能提升、安全知识加强和安全意识增强　　强　弱 |
| **安全培训的行动脉络** | |
| 安全培训是组织层面对员工的安全教育,员工经过安全培训后会具备更为全面的安全知识和技能,同时也会增强员工的安全意识和安全态度,同时还有利于创建良好的安全工作氛围 | |
| **条件-背景(条件及环境)** | **行动/互动策略** |
| A38 安全管理制度 | aa87 管理层的重视 |
| **结　果** | |
| 良好的安全培训会提高员工的知识和态度意识,进而提升企业的整体安全绩效 | |

本章研究根据表 4.15 中的典范模型,建立了类属"安全培训"与其他相关亚类属之间的关联,形成了可以验证安全培训的典范模型的证据链,如图 4.7 所示。

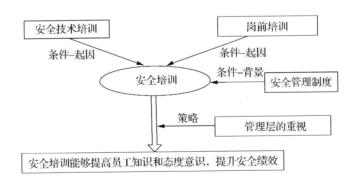

**图 4.7 类属六 安全培训的证据链**

在"组织氛围"的证据链中,A33 安全技术培训、A34 岗前培训、aa31 技术训练、aa35 专业技能教育、aa84 人员培训、aa90 公司培训教育等构成了安全培训的主要内容,安全培训是形成组织安全氛围的重要内容之一。在良好的 A38 安全管理制度氛围下,通过 aa87 管理层的重视,员工经过安全培训后会具备更为全面的安全知识和技能,同时也会增强员工的安全意识和安全态度,有利于创建良好的安全工作氛围,提升企业的整体安全绩效。类属概念间的关联关系能够通过扎根资料中的事件、现象等得以验证。

#### 4.4.3.7 类属七：安全规程

通过对访谈资料的整理与分析，形成了安全规程的典范模型，如表4.16所示。

表4.16 类属七 安全规程的典范模型

| 条件-起因(因果条件) | 现 象 | | |
|---|---|---|---|
| A37 技术交底<br>A38 安全管理制度 | A36：安全规程 | | |
| 条件-起因的性质 | 安全规程的特征面向 | | |
| 技术交底和安全管理制度及规章规程构成了安全规程，安全规程主要用来指导员工的具体操作 | 规章制度的严谨度及完善性 | 高 | 低 |
| 安全规程的行动脉络 | | | |
| 通过组织安全规程的指引，能够使员工有章可循，使自身安全行为更加严谨 | | | |
| 条件-背景(条件及环境) | 行动/互动策略 | | |
| 组织安全氛围 | aa87 管理层的重视 | | |
| 结 果 | | | |
| 安全规程能够使员工有章可依，提高员工的安全规范，为安全绩效提供了保证 | | | |

本章研究根据表4.16的典范模型，建立了类属"安全规程"与其他相关亚类属之间的关联，形成了可以验证类属七的典范模型的证据链，如图4.8所示。

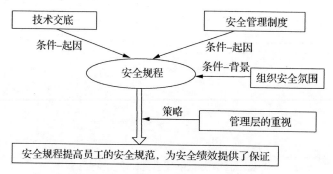

图4.8 类属七 安全规程的证据链

在"安全规程"的证据链中，A37技术交底和A38安全管理制度是形成安全规程的前提条件，aa87管理层的重视是组织层面建立和完善安全规程采取的行动策略，安全氛围会影响员工做出行动策略选择。亚类属间的关联关系通过扎根理论资料中的事件、现象等来验证以上的证据链。

#### 4.4.3.8 类属八：管理监督

通过对案例和访谈数据的整理分析，形成管理监督模型，如表4.17所示。

表 4.17 类属八 管理监督的典范模型

| 条件-起因(因果条件) | 现 象 | |
|---|---|---|
| A40 隐患排除，aa26 监督检查 | A39：管理监督 | |
| A42 安全警示，aa57 施工过程监督 | | |
| 条件-起因的性质 | 管理监督的特征面向 | |
| 员工在作业过程中需要提前排除隐患，安全警示对监督起到预防作用，过程监督有利于员工遵守安全制度 | 组织行为意愿<br>组织监督行为 | 高　　　低<br>严格　　宽松 |
| 管理监督的行动脉络 | | |
| 组织的管理监督会有利于促使员工遵守安全规程和管理制度，排除隐患会减少员工工作中的障碍，安全警示对危险起到提示作用，现场监督促使员工遵守安全制度 | | |
| 条件-背景(条件及环境) | 行动/互动策略 | |
| A36 安全规程　　组织安全氛围 | A41 安全检查 | |
| 结　果 | | |
| 管理监督的组织行为导致员工安全绩效的提升 | | |

本章研究根据表 4.17 中的典范模型，建立了类属"管理监督"与其他相关亚类属之间的关联，形成了可以验证管理监督的典范模型的证据链，如图 4.9 所示。

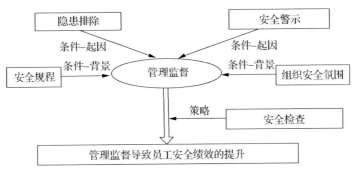

图 4.9　类属八 管理监督的证据链

在"管理监督"的证据链中，A40 隐患排除、A42 安全警示、aa26 监督检查和 aa57 施工过程监督是形成管理监督的前提条件，A41 安全检查是组织采取的行动策略，用以促使员工遵守安全规章制度，提高其安全绩效。组织安全氛围会影响员工的行动策略选择。良好的组织安全氛围有利于完善管理监督职能，通过数据中扎根事件和现象验证"管理监督"的证据链。

通过以上分析，本研究认为"安全知识""安全态度""知觉控制感""安全遵守""安全参与""安全培训""安全规程""管理监督"八个主类属可以作为核心类属，这八个类属作为本研究的主要变量，同时，也作为后续研究八者关系时调查问卷设计的参考。而"安全结果"类属作为核心类属放在后文中进行探讨,但其亚类属的关系在这里进行分析和归纳,这样各类属与亚类属间的关系如表 4.18 所示。

表 4.18 亚类属与类属关系表

| 序号 | 亚类属 | 类属 |
| --- | --- | --- |
| 1 | A1 安全知识 | B1 安全知识 |
| 2 | A2 安全技能 | |
| 3 | A3 从业资格 | |
| 4 | A4 职业素质 | |
| 5 | A5 安全态度 | B2 安全态度 |
| 6 | A6 安全观念 | |
| 7 | A7 安全意识 | |
| 8 | A8 安全认识 | |
| 9 | A9 安全责任感 | |
| 10 | A10 知觉控制感 | B3 知觉控制感 |
| 11 | A11 身体状况 | |
| 12 | A12 心理状态 | |
| 13 | A13 精神状态 | |
| 14 | A14 个体情绪 | |
| 15 | A15 安全遵守 | B4 安全遵守 |
| 16 | A16 佩戴防护用品 | |
| 17 | A17 防护措施 | |
| 18 | A18 佩戴安全带 | |
| 19 | A19 佩戴安全帽 | |
| 20 | A20 冒险施工 | |
| 21 | A21 擅自作业 | |
| 22 | A22 行为规范性 | |
| 23 | A23 强行施工 | |
| 24 | A24 违章行为 | |
| 25 | A25 安全参与 | B5 安全参与 |
| 26 | A26 专注安全 | |
| 27 | A27 守则心理 | |
| 28 | A28 依章操作 | |

续表

| 序号 | 亚类属 | 类属 |
|---|---|---|
| 29 | A29 安全结果 | B6 安全结果 |
| 30 | A30 失衡 | |
| 31 | A31 死亡事故 | |
| 32 | A32 设施故障 | |
| 33 | A33 安全技术培训 | B7 安全培训 |
| 34 | A34 岗前培训 | |
| 35 | A35 安全培训 | |
| 36 | A36 安全规程 | B8 安全规程 |
| 37 | A37 技术交底 | |
| 38 | A38 安全管理制度 | |
| 39 | A39 管理监督 | B9 管理监督 |
| 40 | A40 隐患排除 | |
| 41 | A41 安全检查 | |
| 42 | A42 安全警示 | |

资料来源：笔者整理。

## 4.4.4 研究资料的整合类属

整合类属是围绕一个核心类属，把其他类属联结一起提取理论概念的过程。通过以上的主轴编码的过程，将研究资料提炼出九个类属，发展了类属的性质和特征面向。根据研究数据中所展示的条件、行动/互动和结果等逻辑关系，建立了类属与亚类属之间的联系。本研究将研究线索加以整合，构建一个关于安全绩效的影响因素和作用效果的理论框架。整合类属需要进行以下几个步骤：

#### 4.4.4.1 梳理故事线

通过对研究数据的梳理，提取出逻辑的故事线，并根据故事线提取出核心类别。根据调研案例和访谈资料，可以梳理出以下主要故事线：

故事内容：在个体安全知识（B1）对安全绩效（B4 安全遵守、B5 安全参与、B6 安全结果）的影响过程中，个体安全态度（B2）和知觉控制感（B3）起到中介桥梁作用，因为个体知识直接对行为产生作用并不现实，往往需要通过媒介（如态度和行为控制等）对行为产生作用。安全培训（B7）、安全规程（B8）和管理监督（B9）是三类组织管理职能，作为情境或条件贯穿于轴心分析过程中，因此可以将三者作为组织安全氛围的维度。组织安全氛围的三个维度在安全知识（B1）影响安全态度（B2）和知觉控制感（B3）的过程起到情境调节作用。

故事线深度分析:建筑行业员工的知识、技能和态度关系到自身的安全,也关系到公司的安全绩效。员工本身的素质、安全意识、工作精神状态和心理状态等都会影响到员工的安全行为,而员工的安全行为直接影响到安全的结果,对安全事故是否发生起主导作用。接下来从内部进一步剖析。

(1) 安全知识(B1)对安全态度(B2)的作用分析。增强员工的知识能力(A1 和 A2)会提升员工的安全态度(A5)、安全意识(A7)和安全观念(A6),从业资格(A3)是员工从业的基本要求,提升员工职业素质(A4)会提高员工的安全责任感(A9)。

(2) 安全知识(B1)对知觉控制感(B3)的作用分析。员工知识技能(A1 和 A2)的增强会使个人的工作状态(aa37)和个人心态(aa81)变得积极,而职业素质(A4,包含 aa2 职业化素养、aa23 自身学识和 aa70 员工素质)的提高会正向影响员工的心理状态(A12)、精神状态(A13)和个体情绪(A14)。

(3) 安全态度(B2)对安全行为(B4 安全遵守和 B5 安全参与)的影响分析。安全态度(A5)、安全意识(A7)的强化能够促使员工做到佩戴安全带(A18)、佩戴安全帽(A19)等防护用品的佩戴(A16),做好安全防护措施(A17)等,从而避免不必要的失误。安全观念(A6)和安全认识(A8)也能避免员工冒险施工(A20)、擅自作业(A21)和强行施工(A23)等违章行为(A24)的发生,从而遵守安全行为的规范性(A22)。安全态度(A5)和安全观念(A6)能够带动员工安全参与的行为(A25),并使得员工在作业过程中专注于安全 A26,避免粗心大意(aa39)和工作的随意性(aa83)。安全意识(A7)和安全认识(A8)能促使员工在心理上遵守规则(A27),在行为上能够依章操作(A28),避免员工贪图方便(aa71)和存有侥幸心理(aa79)。

(4) 知觉控制感(B3)对安全行为(B4 安全遵守和 B5 安全参与)的影响分析。提高员工的知觉控制感(A10),促使员工做好安全防护措施(A17),使得员工在作业过程中专注于安全(A26),遵守安全规章制度(A15),从而避免失误。员工良好的身体状况(A11)能够使员工保持良好的工作状态,避免粗心大意(aa39)和工作的随意性(aa83),因为睡眠不足(aa21)、身体劳累过度(aa53)和疲劳(aa77)都会让员工处于一种萎靡状态,难以专注于安全(A26),增加操作中的危险系数。保持良好的心理状态(A12)和精神状态(A13)是员工必备的一种精神面貌,注意力分散(aa85)或精力不济(aa67)往往会导致违章行为(A24)的发生。同时良好的精神状态还会促使员工的安全参与(A25)和安全积极性(aa59)。因此员工良好的知觉控制感很大程度上影响到员工的安全行为。

(5) 组织安全氛围的情境调节作用。在研究数据的分析过程中,组织安全培训(B7)、安全规程(B8)和管理监督(B9)是三类组织管理职能,可看作是组织安全氛围的三个主要维度,对员工的知识技能、意识态度和知觉控制感等个体因素产生影响。加强安全技术培训(A33)、岗前培训(A34)和安全培训(A35)等教育职能,员工安全知识(B1)对安全态度(B2)及知觉控制感(B3)的影响程度会增强,即安全培训会强化安全知识对安全态度和知觉控制感的作用。如个人安全知识水平(A1)和职业素质(A4)在安全培训增强的条件下,会带动个人的安全意识和安全观念(A6和A7),也会使得心理状态(A12)和精神状态(A13)等身心状态变得更为积极。进而增强自身的安全态度和知觉控制感。

在安全规程(B8)进一步完善的情境条件下,员工安全知识(B1)对安全态度(B2)及知觉控制感(B3)的影响程度也会增强,即安全规程的改进及完善会加强安全知识对安全态度和知觉控制感的作用。如在技术交底(A37)、安全管理制度(A38)等规程改善的情况下,安全知识(A1)和安全技能(A2)会促进员工的安全认识(A8)和安全责任感(A9),也会强化知觉控制感(A10)及心理状态(A12)。

在组织强化管理监督(B9)情况下,员工安全知识(B1)对安全态度(B2)及知觉控制感(B3)的影响程度也会增强,即管理监督的加强会增进安全知识对安全态度和知觉控制感的作用。如管理监督(A39)、隐患排除(A40)和安全检查(A41)等职能加强的情境下,安全知识(A1)和安全技能(A2)会促进员工的心理状态(A12)和精神状态(A13),使员工更加专注于安全操作;同时也会强化员工的知觉控制感(A10)、精神状态(A13)及心理状态(A12),利于员工更好地控制自身的工作状态,进而避免失误或发生事故。

对于安全行为(B4安全遵守和B5安全参与)对安全结果(B9)的作用,本书第3章部分文献资料已表明,在此不再赘述。

综上所述,众多案例和访谈数据分析显示,安全知识对安全绩效的作用过程中,安全态度和知觉控制感起到桥梁中介作用,通过安全态度和知觉控制感作用于安全行为,安全行为对安全结果有直接的影响。组织安全氛围作为情境因素包含三个主要维度:安全培训、安全规程和管理监督,在安全知识影响安全态度和知觉控制感的作用过程中起到调节作用。

#### 4.4.4.2 发展核心类属

通过对扎根资料的再次确认,以上故事线涵盖了资料中所呈现的事件或现象。在故事线的引导下,将本研究中的现象与资料转化为概念,并用分析式、说明式语言阐明整个故事。整个故事是对访谈资料的有序再现、对后续研究的理论识别。

本研究的目的是安全绩效的影响因素及安全知识对安全绩效的作用效果。在轴心编码的过程中提炼出九个类属。虽然每个类属都有自身的典范模型和证据链,但每个类属无法单独描述完整的故事线。因此,本研究将主要现象归结为"安全绩效的影响因素及作用过程",并将其作为核心类属。这些类属包括安全绩效的成因、影响安全绩效的中介变量、安全绩效的结果以及调节上述变量之间关系的因素,也是本书的重点研究内容。

#### 4.4.4.3 整合类属,建立类属间的关系

核心类属必须与其他类属相连,在建立联系的过程中,依然采取轴心编码的方式。安全绩效(研究中表现为安全结果)作为核心类属,与其他类属的具体关系见表4.19。

### 表 4.19 核心类属 安全绩效的典范模型

| 条件-起因(因果条件) | 现　象 | |
|---|---|---|
| A1 安全知识 | B6:安全结果(安全绩效的表现形式) | |
| A5 安全态度 | | |
| A10 知觉控制感 | | |
| **条件-起因的性质** | **安全绩效的特征面向** | |
| 安全知识具有个体特征,必要的知识和技能是个体综合素质的体现 | 绩效-知识 | 高　　低<br>严格　宽松 |
| 安全态度具有个体特征,个体的安全意识及安全观念等因素决定了其行为规范性,可作为行为的前因变量 | 绩效-态度 | 强　　弱 |
| 知觉控制感具有个体方面的特征,是员工个体自身应急能力、身体状况和心理状态等的综合体现,可视为行为的前因变量 | 绩效-状态(控制感) | 好　　坏 |
| **安全绩效的行动脉络** | | |
| 员工在实际操作过程中,拥有安全知识是最基本的要求,只有具备了作业中的安全知识,才能增强员工的安全态度和知觉控制感,促进自身行为的规范。安全态度是员工意识形态的需求,具备良好的意识和安全责任感,有利于避免违章行为的发生,形成依章执行的积极心理。知觉控制感是员工身体和心理状态的综合体现,良好的体能和精神状态有利于员工的正确作业,避免不必要的失误或冒险。以上因素都能够规范安全行为,提升安全绩效,避免安全事故的发生 | | |
| **条件-背景(条件及环境)** | **行动/互动策略** | |
| A35 安全培训<br>A36 安全规程<br>A39 管理监督 | A15 安全遵守　　A25 安全参与 | |
| **结　果** | | |
| 个体安全知识通过自身态度和知觉控制感形成规范的安全行为,进而提升安全绩效(结果),避免安全事故的出现 | | |

通过联结核心类属与类属之间的关系,本研究发现安全知识、安全态度和知觉控制感是员工安全绩效形成的因果条件;安全遵守行为和安全参与行为是员工采取的行动策略;安全行为的规范、安全结果的改进和安全事故的降低是最终的结果状态;组织安全氛围三维度(安全培训、安全规程和管理监督)在员工安全知识对安全态度和知觉控制感作用过程中起到调节效应,并作为组织层面的情境状态。各类属之间的作用关系如图 4.10 所示。

# 第 4 章　基于扎根理论的探索性分析

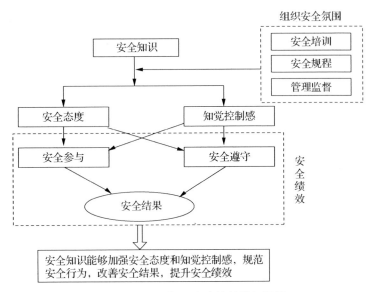

**图 4.10　核心类属 安全绩效的证据链**

在轴心编码中,对于安全知识、安全态度、知觉控制感、安全遵守、安全参与、安全培训、安全规程、管理监督、安全结果九个类属的证据链,笔者已将各类属的条件-起因、条件背景、行动/互动策略的结果进行了详细阐释,并以研究数据中具体的事件、案例加以验证。因此关于安全绩效证据链的证明资料,已经在其他八个类属的阐释中涉及,具体关系见图 4.10。

## 4.5　理论饱和度检验

理论饱和意味着当所收集的新数据难以产生新的理论概念时,类属即达到"饱和"。本研究的理论饱和检验过程:一是案例资料部分,在 98 个案例中,预留出 17 个案例进行检验。二是访谈资料部分,在研究资料收集的最后一个阶段即第四阶段,预留出 5 次访谈资料进行饱和检验。为了获取更为丰富的原始资料,此次访谈选取工程项目的主要负责人和安全管理部门等为访谈对象。他们具有现场管理和施工操作过程的丰富经验,对员工的心理与行为有着更深入的了解,能够提供较为广泛的内容。通过 17 个案例和 5 位安全相关部门负责人及员工的深度访谈,验证之前阶段的信息与分析成果,检验是否有新信息或概念的出现。对照之前的类属和亚类属等概念,未发现新的类属和概念出现。以上情况证明,理论已基本达到饱和。

## 4.6　本章小结

本章研究运用扎根理论的方法,对员工安全知识作用安全绩效的影响因素和作用效果进行探索性研究。

一是资料收集。收集相关案例资料 562 条,经过筛选和对比,选取其中 98 条作为研究数据。

二是选取建筑业内影响力较大的 20 家企业,对 20 位安全管理部门、工程项目部门和安全技术部门的负责人或员工进行深度访谈,并将访谈时的文本、录音等转化为文本资料。

三是通过初始编码、轴心编码和选择性编码三个程序对文本数据进行逐步分析。在初始编码过程中共得 817 个原始代码、95 个概念和 42 个亚类属;在轴心编码过程中形成 9 个类属(安全知识、安全态度、知觉控制感;安全绩效包括安全参与、安全遵守、安全结果;安全氛围包括安全培训、安全规程和管理监督),并对每个类属进行了证据链的现象或事件验证,具体内容见附录 B。

四是对每个类属和亚类属之间的联系进行分析。在整合类属的过程中,连接所有类属形成一条完整的故事线,发展出本研究核心类属"安全绩效"。在组织安全氛围的背景下,安全知识影响到安全态度和知觉控制感,并对安全绩效的影响因素和作用过程构建出证据链。根据扎根理论研究结果,提炼出核心类属与类属之间的关联关系,构建出探索性的理论模型,为进一步实证研究奠定坚实的基础。

# 第 5 章 理论模型与研究假设

本研究根据文献回顾和述评,依照扎根理论的探索性分析所构建的理论模型,进一步探讨安全态度、知觉控制感及安全行为、安全知识对安全绩效的影响机理,并将组织安全氛围的三个维度——安全培训、管理监督和安全规程作为调节变量,探讨其在安全知识、安全态度和知觉控制感之间的调节效应,以及安全氛围对安全态度和知觉控制感的影响作用。本章将进一步完善探索性概念模型,根据完善后的研究框架提出相应的研究假设。

## 5.1 理论模型的完善

通过对安全事故案例和访谈数据的整合,采用扎根理论探索出初步的概念关系模型(图4.10),以安全绩效证据链模型为基础,结合计划行为理论、知信行理论和跨层次理论等相关理论,进一步将模型发展完善,构建本研究的最终理论概念模型。

第一,深入研究建筑企业安全氛围的内容和维度。学术界大多基于西方文化背景,主要集中于建筑业、制造业、石油业、化工业、航空业等高危行业,对安全氛围的包含内容和维度进行研究,并开发了成熟的测量量表。但是相关理论及测量量表难以直接嵌入国内情境及企业的文化背景,因此,有必要对国内企业安全氛围的内容、维度及测量量表进行研究,以便适应本土化的背景。虽然国内安全领域的学者对安全氛围也进行了相关研究,但研究内容繁多,量表指标内容重复,量表信效度的检验缺乏统一性。同时,不同的行业在安全氛围的内容、维度和测量方式上存在较大差异,因此,不能直接将既有的理论应用到国内建筑行业,应根据国内的文化背景对安全氛围的内容及量表进行总结和提炼,对主要的内容进行精炼化,以利于研究的深入。

第二,探求安全氛围对安全知识及安全绩效作用的影响。安全氛围的概念和维度被提出后,安全氛围、安全行为和安全绩效的关系一直是研究的前沿方向。安全氛围与安全行为之间存在显著相关。良好的安全氛围可以影响个体的心理和行为,促进安全行为的形成,有利于降低事故和意外伤害等[135-136]。

人的内在因素决定了其安全行为。个人因素可以从知识、技能和动机三个因素来解释;在安全氛围影响个体行为研究中,安全知识和动机能够解释员工的安全行为的取向;安全知识和安全动机这两个变量也可以描述个人不安全行为的内在原因[137]。国内学者也在对员工行为的内在因素进行归纳总结,认为性格、动机、情绪等一些内在因素会影响个人安全行为选择[138]。陈宗宝等认为员工违规行为的个体因素包括身体素质、兴趣、个性和态度等[139]。

社会认知理论说明了环境、个体和行为之间的相互作用,基于此,在安全管理领域进行深度分析,安全行为会受到个体内在因素影响,而个体内在因素嵌入安全氛围当中,安全氛围的好坏直接影响到内在因素的强弱,三者之间互为影响。而构建合适的安全氛围能够有效预防安全事故的发生,并能有效降低企业的事故率和伤残率[140]。然而,对安全氛围在个体因素中如何起作用,以及个体因素间的相互作用其实现过程和作用机理尚缺乏有效研究,需要进一步探索。因此,在上述分析梳理的基础上,本研究探讨了安全氛围在安全知识对安全绩效影响中的调节作用。

第三,深入研究安全知识影响安全绩效的过程。Kanki 认为,机器设备、作业环境、技术条件等"硬性条件"的改进能提高员工的安全行为水平,且硬件条件的投入存在边际效益递减效应[141]。实践表明,先进的硬件设备很难防止安全事故的发生,因此人为因素成为研究的重点。Griffin 和 Neal 认为管理监督、安全文化、安全规程等因素对安全行为具有直接或间接的影响[17]。但由于理论的支撑、研究角度与分析对象等因素的差异,"人为因素环境"所涵盖的内容难以获得共识,因此研究结论无法集中统一。

知信行理论表明,知识或认知可以影响个体的态度,态度的变化对行为产生影响。计划行为理论表明,态度和知觉行为控制通过行为意图影响行为。本研究在讨论个人内在因素安全知识与因变量安全绩效的影响时,扎根数据的分析表明安全态度和知觉控制感作为安全知识及安全行为之间的中介,探讨了两者对安全行为和安全结果的作用效应。安全绩效包含安全行为和安全结果两个变量,而安全行为作为安全结果的前因变量。

综上所述,以知信行理论和计划行为理论、社会认知理论等为基础,结合扎根理论,探索初步概念模型,围绕"组织安全氛围和安全知识促进安全绩效的作用机制及效果"这一核心问题展开研究,力图打开组织安全氛围、企业员工安全知识作用于安全绩效的黑箱。具体而言,本研究逐层深入探究了以下几个问题:①员工安全知识影响安全绩效的路径;②二元中介变量在安全知识影响安全绩效过程中的具体作用;③组织安全氛围(安全培训、管理监督、安全规章)如何调整安全知识与安全态度的关系,以及安全知识对安全态度的影响;④安全氛围(安全培训、管理监督、安全规程)对安全知识与知觉控制感的调节作用,以及对知觉控制感的直接影响。基于以上问题分析,构建出整体概念模型,如图 5.1 所示。

# 第5章 理论模型与研究假设

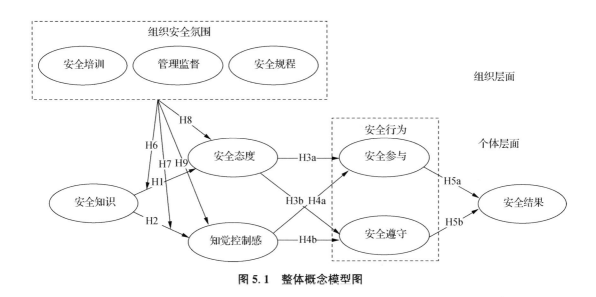

图 5.1 整体概念模型图

## 5.2 模型假设

"安全知识"是指作业者必须具备的安全作业的知识和技能。"安全知识"既包含通常意义上的应知、应会，还包含了安全作业的技能、安全隐患识别知识和发现隐患时做出适时决策和措施的能力。Geller 提出安全文化的 3 个维度中人的维度包括知识、能力、技术、人格等多个子构念，突出了安全知识的重要性[142]。Neal 和 Griffin 也提出安全文化通过安全知识的普及和安全动机的激励途径对安全绩效产生影响，这两个因素都会影响员工的安全行为（安全遵守和安全参与）[39]。日常工作中，研究发现安全知识对员工安全遵守行为具有预测作用。而个体的态度和知觉更易于预测到安全行为。不安全行为作为事故和伤害的先兆，实证研究表明不安全行为在前因变量和事故之间能够起到中介作用[140]。以下对安全知识对安全绩效的作用机制过程提出研究构想。

### 5.2.1 安全知识通过安全态度对安全绩效的影响

美国学者提出知信行理论（简称 KAP 理论），早期用于健康教育中[36]。KAP 理论描述了从知识转移到行为转变的过程，知识或认知主要包括去除旧观念和重新学习。行为的倾向性受知识掌握及理解程度的影响。行动主要受态度、情感、意识等因素的影响，KAP 理论的关键要求是信念的确立与态度的转变。KAP 理论认为的改变须以认知为基础，以信念、态度为动力。KAP 理论作为行为改变的成熟模型已得到业界的广泛认同[143]。只有员工掌握了知识，树立了正确的态度，才能形成具体的行为。根据以上研究，可以用安全知识和安全态度对员工安全行为的选择进行描述。安全知识说明了员工的安全认识状态，安全认识状态决定了员工是否能意识到行为的安全，即是否知道什么该做、什么不该做。

基于此,提出安全知识通过安全态度对安全绩效影响的理论模型,如图5.2所示。

**图5.2　安全知识通过安全态度对安全绩效的作用模型**

安全知识是一种特殊资源,安全绩效是企业安全工作系统整体运行的状况。"资源"对"绩效"间的影响机制过程中,常引入中介变量[144]。管理者对员工实施的各种管理行为都是通过影响员工的安全知识和安全态度实现的[145]。

安全态度描述员工在选择行动时的安全意识和个人倾向,它决定员工在选择行动时是否愿意选择安全行为,即员工是否会自愿做出安全的行为选择。Ajzen和Fishbein[146]研究表明外显行为态度可以预测行为,并提出影响态度与行为关系的四种因素。安全态度在事故率中起着预测作用[147]。安全态度与安全绩效间存在显著相关,改善安全态度可以提高企业安全绩效。Glendon等认为安全态度是影响行为的因素之一,还包括前期行为、社会规范和压力等相关因素[57]。Siu等表明安全态度与安全绩效之间存在显著相关性[148]。俞秀宝将操作者对安全操作的态度和自我认知视为"安全态度",缺乏安全态度是指员工在具备安全知识和知觉控制感的情况下,不按照安全程序和要求进行操作[4]。陆柏等人的研究还表明,安全态度可以积极影响安全参与[149]。安全知识会促使员工改变态度,而态度会对行为产生影响。

在第4章扎根理论探索过程中,案例数据和访谈资料也显示了员工安全知识对个人的态度和意识的影响,进而影响到员工遵守规章制度和员工参与的积极性。部分数据示例如下:

"我认为,产生安全生产问题的主要原因多数是疏忽大意,应加强员工的自身安全意识,安全生产无小事,应该高度重视。个人的因素主要是现在工地主要是40～50岁的农民工,以经济收入为一切,技能、知识都不懂、不会,公司应多做宣传和培训……"

"员工往往未经过专业技术培训及专业考试合格,比如说不具备架子工作业资格而擅自进行抹灰作业高处平台搭设,违反安全技术规范规定,因安全知识和安全技能缺乏,且在无任何安全防护措施的前提下,常会致使事故发生……"

"首先个人因素的确会影响到安全生产……另外很多是自身学识、情感因素、自我约束力等等,所以安全知识培训很重要……"

"员工的知识水平和素质也特别重要,好多员工上岗时不具备足够的知识和技能,遇到突发事件容易束手无措……"

"从员工个人因素和素质对安全绩效的影响来说,因素较多,主要可以分为以下几个方面：一是安全意识和安全态度,我感觉知识水平不是决定性因素,工作态度才是第一要素,如果态度不好,带着情绪工作的话,哪怕是一件小事也会让当事人分心,导致安全隐患的发生,从而影响到安全绩效……"

"员工的工作态度比缺乏知识更令人担忧,态度不端正,麻痹大意,安全带或安全帽佩戴不到位,都是引起事故的重要原因……"

资料中"技能、知识都不懂、不会""专业技术培训""专业考试合格""架子工作业资格"等是员工安全知识的体现。而"情感因素""工作态度才是第一要素""态度不好,带着情绪工作会让当事人分心,导致安全隐患的发生""工作态度比缺乏知识更令人担忧,态度不端正,麻痹大意……都是引起事故的重要原因"等内容是安全态度在工作中的体现。基于以上理论论述,结合扎根理论实际案例和访谈资料,可以提出以下研究假设：

**H1**：安全知识对安全态度具有正向影响。

**H3a**：安全态度对安全参与具有正向影响。

**H3b**：安全态度对安全遵守具有正向影响。

## 5.2.2 安全知识通过知觉控制感对安全绩效的预测

1980年,美国社会心理学家Ajzen和Fishbein认为个体通常更理性,能够充分利用信息,并充分考虑自己行为的后果[150]。Ajzen期望通过计划行为理论清晰合理地解释个人行为[34]。Ajzen将行为意图视为行为的先行变量。影响行为意图的三个主要因素是"态度""知觉行为控制"和"主观规范"。

通常情况下,个人态度正向影响行为意向,个人行为的主观规范正向影响个人的行为意向,知觉行为控制也会正向作用于个人的行为意向。Ajzen主张将个人意志对行为的控制看作是一个连续的过程,其两端是完全控制和完全不控制,人类的大多数行为介于这两个极端之间。因此,有必要增加行为知觉控制的变量。知觉行为控制可以通过意图间接影响行为。知觉行为控制可以为个体的行为提供有用的信息,也可以直接影响行为。同时,Ajzen认为"知觉行为控制"的准确含义应该是"对行为表现的感知控制"(perceived control over performance of a behavior)[62]。

在安全管理的研究中,涉及"知觉控制感"的研究较少。"知觉控制感"被认为是员工从知觉和体力两方面控制工作的能力。没有"知觉控制感",操作者在知觉、意识和体力方面都难以正常工作。当状态不好时,员工的"知觉控制感"会显著降低,反应能力会下降,甚至失去控制感。因此对知觉控制感的管理十分重要,从对企业实践情况的了解看,安全知识和知觉控制感可以对员工安全行为产生直接影响。

基于以上考虑,知觉控制感作为安全知识影响安全绩效的中介变量,构建模型如图5.3所示。

**图 5.3　安全知识通过知觉控制感对安全绩效影响的理论模型**

同时,结合扎根理论中收集到的第一手数据,安全知识对知觉控制感及安全行为的影响部分示例内容如下:

"首先个人因素的确会影响到安全生产,影响安全生产的个人因素千差万别,工作人员心情差,心不在焉,往往会发生意外……"

"个人对安全生产的认识状况、个人所持心态、工作态度、员工综合素养等都是影响到企业的安全绩效。同时员工的责任心很重要,但是企业对员工的态度也决定员工对企业的责任心。同时员工的精神状态也很重要,比如个别工人酒后上岗,或个人睡眠不足,或心情不好等都会影响到员工状态,这也是事故发生的原因之一。"

"员工的知识水平和个人态度、整体的素质和修养、个人工作状态和安全防范意识等都是影响是否安全的重要因素,另外责任心、工作情绪和工作环境也会影响到事故的发生……"

"每个人的经历不同,教育程度不同,心理状态不同,如果员工工作注意力不集中,容易造成安全隐患,需要单位领导对这事情注意,还有员工的身心健康,也会有很大影响……"

"因为员工在施工过程中,疲劳、精力不济、睡眠不足等原因都可能造成员工的失误……"

"……我们单位有几起事故和个人的精神状态关系较大,比如一线操作人员受家庭情况影响,为了增加收入,超时工作,过度劳累,导致事故发生。还有因为个人精神状态不好,精神迷迷糊糊,精力无法集中,缺乏应急能力,工作时候不注意观察导致受伤。"

"心不在焉""酒后上岗""个人睡眠不足""心情不好""个人工作状态""工作情绪""精神模模糊糊""工作注意力不集中""疲劳"等表现都是知觉控制感在实际工作中的具体体现,都会影响到员工的操作行为。只有具备良好的知觉控制感才能使安全知识演化为安全行为,进而达到安全绩效的实现。因此,本研究根据以上理论和实际数据分析显示,可将知觉控制感作为行为的前因变量。结合计划行为理论,从知觉控制感角度出发,构建安全知识对员工安全绩效影响的概念模型。

总而言之,基于上述分析提出下面假设:

**H2**:安全知识对知觉控制感具有正向影响。
**H4a**:知觉控制感对安全遵守具有正向影响。
**H4b**:知觉控制感对安全参与具有正向影响。

## 5.2.3 安全行为对安全结果的研究假设

安全绩效是指一段时期内事故发生、职业伤害情况与企业安全工作系统整体运行状况的综合[151]。国内《职业健康安全管理体系 规范》(GB/T28001—2001)将安全绩效定义为"基于职业健康安全方针和目标,与组织的职业健康安全风险控制有关的,职业健康安全管理体系的可测量结果"。绩效是可测量的,如职业病减少多少、未发生事故等。

安全绩效经常通过事故伤害等方式进行评价。常用的安全绩效评价指标有事故率(Accident Rate,AR)、浮动费率(Experience Modification Rating,EMR),事故率作为主要评价标准。员工不安全行为是事故发生的因素。大量安全事故的直接原因是员工违反规章制度或不安全行为。Baig 提到员工行为基本上可以决定一个组织的安全结果[152]。许多学者也证实,有许多因素最终需要通过行为来影响安全绩效,这也适用于安全氛围对安全绩效的影响。因此,部分学者直接采用员工安全行为来说明安全绩效。Motowidlo 和 Scotter 在测量安全绩效[37]时提出了任务行为和情境行为两个维度。大多数学者不同意以传统的伤害事件或伤害频率作为衡量安全绩效的标准[153]。Neal 等提出任务绩效(安全遵从)和情境绩效(安全参与)构成安全绩效的二维模型[21]。学界有观点认为,员工的安全行为模式可以作为衡量安全系统的标准[154-155]。

从安全结果的角度出发,主要通过事故发生率和职业伤害两个维度进行分析[148]。工作场所中将安全绩效划分为安全服从行为和安全参与行为两维度结构,并把安全绩效内容深入到员工的基本操作层面。Neal 和 Griffin 根据安全行为的理论维度模型,提出安全绩效测度采用安全行为测度为主[21]。基于以上分析,提出安全绩效构建模型,如图5.4所示。

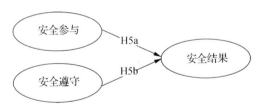

**图 5.4 安全绩效的概念模型**

综合以上对安全绩效相关维度的理论分析,传统的安全绩效评价指数具有比较直观、方便等优点,但也存在偶然性和不确定性等不利因素,因此,实际研究中慎用传统的客观指标(如伤亡率、事故率等)。

俞秀宝对国内 6 起重大煤炭事故案例的研究中,认为几乎每一起安全事故中,都存在员工明显违章行为[4]。汪德宝对国内每年上百万起事故原因分析也表明了 95% 以上的事故是由于违章而引起的[153]。因此遵守安全规则或安全行为准则对安全绩效的提升非常关键,安全行为与安全绩效直接相关,并采用 Neal 的观点将安全行为分为安全参与和安全遵守两个维度[39]。

探索性分析中的相关实际数据也显示了安全行为对安全结果的影响,部分示例如下:

"2014年3月31日,李某某雇用的农民戈某某在青岛海达石墨有限公司钢结构车间顶部安装塑钢瓦,由于未佩戴安全帽、系安全带等防护用品,戈某某从高约10 m的钢结构库房顶部坠落至水泥地面上……"

"2014年5月23日……贺某某应该通过传递绳拉到079号铁塔上,从铁塔上下来,但贺某某没有到079号铁塔,直接在检修点把滑轮卸下来背在身上,双手抓着传递绳下滑过程中在离地面10 m多高处失手坠落……"

"比如说不具备架子工作业资格,而擅自进行抹灰作业高处平台搭设,违反安全技术规范规定,因安全知识和安全技能缺乏,且在无任何安全防护措施的前提下,常会致使事故发生……"

"工人王某某在使用自制简易电动吊具拆左侧护栏模板时,由于操作不当,使用铁榔头敲击模板用力过大,吊具的钢丝绳与模板不垂直,在模板脱离护栏瞬间产生巨大向下坠力,导致吊具车体失去平衡,尾部翘起,翻落桥下,王某某本人也来不及躲避,和吊具一起掉到桥下……"

"二是个人忽视制度,并且操作工序也会影响到安全绩效。违章作业,在没有佩戴安全帽、系安全带等任何防护设施的情况下,在高处作业时,是导致事故发生的重要原因……"

"二是责任心非常重要,缺乏责任心,积极性不高,执行力不够。当缺乏责任心的时候,也会导致相互之间的协作出现问题,容易引发安全事故的发生……"

"未佩戴安全帽、系安全带等防护用品""无任何安全防护措施""违反安全技术规定""操作不当""违章作业""缺乏责任心""积极性不高""执行力不够"等都属于不安全行为的工作表现。违反安全规定、消极的安全行为,都会引起安全事故的发生。基于以上分析,提出以下构想:

H5a:安全参与对安全结果具有正向效应。

H5b:安全遵守对安全结果具有正向效应。

## 5.3 安全氛围的作用效应假设

在建筑企业内部的微观研究中,早期美国学者构建的因果理论模型提出安全事故的发生由规程制度、管理监督以及员工培训等方面的缺陷导致[156]。有学者将管理者的关注、管理监督和安全生产环境作为安全氛围的维度,指出安全氛围可以直接或间接地影响员工的安全行为[157-158]。

近期研究显示安全氛围能够有效预测不安全行为和安全事故[159-160],然后能够预测安全行为[39]。从社会交换的角度来看,如果安全的优先级被单位领导人和高级经理认可(即组织拥有积极的安全氛围),他们将展示他们对安全的承诺和对员工的关心,然后员工行为将会采用安全方式作为潜在义务[161-162]。由以上所述可得出组织安全氛围对安全态度和安全行为产生正向效应。

组织安全氛围反映管理层对安全的价值观,当面对矛盾的目标和工作中复杂及模糊不清的信息时组织安全氛围能够提供指导[163]。尽管安全氛围能够反映领导者状态,并可以减少事情复杂性和模糊性,但组织员工仍然会陷入各种复杂的组织信息当中[164]。Clarke 和 Ward 发现安全参与对安全氛围的影响不显著,他们认为这种影响行为可能取决于其他团队成员[165]。安全氛围可以反映安全环境状况,积极正向的安全环境更有利于安全行为的价值体现。

随着安全遵守和安全参与的改进,员工会遵守规则和程序,自愿参加安全会议并提出建议,不安全行为和违规风险行为将会减少,潜在风险可能会提前得到解决。Neal 和 Griffin 发现,组内安全行为的改进和随后事故与伤害的减少有直接关系[39]。由于内因的主导作用,员工安全行为改进很大程度上是由于自身知识、技能、态度和自控能力等方面的改进形成的。组织安全环境能够促进上述自身因素改进,安全氛围恰恰是组织安全环境的主要表现形式。基于情景理论,组织安全氛围在影响员工安全知识、安全态度和自我控制等因素过程中起到调节作用。

## 5.3.1 安全培训的作用效应

安全培训能够加强员工的安全知识,纠正员工的安全态度,提升安全技能,并能够有效改变员工安全习惯,达到企业所期望的安全行为,从而促进安全绩效的提高[166]。通过安全培训,员工可以有效地利用所学的安全知识影响自己的安全态度。因此,安全培训能够调整员工的安全知识和安全态度。安全培训强调组织计划中的系统学习,旨在通过改变员工的安全知识、技能和态度,保证员工能够顺利完成任务[167]。训练可以通过学习和经验引起行为的长期变化。深入的培训可以帮助员工获得知识和技能,改变行为绩效,达到预期[168]。

因此,管理层积极地组织安全培训,员工将获得更多的安全知识,从而展现自己积极参与安全工作的态度。当管理层很少组织安全培训时,安全知识很少被强调,则通过安全知识影响安全态度将会变弱。

Thompson 认为,知觉控制感可以使事故造成的最大伤害最小化,安全培训可以通过安全知识获得更高的控制能力。当员工控制程度越高,员工在身体、心理和情绪方面的消极情绪就会减少,从而促使员工产生积极的安全行为[169]。控制感高的个体在安全工作需求高的情况下得分最高[170],说明控制感对个体的影响较大。

情境因素对员工个人素质、心理因素及行为起到间接作用,组织对员工的安全培训不便于直接用绩效或结果衡量,但会起到较为明显的间接效应。结合扎根理论的探索性分析,相关实践案例和资料体现了安全培训对安全知识、安全态度和知觉控制感的作用,具体示例如下:

"企业管理层要高度重视安全生产工作,加强安全教育培训,全面提高从业人员的安全素质和安全意识……"

"一是对从业人员安全教育培训不够,安全管理不到位,加强安全教育,重视施工安全管理,还有专业工程过程验收……"

"完善安装过程中协同指挥作业的安全操作规程,并强化从业人员的安全教育培训……"

"一方面严格按照规定对从业人员进行安全教育培训,常抓不懈。做好安全生产危险危害告知。通过培训进一步增强职工的自我保护意识,克服麻痹大意的思想,从根本上提高员工对危险危害的辨识能力……"

"第一是公司的安全教育有助于提高安全意识,很多现场管理人员安全意识淡薄,监管不力,致使作业人员缺乏必要的自我防护意识和事故应对能力……"

结合以上所述,安全培训能够提高员工自身素质,增强安全意识,克服麻痹大意思想,提高自我防护意识和事故应对能力。因此,安全培训不仅能够直接作用于个体心理因素和意识形态,而且还能够起到情境调节的作用。其作用概念模型如图5.5所示。综上所述,我们提出如下假设:

**H6a:安全培训正向调节安全知识与安全态度的关系。**

**H7a:安全培训正向调节安全知识与知觉控制感的关系。**

**H8a:安全培训对安全态度具有正向作用。**

**H9a:安全培训对知觉控制感具有正向作用。**

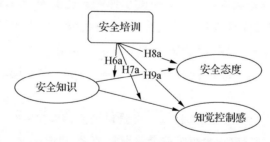

图5.5 安全培训的调节作用的概念模型

### 5.3.2 管理监督的作用效应

施工环境及管理层的监督管理是导致安全事故的间接原因。为了增强组织的竞争力,提高安全绩效,管理人员意识到监督检查对安全的重要性,管理监督成为企业提升安全绩效的重要手段之一。

美国建筑安全管理专家Hinze和Pannullo聚焦于"工作中的监督管理能够改善安全状况"的研究,得出领导层监督检查的频率和现场安全事故发生率成反比的重要结论[171]。从安全管理角度出发,就业主如何选择安全的承包商而言,安全管理水平高的承包商更有利于建设项目的安全保障[172]。所有建设项目都应该对建筑安全负责[173]。如果企业充分遵守监督管理的标准,安全事故发生率将下降至10%以下[174]。

## 第5章　理论模型与研究假设

国内学者也对建筑业企业内部监督管理方面做了相应的探讨,提出建筑业企业应加强企业内部监督,提高企业自我监督控制水平。刘静和程建中及黄宁强从企业安全文化角度探讨OHSMS与企业安全文化、传统安全管理模式的相互促进和提升的观点,提出建立建筑业企业OHSMS的对策[175-176]。邹晓波、毕默在对我国建筑业安全氛围、安全领导力与安全行为关系探讨时,验证了安全督导对于安全行为的影响[177]。

管理安全监管主要体现管理层对安全目标的重视,当组织层面的管理监督较低时,企业员工已有的安全知识资源很难对员工的安全态度直接发生改变,无法为安全态度提供有效的直接正向影响,也很难帮助企业获取较高的安全绩效。随着管理监督的加强,企业不仅可以在现有的安全知识基础上对安全态度产生积极的影响,而且还可以使员工的安全态度发生根本上的改变,以促进安全绩效的提高。另一学者Yousef的研究成果显示管理监督影响员工的工作态度和工作满意度[178]。

管理监督能够给予员工一定的工作压力,对于个体感知到的工作压力具有调节作用。员工在面对压力时,知觉控制感与应对方式通过相互作用影响着压力状态的最终结果[179]。当员工具有较强的控制感时,即使是遇到压力仍会积极努力地面对。

组织层面的管理监督能够引起员工的心理反应,一定程度上会迫使员工提高安全意识,改变工作心理状态,在态度上予以重视。根据社会交换理论,员工和管理层之间会认真考虑彼此的想法和意见,增强了组织和员工间的相互信任感和互惠承诺感,同时还有利于提升员工的知觉控制能力,从而提升安全行为[180]。相反,安全监管的缺失使得员工和企业间缺少凝聚力,往往会导致安全绩效的降低。

结合扎根理论的探索性分析,实际数据显示了组织的管理监督对个体的作用。部分示例内容如下:

"五是现场安全管理不力。未及时消除作业人员违章冒险作业的生产安全事故隐患……"

"强化安装人员协作意识,加强对作业现场、环境的隐患排查,及时排查消除各类事故隐患……"

"建立完善监督及奖惩制度,提升全员整体安全意识,将安全工作做到实处及细节,提高安全生产的违法成本,强化管理者的安全责任意识……"

"项目部安全管理要到位,需要配备设备专业人员加以监督管理,加强隐患排查和整治,需要对违章行为及时制止……"

"其实组织层面大多数是没有问题的,问题多出现于现场负责人和具体操作者,组织内部要加强监管,安全费用要保障落实,对员工关爱的程度等都会影响到企业的安全绩效。"

"消除安全事故隐患""隐患排查""完善监督及奖惩制度""监督管理""对违章行为及时制止""组织内部要加强监管"等内容都是组织的管理监督职能在工作中的体现,其实施能够排除隐患、制止违章行为,对员工的行为形成监管,促使员工处于安全工作状态,影响员工对安全的意识和心理态度。管理监督作用效应的理论模型如图5.6所示,综上,我们提出如

下假设:

**H6b**:管理监督正向调节安全知识与安全态度的关系。
**H7b**:管理监督正向调节安全知识与知觉控制感的关系。
**H8b**:管理监督对安全态度具有正向作用。
**H9b**:管理监督对知觉控制感具有正向作用。

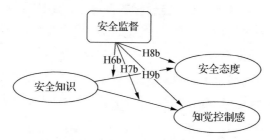

图 5.6 管理监督的调节作用的概念模型图

## 5.3.3 安全规程的作用效应

如何塑造良好安全氛围的工作情境是企业管理者面临的挑战。根据支持性工作情境模型[181](工作情境包括沟通、安全体系、培训和监督),系统或程序的质量以及工作是否安全是重要的工作情境[182]。

管理制度情境在国内管理实践中相关研究并不多,本研究试图探讨安全规程与员工安全知识及态度等之间的关系,将安全规程作为安全氛围的一个维度,并将安全规程作为调节变量。安全规程作为组织的一种规章制度,根据 Näswal 等的研究,组织安全氛围是个体主观感知到的工作情境,代表着员工对工作情境的主观认知和感性体验[183]。那么,影响个体感知与评价的变量在对个体的影响过程中能够起到调节作用。

对于安全规程能否改善企业员工的安全知识及影响安全态度和知觉控制感还鲜有人进行过全面分析和实证。较为完善的安全规程能否影响安全知识对安全态度和知觉控制感的作用关系?这是本研究要澄清的问题。

从以上分析可以看出,安全规程会对员工心理和行为产生影响,而且以往的研究多集中在个体层面上探索安全氛围,以及探讨安全氛围与个体心理和行为之间的关系,缺乏对组织层面的安全氛围效果的探讨。因此,有必要将个体与组织结合起来进行研究。

基于以上考虑,组织层面上安全氛围(安全规程)对其他变量的影响过程逐步受到重视。根据 Mischel 个体—情景互动理论(Person-situation Interaction Theory),个体和情境的交互作用形成了安全行为[184]。关于安全知识与情境因素的交互效应实证研究相当欠缺,安全氛围(安全规程)在安全知识、安全态度和知觉控制间关系中是否存在调节作用有待于进一步验证。

结合扎根理论的探索性分析,案例及访谈数据显示了组织的管理规程对个体的影响作

用。部分示例内容如下:

"李某某赶到后,组织人员将江某某抬出,当日调度未安排清理搅拌机,江某某不知出于何种原因,在未接到调度安排,未在操作工于某某看护的情况下进入搅拌机进行清理,操作工于某某停机后离开操作室给调度送底单,返回后也未对设备进行检查,并不知道搅拌机里面有人,在生产过程中临时停机后继续作业,造成江某某被搅拌机挤伤。"

"9时许,吉某某也到斜坡上寻找按顺序需要用到的槽钢,在发现所需槽钢位于材料堆中间时,未按照操作规程由上往下搬动,而是强行抽取处于中间部位的槽钢,堆在上方的槽钢坍塌,吉某某也被下滑的槽钢砸中。"

"从管理层来说,一是施工作业方案不够具体,现场安全管理落实不到位。就像公司项目部编制的'抹灰施工方案'和作业人员'安全技术交底'文件中未根据室内洞口、临边以及电梯井内壁抹灰作业等实际情况编制有针对性的安全技术措施和安全技术要求,明显不够具体……"

"二是安全操作规程不健全。施工单位未组织制定必要的安全操作规程,比如砖砌体表面挂钢丝网作业的安全操作规程,从业人员挂钢丝网高处作业所使用的设施做明确的要求和规范……"

"一方面完善规章制度和操作规程。加强规章、制度、规程的建设,建立起一套适合现场实际需要、操作性强的岗位作业规范,并不断加以改进和提升,堵塞各种管理漏洞……"

"未接到调度安排,未在操作工看护情况下清理搅拌机""未按照操作规程搬动""作业方案不够具体""安全技术交底""安全操作规程不健全""岗位作业规范"等内容都是安全规程的实际体现。安全规程在员工的作业过程中,会直接或间接影响到员工的心理状态和行为规范。结合上述理论分析,提出其概念模型如图5.7所示。综上所述,提出以下假设:

**H6c**:安全规程正向调节安全知识与安全态度的关系。

**H7c**:安全规程正向调节知觉控制感与安全态度的关系。

**H8c**:安全规程对安全态度具有正向作用。

**H9c**:安全规程对知觉控制感具有正向作用。

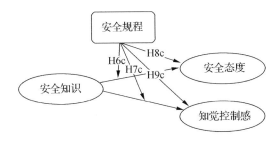

图 5.7 安全规程调节作用的概念模型图

## 5.4 本章小结

本章节根据扎根理论的探索性分析所构建的初步理论概念模型,结合计划行为理论(TPB)、知信行理论(KAP)和社会认知理论等基础理论,提出并完善了本研究的理论模型。围绕研究问题对各主要变量之间的相互关系进行了逻辑推理和理论分析,同时结合扎根分析过程中安全工程案例和半结构访谈的实践资料,据此提出研究假设,对研究问题和研究假设汇总如表5.1。

表5.1 研究问题与研究假设汇总表

| 研究问题 | 研究假设 |
| --- | --- |
| 研究问题1 | 安全知识通过安全态度和知觉控制感对安全绩效的影响 |
| 个体层面:安全知识通过安全态度和知觉控制感对安全绩效是否具有影响效应。 | H1:安全知识对安全态度具有正向影响 |
| | H2:安全知识对知觉控制感具有正向影响 |
| | H3a:安全态度对安全参与具有正向影响 |
| | H3b:安全态度对安全遵守具有正向影响 |
| | H4a:知觉控制感对安全遵守具有正向影响 |
| | H4b:知觉控制感对安全参与具有正向影响 |
| | H5a:安全参与对安全结果具有正向影响 |
| | H5b:安全遵守对安全结果具有正向影响 |
| 研究问题2 | 安全氛围对安全知识与中介变量的调节效应 |
| 组织层面对个体层面的调节效应:安全氛围是否能够调节安全知识和中介变量间的关系 | H6a:安全培训正向调节安全知识与安全态度的关系 |
| | H6b:管理监督正向调节安全知识与安全态度的关系 |
| | H6c:安全规程正向调节安全知识与安全态度的关系 |
| | H7a:安全培训正向调节安全知识与知觉控制感的关系 |
| | H7b:管理监督正向调节安全知识与知觉控制感的关系 |
| | H7c:安全规程正向调节知觉控制感与安全知识的关系 |
| 研究问题3 | 安全氛围对安全态度和知觉控制感的影响作用 |
| 组织层面对个体层面的作用:安全氛围对安全态度和知觉控制感是否有影响作用 | H8a:安全培训对安全态度具有正向作用 |
| | H8b:管理监督对安全态度具有正向作用 |
| | H8c:安全规程对安全态度具有正向作用 |
| | H9a:安全培训对知觉控制感具有正向作用 |
| | H9b:管理监督对知觉控制感具有正向作用 |
| | H9c:安全规程对知觉控制感具有正向作用 |

# 第 6 章 研究设计与数据收集

研究方法的选择对研究过程和研究结果起着重要的作用,本研究采用安全管理领域的经典成熟量表,根据国内建筑企业的实际情况进行修改和提炼。运用结构方程模型构建安全知识、安全态度、知觉控制感对安全绩效的作用机制,采用多层次分析方法探讨了组织安全氛围对安全绩效的调节作用,然后发放问卷,进行样本数据收集,进而深入研究了安全绩效的影响机制。本章对量表设计、样本选择、数据收集、变量测量、分析方法等研究方法的内容进行了详细的描述。

## 6.1 研究方法

### 6.1.1 描述性统计分析

描述性统计分析主要对研究变量的情况进行整体描述和分析。对调查样本的性别、年龄、职务以及教育状况等基本人口学统计资料进行调查分析,同时还将描述样本的特性和构成情况,包括企业性质、企业规模、企业年龄等情况。

### 6.1.2 相关分析

本研究以 Pearson 相关系数分析研究安全知识、安全氛围、安全行为和安全绩效及相关控制变量的矩阵系数,考察各研究变量间的相关性,并将其作为下一步统计分析的基础,相关分析也是检验结构方程概念模型的基础分析工作。

### 6.1.3 信度分析

信度(Reliability)表现为测试结果的一致性和稳定性,是反映因子内部同质程度及测验结果受到随机误差影响的指标。信度可靠表示数据的可用性,反映量表的可靠性或稳定性,量表的信度越高,表示量表越稳定。信度分析是进行效度分析和其他进一步分析的基础。常用检验方法是 Cronbach 提出的 $\alpha$ 系数,又被称作内部一致性系数。

(1) 克朗巴哈系数(Cronbach's $\alpha$)。Cronbach's $\alpha$ 可测量指标内部一致性程度和各指标所属变量的系统变异程度。$\alpha$ 系数越大,说明该变量的系统变异越强。

$\alpha$ 系数越大,表示项目间相关性越好。一般来说,Cronbach's $\alpha$ 值大于 0.6 表示可接受,

Cronbach's α 值等于或大于 0.7 表示信度良好，Cronbach's α 值超过 0.8 表示信度非常好[185]。

(2) 组合信度(Composite Reliability,CR)。CR 允许潜在变量对每个测量项目产生不同的影响，并允许误差之间的相关性。采用 α 系数可以避免潜在变量对各项目影响相等的不一致假设，因此 CR 更准确。Bagozzi 和 Yi[186]也建议使用 CR 评价量表的同质性。一般认为，CR≥0.5 表示潜在变量题项之间存在一致性。

## 6.1.4 效度分析

效度(Validity)指有效性，目的是了解该量表是否能真正测量待测潜在相关概念及其效度。效度是指从测量的分数中推断出心理特征的程度。被测指标与被测潜变量的含量越一致，效度越高；反之，有效性越低。效度指标比较复杂，通常是测量分数与外部标准的关系。效度主要分为内容效度和建构效度[187]。

### 6.1.4.1 内容效度

内容效度是指测量内容在多大程度上反映研究者所要测量的构念。其判别方法为测量工具可否真正测量变量，是否涵盖所研究的变量。研究的测量量表主要借鉴已有研究经典文献的成熟量表，经过双语对比翻译，对量表措辞进行修改，力求简洁易懂、清晰明确。对于个别不够经典或不太成熟的量表，则根据其理论含义反复比较及与 5 位相关领域专家学者访谈之后进行设计，形成量表题项的基础。进而通过 50 名企业管理者的小规模访谈、问卷预测试等环节对量表题项及结构进一步修正和完善，形成正式问卷。因此，问卷量表具有较好的内容效度。

### 6.1.4.2 建构效度

建构效度(Construct Validity)可测量结构与潜变量间一致性程度，即测量题项在多大程度上验证了变量的理论结构。建构效度一般通过收敛效度、区分效度来检验。

(1) 收敛效度(Convergent Validity)。收敛效度是指同一潜变量的测量项目的聚合或收敛程度，即题项之间的同质性。收敛效度的评价方法如下：潜变量各条目的因子负荷均大于 0.7（或接近 0.7），达到显著水平（$t$ 值大于 1.98）[188]；AVE（Average Variance Extracted）是一个较为正式的综合效度检验指标。AVE 越大，表明聚合效度越高。当 AVE>0.5 时，表示量表的聚合效度能够接受。

(2) 区分效度(Discriminant Validity)。区分效度反映不同潜变量测量题项的差异程度，表示变量间不相关程度。如果一个变量各题项与其他变量之间的相关程度低，说明区分效度好。区分效度的评价方法为：所有构念间 AVE 的平方根值大于其对应行和列的相关系数矩阵。在应用不同方法测量不同构念时，所观测到的数值之间应该能够加以区分。常用的方法是对相关系数较高或概念相关性较高的变量进行"配对检验"[189-190]。

## 6.1.5 结构方程模型分析

结构方程模型分析作为一种统计方法,主要是基于协方差矩阵分析变量之间的关系。它可以同时估计多个自变量和因变量之间的关系,还可以考虑变量的测量误差,从而提高估计的精度[191]。

本书采用 Anderson 和 Gerbing 提出的两阶段分析方法:首先检验测量模型的拟合程度;然后对概念模型的拟合进行检验[192]。在测量模型和结构模型中,有许多拟合的测试指标。本书选取了以下常用的拟合指标进行检验,包括 $\chi^2/df$、CFI、TLI、IFI、GFI 和 RMSEA。

(1) $\chi^2$ 是绝对拟合指数,若 $\chi^2$ 值不显著,说明模型拟合程度较好。由于 $\chi^2$ 的值对样本量更敏感,样本量越大,$\chi^2$ 值越显著。在实证研究中,经常提到卡方指数与自由度的比值,即 $\chi^2/df$。当 $0<\chi^2/df<2$ 时,模型拟合得很好;当 $2<\chi^2/df<3$ 时,模型拟合较好,当 $3<\chi^2/df<5$ 时,模型拟合一般[131]。

(2) CFI(Comparative Fit Index)和 TLI(Tucker-Lewis Index)称为比较拟合指数。样本量对其影响不大,是理想的比较拟合指标。CFI 和 TLI 值越接近 1,模型拟合越好。一般认为,TLI 和 CFI 均大于 0.95 说明模型拟合良好,大于 0.9 表示模型拟合可接受[191,131]。

(3) RMSEA(Root Mean Square Error of Approximation)是近似误差的均方根。它是一种较好的、常用的绝对拟合指标。值越低越好。RMSEA<0.05 时,是非常好的模型拟合结果;0.05<RMSEA<0.08 时,是可以接受的模型拟合结果;0.08<RMSEA<0.1 时,拟合结果一般[131]。

## 6.1.6 跨层次分析技术

本研究所涉及的变量为个体及组织两个层面,数据具有显著的嵌套特征。因此不能仅局限于个体层面,否则会忽视个体所处的情景。由于所研究的效应包括个体和组织两个层面的效应,可能会因此低估估计值的标准误。但仅从组织层面考虑,又会忽视个体信息,因此两个层面都要涉及。

跨层次分析模型针对分级结构的数据提供了分析框架,通过跨层次模型分析,能够将结果测量中的变异分解成组内变异和组间变异,因而可以考察个体层面和组织层面变量相对变异的情况。因此,本研究采用多层次研究方法验证安全氛围与安全绩效的多层次作用关系。

## 6.1.7 数据处理工具

本研究对回收的有效数据进行了如下处理:

(1) 采用 SPSS20.0 和 AMOS20.0 软件包进行了描述性统计分析、CITC 检验、验证性因子分析。

(2) 选择由 Scientific Software International 公司设计的 HLM6.08 正版商业软件进行了多层线性模型分析。

## 6.2 问卷设计和数据收集

### 6.2.1 量表设计过程

本书主要研究企业员工安全知识对安全绩效的直接预测作用和间接影响,书中的安全知识、安全氛围、安全行为和安全绩效等变量很难直接从研究企业中获取,需要采用潜变量的形式予以测量,也难以利用公开的定量资料进行评价,因此书中选用量表的方法进行问卷调研。

为了保证统计分析结果的合理科学和可靠性,提高数据的信度和效度,增强数据的准确性,首先对量表进行修正,再进行大样本的数据收集。

(1) 文献回顾与梳理。在对安全知识、安全氛围、安全行为和安全绩效等方面的理论文献进行回顾的基础上,重点借鉴并采用前期研究的经典量表,对研究中的测量题项进行合理设计。首先回顾文献中有关变量的量表,形成量表库,结合我国建筑企业的安全现实情况,根据变量含义和研究情景选择合适的题项。

(2) 深入企业调查。一是深入企业进行调查,对建筑企业展开访谈,就研究的具体量表征询中高层管理者和一线员工的意见,检验量表中的测量题项能否测度指标,识别并调整研究对象难以准确理解的题项;二是参照第 4 章扎根探索分析过程中的数据内容和工作实践。两者对照比较后形成量表的初稿题项。

(3) 征询专家意见。笔者首先与导师、课题组成员进行探讨,同时还向本领域内的多名教授、副教授等专家学者广泛征求意见。笔者根据专家建议,对问卷题项的措辞、题项归类等方面进行了微调,由此形成研究问卷的修正稿。

(4) 形成最终问卷。在回顾文献和征询本领域学术专家的意见的基础上,针对第二稿问卷,根据建筑企业各层级员工的反馈,本研究团队对量表做进一步的修改完善,最终形成了用于大范围问卷调查的量表。

### 6.2.2 量表的基本结构

为便于受访样本填写量表,本研究的调查量表设计主要包括以下部分内容:①企业基本信息:企业名称、企业性质、员工人数、企业年龄、员工教育程度等;②安全氛围的三维度量表:安全培训、管理监督、安全规程;③自变量:安全知识;④中介变量:安全态度和知觉控制感;⑤安全行为两维度:安全参与和安全遵守;⑥安全结果。研究中关键变量采用的是五评分点式李克特量表(5-point Likert scale),其中 1 表示不符合,3 表示一般,5 表示符合。

### 6.2.3 问卷防偏措施

(1) 社会赞许性偏差处理

社会赞许性(Social Desirability)是指受文化价值观等因素的影响,个人行为倾向于被社会接受的方式和程度,并被纳入主流文化或社会价值规范,被社会中绝大多数人所表扬的意识或行为[193]。

调研中,受访者因受社会赞许性影响,为维护自尊、展现好的印象,或为避免惩罚与批评,答题时给别人留下良好、正面的印象,在回答问题时总会展示出积极的自我倾向,导致调研数据的真实性降低,从而出现社会赞许性偏差。由于本研究涉及部分敏感话题,为降低社会赞许性偏差,提高测量数据质量,采取如下方法:

一是在调研之前,从企业的人力资源部负责人或项目部负责人处拿到调研对象的基本资料,在调研问卷上做好标志编号,并将编号进行记录和配对。

二是在实际调研中采用匿名调研,并强调问卷仅作为学术研究目的,不涉及作答者的任何私密问题,也不会对作答者产生任何影响,并承诺信息保密,以消除被调研者的心理负担。

三是本研究的对象包括企业员工和管理层,因此尽量避免集中填写问卷。而是采用密闭方式,即每人一个信封,在信封口贴好双面胶。被访者填好后自行封口,投入封闭的信箱中,以减轻被访者的心理顾虑。

四是对于现场访谈并发放的问卷,答题时间控制在20分钟内,时间到后即当场要求收回。对于网络问卷,为避免答题者思考时间过长而难以表述自己真实感受,特将答题时间作为判断指标,答题时间超过15分钟判为无效问卷。

五是在问卷的题项设计方面,选择已被相关研究证实有效的成熟量表,并在此基础上进行修改。题目的措辞经过专家的讨论,避免使用敏感词汇和难以理解的词句,以防造成被访者的警惕或顾虑,并在题目的顺序编排中给予合理设置。

(2)防止偏差的措施

由于本研究问卷主要是被调查者的主观评价内容,因此可能会带来偏差问题。Farh等认为受访者做出非准确回答的四个原因包括:不知道问题答案;记不清答案;虽清楚答案,但懒得或不愿意做出回答;难以理解问题的含义[194]。

为避免调查中出现的负面影响,本研究在问卷调查中采取了一定措施:①选择企业一线员工及安全管理的相关人员填写问卷;②量表题项设计主要反映企业安全现状或总体状况;③承诺所有信息均用于学术研究,打消受访者的顾虑;④吸收建筑企业管理层和学术界专家的相关建议,对用词和语句反复推敲,排除表达不清和不易理解的句子或内容。

## 6.2.4 样本选择与数据收集

### 6.2.4.1 样本选择

本研究主要选取建筑企业、房地产企业、建筑设计院等行业企业作为样本,最终问卷发放的区域选择上海、江苏、浙江、吉林、山东、北京、陕西、河南等8个省市,东西部地区相结合以降低因不同区域经济水平差异造成的影响。

#### 6.2.4.2 数据收集

本研究量表数据除采取纸质版发放外,同时采用网络调研方式,在网络调研专业网站"问卷星"(http://www.sojump.com)上发放电子问卷。问卷发放的对象选择高危性、事故易发行业,以建筑行业为主。对具有三年以上工作经验的中高层管理人员和一线操作员工进行调研,以确保问卷的准确性。主要通过以下方式:①问卷星网络调研;②项目组通过电话、E-mail、QQ、微信、微博等工具发放 Word 版本,让被访问者打印填写后邮寄回收。

本研究共发放问卷 600 份,回收 532 份;我们采用严格的筛选程序,最终得到有效问卷 483 份。本次问卷调研的回收率为 88.7%,有效回收率为 90.8%。样本发放与回收情况见表 6.1。

表 6.1 问卷发放与回收情况

| 问卷方式 | 发放数量 | 回收数量 | 回收率 | 有效数量 | 有效回收率 |
|---|---|---|---|---|---|
| 现场发放 | 200 | 187 | 93.5% | 179 | 95.7% |
| 网络发放 | 300 | 266 | 88.7% | 231 | 86.8% |
| 邮寄发放 | 100 | 79 | 79% | 73 | 92.4% |
| 合计 | 600 | 532 | 88.7% | 483 | 90.8% |

注:回收率=回收数量/发放数量;有效回收率=有效数量/回收数量。

#### 6.2.4.3 样本描述

抽样设计会影响数据的代表性和科学性,进而影响结论。为契合本研究主题,本研究在选取样本时,有意识地选择不同所有制及不同地域的企业。企业样本选取时,针对建筑类企业;企业成员样本选取时,选择一线操作员工或安全管理相关人员。本研究采取方便抽样的方式,主要包括两种渠道。一是现场问卷调查。主要在上海、南京、杭州、济南等地进行,调查中填写完后当场回收。先确定好调查对象,然后发放问卷。每一个企业成员(调查对象)问卷填完后,立即装入准备好的信封中,然后与其他成员及管理人员问卷一起装入信封,以企业为单位将信封装订妥善,避免与其他企业混淆,此时即完成了一套组织问卷。该部分调查采用书面问卷。二是由联络人沟通后组织调查,主要在北京、长春、西安、郑州等地进行,研究者在调查前首先与联络人沟通,再进行调查,主要采用问卷星及邮寄等方式。

本研究样本源自 32 家建筑企业中的 483 份个体样本嵌套数据。具体过程如下:2016 年 10 月至 2016 年 12 月期间,共向 600 名企业员工(来自 32 家企业)进行问卷发放,问卷分为纸质问卷和电子问卷两种。在发放问卷过程中,进行了配对和编号。由于本研究模型涉及组织和个体两个层次的变量,因而遵循样本的剔除标准:①对于填写不完整问卷,若仅有个别遗漏可采用缺失值处理,若遗漏过多,则需剔除;②检查被访者是否认真填写问卷,若对所有测量项目或者大多数测量题项打分一致、呈现"Z"形或者"中间"型的问卷予以删除;③因本研究涉及组织层面变量,需将组织成员有效问卷回收数低于组织成员总数 1/2 的组织样本予以剔除,否则无法保证组织数据的稳定性。因此,在剔除无效问卷后,最终得到有效组织样本 32 个,个体样本 483 个,问卷共计 483 份。调查的具体情况见表 6.2、表 6.3 所示。

表 6.2 组织成员样本特征

| 组织成员样本特征($n=483$) | | 样本数(名) | 样本比例 |
|---|---|---|---|
| 性别 | 男 | 347 | 71.8% |
| | 女 | 136 | 28.2% |
| 年龄 | 20 岁以下 | 3 | 0.6% |
| | 21—30 岁 | 275 | 56.9% |
| | 31—40 岁 | 171 | 35.4% |
| | 41—50 岁 | 29 | 6.0% |
| | 50 岁以上 | 5 | 1.0% |
| 学历 | 高中/中专以下 | 17 | 3.5% |
| | 大专 | 76 | 15.7% |
| | 本科 | 269 | 55.7% |
| | 硕士以上 | 121 | 25.1% |
| 工龄 | 1 年以下 | 77 | 15.9% |
| | 1~5 年 | 191 | 39.5% |
| | 6~10 年 | 136 | 28.2% |
| | 10 年以上 | 79 | 16.4% |
| 工作性质 | 现场操作工 | 42 | 8.7% |
| | 现场管理人员 | 195 | 40.4% |
| | 行政人员 | 42 | 8.7% |
| | 行政管理人员 | 48 | 9.9% |
| | 其他 | 156 | 32.3% |
| 职位 | 一线员工 | 216 | 44.7% |
| | 基层 | 192 | 39.8% |
| | 中层 | 63 | 13.0% |
| | 高层 | 12 | 2.5% |

表 6.3 企业样本特征

| 企业样本特征($n=32$) | | 样本数(家) | 样本比例 |
|---|---|---|---|
| 企业性质 | 国有或国有控股 | 11 | 34.4% |
| | 民营 | 6 | 18.7% |
| | 股份制 | 9 | 28.1% |
| | 事业单位 | 3 | 9.4% |
| | 其他 | 3 | 9.4% |
| 企业规模 | 50人及以下 | 3 | 9.4% |
| | 51~100人 | 3 | 9.4% |
| | 101~500人 | 6 | 18.7% |
| | 501~1 000人 | 8 | 25.0% |
| | 1 000人以上 | 12 | 37.5% |
| 企业年龄 | 不足2年 | 2 | 6.2% |
| | 2~5年 | 4 | 12.5% |
| | 6~10年 | 7 | 21.9% |
| | 11~20年 | 8 | 25.0% |
| | 20年以上 | 11 | 34.4% |

## 6.3 变量测量

### 6.3.1 调节变量

由于安全氛围的形成过程具有复杂性和多样性,目前研究领域尚未形成公认的测量体系,学术界运用不同维度进行测量。Zohar首次采用探索性因素分析,用感知到的管理层态度、感知到的安全实践对地位的作用、感知到的安全实践对晋升的作用、感知到的安全管理人员组织地位等来度量安全氛围[67]。Brown等采用感知到的实施关心行动的积极性、员工感知的管理层对员工安全的关心、身体风险知觉3个维度来度量安全氛围[195]。Neal等采用个人对政策、安全程序和工作场所的安全实践的感知测量安全氛围[39]。

1980年,以色列学者Zohar首次提出安全氛围的概念及维度构成,并将安全氛围定义为"组织内员工共同的对于具有风险的作业环境的认知"[67]。国外许多研究证明,安全氛围对员工安全行为会产生显著的影响作用[195-197]。研究表明,安全氛围可以通过某些中介变量对安全行为产生影响作用,并通过不同的中介变量来证明安全氛围和安全行为之间的媒介作用[198-199]。

如前文所述,建筑业作为事故多发型行业,为研究建筑企业员工安全知识对安全绩效的影响,本研究对建筑类企业进行调查,对安全知识、安全态度、知觉控制感、安全氛围和安全绩效的感知要素进行量测。

Glendon 和 Stanton 在研究中提出维度研究是安全氛围研究的关键内容[200]。许多学者都曾尝试构建安全氛围的维度,但安全氛围的维度结构因行业或地域的差别存在很大不同,即便同一行业也可能差别很大。Coyle 认为不存在通用的安全氛围因子结构,安全氛围维度难以通用[201]。基于第3章和第4章的阐述,本研究安全氛围包括3个维度结构:安全培训、管理监督、安全规程。

#### 6.3.1.1 安全培训

1980年,Zohar 将安全培训作为安全氛围的一个维度[67]。Kwon 也将安全培训作为一种常见的安全氛围因子[102]。

总的来说,安全培训有利于提升员工和相关人员的安全意识和操作能力,以便能够安全工作、培育积极的安全氛围。安全培训促进了安全氛围的不断改进。

持续进行安全培训是企业的重要特征,在良好的企业里安全培训是新员工培训的重要内容[202],并对工人或监管者进行后续或阶段性的再培训[203]。

对于安全培训的测量,Huang 等有两个题项认为公司应提供必要的安全培训,包括培训安全知识以及特定的工作技能[65]。如题项"对新员工进行有效及专项的培训"。Evans 采用4个题项测量安全培训,认为安全培训需要定期和不间断地进行,处理紧急情况的能力也是一项重要的技能,并在培训中提供足够的技能和经验,特别是针对新引进的设备的培训[204]。如题项"对员工进行定期培训和不断更新知识"和"对一系列的紧急情况提供定期培训" Ghahramani 等采用4个题项对安全培训进行测量,"通过咨询工人建立他们的培训需求"[205]。Wu 等采用3个题项对安全培训进行测量,其中一个题项为"为员工提供尽可能多的安全指导和培训"[206]。

知识更新及安全操作能力是建筑行业定期培训的重点内容,对其进行测量也主要从这几个方面考虑。本研究参考了 Evans B、Ghahramani A 等及 Wu C L 等的成熟量表,采用5个题项对安全培训进行测量[204-206]。要求被调查者根据企业的实际情况,判断本企业的安全培训状况,其中"1"代表"不符合","5"代表"符合"。安全培训量表题项如表6.4所示。

表6.4 安全培训量表

| 测量题项 | 文献来源 |
| --- | --- |
| 公司对员工进行定期培训和不断更新知识 | Evans B 等[204] |
| 公司为保证员工安全操作,提供足够的技能及经验 | |
| 引进新规程或设备时要进行培训 | |
| 公司通过咨询,建立工人的培训需求 | Ghahramani A 等[205] |
| 公司为员工提供尽可能多的安全指导和培训 | Wu C 等[206] |

#### 6.3.1.2 管理监督

管理监督是安全氛围较为普遍的一个因子,多数文献都认为安全氛围包括安全监管或监督,管理监督有利于提升企业的安全绩效。管理层的监督检查能够降低安全事故的发生。

Huang等运用5个题项对安全监管进行测量,题项衡量公司赋予员工采用安全行动的充分程度[65]。如采用题项"员工认为公司将安全行为放到其他活动之上",主要表述公司对安全的重视程度,以及安全在公司的覆盖面。

Mohamed采用7个题项衡量建筑业工作现场监督环境,认为管理者将安全提到和生产同样的高度,并将快速行动和解决问题作为管理层的职责[94]。例如"管理者有积极的安全行为""即便是赶重要工期时管理者仍旧提倡依章作业""管理者或监督者认为安全非常重要""管理层常定期举行安全讨论""管理者或监督者热心于安全事故汇报""管理层是解决安全问题的良好源头""当工作实践发生重要改变时,应当加强安全意识"。Wu、Song、Wang等根据国内建筑企业的安全氛围进行了细致分析,设置两个题项来测量安全监管:"经常激励项目管理者提升安全绩效""将安全纳入长期和短期目标中"[206]。Zhou通过对中国建筑企业的案例研究,探讨如何提升企业安全氛围,文中将安全监督作为一个维度结构,设置了7个量表题项[207]。比如,"我认为企业管理者做到了及时跟踪安全检查或事故调查""安全检查有助于提升工人的健康和安全"。

Mohamed、Wu和Zhou等人的成熟量表,根据国内建筑业的实际情况采用5个题项对管理监督进行测量[94,206-207],主要对管理者提升安全绩效运用检查和监督的手段等进行了测量,如表6.5所示。

表6.5 管理监督量表

| 测量题项 | 文献来源 |
| --- | --- |
| 公司经常鼓励监督者提高安全绩效 | Wu C L 等[206] |
| 管理者将安全纳入长期和短期目标中 | |
| 企业管理者做到了及时跟踪检查或事故调查 | Zhou Q 等[207] |
| 安全检查有助于提升工人的健康和安全 | |
| 即便工期紧急,监督人员仍要求依章作业 | Mohamed S[94] |

#### 6.3.1.3 安全规程

安全规程是支持性工作情境的一项重要内容,且其质量的状况能够影响个体心理和行为[182]。在安全管理研究中,安全规程作为安全氛围的一个维度已得到了西方研究者的认可,安全规程或规章制度在国内管理实践中应用广泛,但相关理论研究并不多。本研究将安全规程作为调节变量,因安全规程实践性比较强,内容烦杂,研究中需要对安全规程进行测度。

Mohamed 采用了 7 个题项对建筑业安全规程进行了测量[94],主要对安全信息的分享以及安全政策的公开讨论方面内容进行测量,同样他也注重对信息的上下反馈方式。如"安全规程有利于预防安全事故的发生""安全信息主要来源于安全规程""任何必要时候,安全规程强制要求使用个人保护设备"等,通过这些题项测量安全规程。

Glendon 和 Litherland 基于道路建设的视角,采用"安全规则具有较长的实用性"和""工作繁忙时依然要遵守安全规则"来测度安全规程[93]。Ghahramani 等采用 6 个题项对安全规程进行测量,主要针对企业关注员工对安全的看法[205]。如"清晰的安全规程适合管理者和工人的需要""安全程序的变化在企业内能得到充分交流"。

Zhou、Fang、Mohamed 采用 6 个题项,以国内建筑企业为例,对安全规程进行测度,如"部分工作难以安全操作""部分健康安全的规章不能反映工作的具体做法""部分安全规程难以操作""安全规程拥有良好的应急预案"等。主要针对规章制度的实际操作性和可行性进行测量[207]。

本研究借鉴了 Mohamed、Ghahramani、Zhou、Fang 等的成熟量表,采用了 7 个题项对安全规程进行测量[94,205-207]。如表 6.6 所示。

表 6.6 安全规程量表

| 测量题项 | 文献来源 |
| --- | --- |
| 安全规程能够适合员工需要 | Ghahramani 等[205] |
| 安全规程有利于预防安全事故的发生 | Mohamed S[94]<br>Zhou Q 等[207]<br>Glendon 和 Litherland[93] |
| 安全规程能够提供主要的安全信息 | |
| 安全规程强制要求个人使用保护设备 | |
| 安全规程包括良好的应急预案 | |
| 安全规程要求企业制订详细的安全计划 | |
| 工作繁忙时工人仍要遵守安全规程 | |

## 6.3.2 自变量

有关研究对安全知识测量,主要注重于员工掌握安全操作方法和安全事故处理方式等情况测量。Neal 运用 4 个题项对安全实践和安全程序等方面知识进行测度,包括:"我知道如何以安全的方式进行工作""我知道如何保持和提高工作场所的安全及健康"[21]。许多学者借鉴了 Neal 的安全知识量表,其在学术领域得到了较为广泛的应用。

Vinodkumar 等运用了 6 个题项对安全知识进行了测量[18]。除了对安全操作方式、安全程序及安全设备等方面的测度外,还对事故风险的处理及对危险处理方式等预防措施进行了测度。如题项"工作中我知道如何降低事故风险""遇到潜在危险时我知道如何处理及报告""我采取正确措施应对非常规操作"。汪德宝采用了6个题项对纳米企业的员工安全知识进行了测量,根据国内纳米企业的情况,除了采用Neal安全知识量表外,还对知识的来源进行了测量[153]。如运用了题项"员工知道从哪里获得纳米安全方面的知识""员工知道最新的行业和国家标准"。

本研究主要借鉴了Neal、Vinodkumar和Bhasi的量表,采用了7个题项对安全知识进行测量[21,18]。考虑国内建筑企业事故常发的原因,以及国内建筑业的实际情况,主要从三个层面进行测量:安全方式的了解、安全事故风险的处理措施和非常规操作的应对,具体如表6.7所示。

表6.7 安全知识量表

| 测量题项 | 文献来源 |
| --- | --- |
| 我知道如何以安全的方式进行工作 | Neal 等[21] |
| 工作中我知道如何降低事故风险 | Vinodkumar 和 Bhasi[18] |
| 我知道与工作相关的危险以及解决措施 | |
| 遇到潜在危险时我知道如何处理和报告 | |
| 我知道如何采取措施应对非常规操作 | |

## 6.3.3 中介变量

### 6.3.3.1 安全态度

安全态度往往受安全价值观的主导,它是员工对安全问题的行为反应倾向。行为安全需要良好的安全态度,从而保证安全制度的落实和企业生产的安全。

对安全态度的测量国内外研究较多,学术界对安全态度研究较早的有Williamson,他认为安全态度问题被界定为致力于安全的信念,并采用了"每个人发生事故的机会相等"和"工作伙伴应当对安全的工作方式相互鼓励"对安全态度进行测量[23]。Fugas等采用了3个问题,主要是从员工参与和遵守安全规则的态度情况进行测度,比如"工作中,遵守安全规则是非常有益的""工作中,积极参与安全规则活动是非常有用的"[127]。个人的安全态度与个人的不同安全行为相关。Zhou等从负向角度出发,采用了4个题项对安全态度进行测量,从员工冒险倾向、员工感知的管理层看待安全的重要程度、员工对待事故的态度等方面对安全态度进行了测量[207]。如"有时候需要冒险完成任务""遇到安全事故是由于人们的运气不好"。Henning等采用6个题项,他从安全的优先程度、组织对安全目标的界定和安全事件重视程度方面进行测量[208]。如采用题项"安全应当高度优先""组织应当界定清楚的安全目标"。

本研究借鉴了Fugas等、Zhou和Henning的量表,从遵守安全规则、对冒险的态度、对安全事故的看法等不同角度,对安全态度进行调查,并在量表设计中全部采用了正向角度,以便回答者易于理解,也便于后期分析的准确性[127,207-208]。本研究采用 5 个题项对安全态度进行测量,如表 6.8 所示。

表 6.8 安全态度量表

| 测量题项 | 文献来源 |
| --- | --- |
| 在任何时候都不能冒险完成工作 | Zhou Q 等[207] |
| 我很关注健康和工作安全 | |
| 安全事故的发生并不是运气差的原因 | |
| 工作中,遵守安全规则是必要的 | Fugas C S 等[127] |
| 我遵从安全第一的原则 | Henning J B 等[208] |

#### 6.3.3.2 知觉控制感

在个人心理感知方面,除安全态度外,有时个人感觉不能遵守安全程序和规则,因为外部或内部的影响超出了他们自身的控制。Ajzen 对知觉控制感的定义得到业界认知机制的一致认可,即"人们对于既定行为的期望,在于拥有必要资源的程度和在多大程度上能够克服所遇到的任何障碍"[62]。

在知觉控制感的早期研究中,Lee 采用 3 个题项对知觉控制感进行测量,主要从自身能力和感知的控制方面进行测度[209]。如题项"我有足够的能力控制影响我的事情""在组织中,我可以阻止负面事情影响我的工作状态"。在 Conner 和 McMillan 的研究中,可知觉行为控制的直接测量得到应用,采用 3 个题项的量表,主要包括自我效能和控制题项[210]。Fugas 等采用了 3 个题项对知觉控制感进行了测量,主要从对安全操作的控制和安全方式的决定状况来测量[127]。测量题项包括"工作中我有能力控制安全绩效""对我来说安全操作是非常简单的""以安全的方式进行工作完全取决于自己"。

在对建筑企业访谈中,基层员工认为体能和精神状况的控制非常重要,主要考虑的是自我控制能力。因此,本研究的知觉控制感借鉴了 Fugas 等和 Lee 等的量表,采用了 5 个题项对员工的自我控制和安全操作的把控情况进行调查[127,209]。如表 6.9 所示。

表 6.9 知觉控制感量表

| 测量题项 | 文献来源 |
| --- | --- |
| 工作中我能控制安全业绩 | Fugas C S 等[127] |
| 对我来说,安全操作很容易 | |
| 对我来说,以安全的方式进行工作取决于自己 | |
| 我有能力控制影响工作的事情 | Lee C 等[209] |
| 以我对组织的了解,从而控制影响我的事情 | |

### 6.3.4 因变量

因变量安全绩效包括安全行为和安全结果两个变量，而安全行为变量包括安全遵守和安全参与两维度结构，具体测量内容如下。

#### 6.3.4.1 安全遵守

安全遵守是指工人依照组织制定的安全规章维护工作场所的安全，这些行为包括工人在工作时坚持按照标准工作程序和穿着个人防护设备[17]。当工人不遵守安全规则和程序时，他们的行为就被认为是"不安全活动"或者"违规行为"。安全遵守是工人正常工作的重要角色之一。Griffin 和 Neal 采用了 3 个题项对安全遵守进行测量，主要从工作程序和设备的使用方面进行度量[39]。如"我用所有的必须安全设备进行工作""在工作中我确保安全第一"。Griffin 和 Neal 采用了 2 个题项从个人安全熟练上对安全遵守行为进行测量，如"我用安全程序处理有危险的材料"[17]。Vinodkumar 和 Bhasi 采用了 7 个题项从设备、安全方式及工作过程中对安全规则和程序的参与情况等对安全遵守行为进行测量，如"我以安全的方式进行工作""当我工作过程中我并不是总是执行安全规则"[18]。杨世军从作业人员对安全设施及安全规程的遵守测量安全遵守行为。如"作业人员总是必须使用所有安全设施的可能性""即使无人监督，作业人员也会安全操作的可能性"[211]。刘素霞从防护用品及安全管理人员的配合等方面对安全遵守行为进行了测量[44]。如"您在工作时穿戴必要的安全防护用品的可能性""您在工作中配合安全管理人员的指挥、安排的可能性"。

本研究在综合我国建筑企业基本情况的基础上，从安全程序设备的使用、防护用品的佩戴及安全操作规范的遵守等维度进行测量。因此本变量借鉴了 Neal 和 Griffin、Vinodkumar 和 Bhasi 及刘素霞的成熟量表，采用 5 个题项对安全遵守进行测量[17-18,44]，如 6.10 所示。

表 6.10 安全遵守量表

| 测量题项 | 文献来源 |
| --- | --- |
| 我会使用正确的安全程序进行生产/工作 | Neal 和 Griffin[17] |
| 工作过程中我严格遵守安全操作规范 | Neal 和 Griffin[17] |
| 无人监督的情况下，我也会进行安全操作 | 杨世军[211] |
| 即使对工作非常熟悉，我也要遵守安全规程 | Vinodkumar 和 Bhasi[18] |
| 当工作危及自己或同事时，我会立即停止工作 | 刘素霞[44] |

#### 6.3.4.2 安全参与

安全参与涉及的行为并不是直接有助于个人自身的安全，而是帮助开发一个支持的安全环境[39]。安全参与涉及工人自愿进行的安全行为[17]。安全参与所包括的角色超越了工人的正常工作角色（例如工人主动帮助同事、自愿完成组织规定之外任务等行为）。

安全参与又称为"安全公民行为",采用了3个题项评估安全行为,如"我自愿参加与安全相关的任务"[162]。Neal和Griffin采用了3个题项从个人自身的努力和意愿对安全参与行为进行测量,如"我尽最大努力提高工作地点的安全""我自愿执行任务和活动提高工作安全"[39]。Vinodkumar采用了5个题项从不同的情况下对待同事、自身等安全问题对安全参与行为进行测量,如"在危险情况下我如何帮助同事""我自愿执行任务或活动提高工作安全"[18]。杨世军从自愿参加安全活动及如何帮助工友纠正错误等方式测量安全参与行为[211]。如"作业人员自愿参加改善生产安全活动的可能性""作业人员主动向同事示范正确的操作方法的可能性"。刘素霞通过安全目标的制定、安全培训及应急救援演练等方式对安全参与行为进行测量[44]。如"您参与制定安全目标、安全计划的可能性""您参加应急救援演练的可能性"。

本研究考虑建筑企业特点,从工作场所的改善、工友间的合作、安全培训及演练活动等方面进行测度。因此本变量借鉴了Griffin和Neal、Neal和Griffin、Vinodkumar、杨世军及刘素霞的量表,采用5个题项对安全参与的实际情况进行测量[17,39,18,211,44]。见表6.11。

表6.11 安全参与量表

| 测量题项 |
| --- |
| 我致力于改善工作场所的安全 |
| 我主动纠正工友的错误操作 |
| 我积极参加安全培训活动 |
| 我积极参加应急救援演练 |
| 如果出现安全事件我会向管理者报告 |

文献来源:见参考文献[17][39][18][211][44]

#### 6.3.4.3 安全结果

安全结果是安全绩效的一种呈现,作为安全绩效的维度之一。Huang采用了1个题项用以测量安全结果,即"作为公司成员,工作中是否受过伤"[65]。用公司的安全事故率和安全事故所造成的经济损失来衡量安全结果[211-212]。Siu认为安全绩效涉及两个不同的概念:一是作为组织的安全结果标准,包括每年的受伤情况;二是和安全相关的个人行为标准[148],并认为安全结果是有形的事件或结果,以事故、伤害或灾难呈现。刘素霞采用5个题项测度安全结果,主要涉及职业伤害、接触有害因素的时间、事故次数及事故经济损失和伤亡情况[44]。

考虑建筑业的安全结果主要涉及安全事故状况、接触有害因素时间、事故伤亡、经济损失及设备故障等情况,因此,本研究主要借鉴Siu、杨世军和刘素霞的研究量表,根据本研究建筑业涉及的主要结果,应用4个题项对近一年来企业的安全结果进行测量[148,211,44]。见表6.12。

表 6.12 安全结果量表

| 测量题项 |
| --- |
| 近一年来,我经历的安全事故比较少 |
| 近一年来,企业安全事故导致的受伤或死亡人数较少 |
| 近一年来,企业安全事故造成的设备故障比较少 |
| 近一年来,企业安全事故造成的经济损失非常少 |

文献来源:见参考文献[148][211][44]

## 6.4 本章小结

本章在分析了量表设计、调查方式和收集到的数据之后,针对通过扎根理论所提出的模型框架及研究假设,设计了各变量的调查问卷。在此基础上,结合量表设计的基本要求,规避了社会赞许性偏差问题,并通过借鉴国内外成熟量表、专家座谈会和访谈等方法对初始问卷进行完善,形成了最终调查量表。通过对32个组织的483名建筑企业基层员工和管理层员工进行量表调查,完成了数据收集工作。然后分析量表的信度和效度,分析各变量之间的相关性,检验模型的中介效应等,并利用结构方程进行拟合和验证。

# 第 7 章 假设检验与结果分析

本章主要对安全知识作用于安全绩效的影响机制研究进行信度和效度分析,对调节变量安全氛围、同源方法方差检验、描述性统计与相关性、结构方程模型检验统计进行分析,并对以上结果进行报告和讨论。

## 7.1 信度与效度分析

信度与效度检验能够保证数据分析结果的准确性,因此在进行构念模型的假设检验前,本研究首先评估了测量量表的信度和效度。信度用于检验量表成分的内部一致性和稳定性,用来评价量表的可靠性;效度是用以衡量事物性质程度的一个重要指标,即测量问卷结果的准确性,它揭示了变量和测量题项间的关系[187]。

### 7.1.1 信度分析

信度系数越高,表示同一量表内各题项的测量值受误差的影响越小,测量题项就能够得到一致的变动方式并反映事物的真实状态。本研究拟采用测量信度的指标包括:①克朗巴哈α系数用于分析量表题项内部的一致性,多数研究者认为α系数大于0.7可以接受,且删除题项的α信度系数可作为删除条款的依据;②CITC是指同一变量内各测量项与其他测量项之和的相关系数,一般情况下,CITC小于0.5的测量条款应考虑予以删除。各变量的信度检验结果如表7.1所示。

表 7.1 变量信度检验结果

| 变量 | 题项 | CITC | 删除该题项后α系数 | α系数 |
| --- | --- | --- | --- | --- |
| 安全培训 | PX1 | 0.667 | 0.841 | 0.865 |
| | PX 2 | 0.661 | 0.842 | |
| | PX 3 | 0.735 | 0.824 | |
| | PX 4 | 0.687 | 0.836 | |
| | PX 5 | 0.678 | 0.838 | |

续表

| 变量 | 题项 | CITC | 删除该题项后α系数 | α系数 |
|---|---|---|---|---|
| 管理监督 | JD1 | 0.547 | 0.786 | 0.809 |
| | JD2 | 0.632 | 0.759 | |
| | JD3 | 0.607 | 0.767 | |
| | JD4 | 0.589 | 0.772 | |
| | JD5 | 0.598 | 0.769 | |
| 安全规程 | GC1 | 0.617 | 0.830 | 0.852 |
| | GC2 | 0.647 | 0.826 | |
| | GC3 | 0.652 | 0.825 | |
| | GC4 | 0.580 | 0.835 | |
| | GC5 | 0.599 | 0.832 | |
| | GC6 | 0.621 | 0.829 | |
| | GC7 | 0.569 | 0.837 | |
| 安全知识 | ZS1 | 0.541 | 0.812 | 0.825 |
| | ZS2 | 0.629 | 0.788 | |
| | ZS3 | 0.680 | 0.773 | |
| | ZS4 | 0.640 | 0.785 | |
| | ZS5 | 0.610 | 0.793 | |
| 安全态度 | TD1 | 0.511 | 0.780 | 0.798 |
| | TD2 | 0.608 | 0.749 | |
| | TD3 | 0.580 | 0.758 | |
| | TD4 | 0.681 | 0.726 | |
| | TD5 | 0.519 | 0.777 | |
| 知觉控制感 | KZG1 | 0.518 | 0.752 | 0.781 |
| | KZG2 | 0.524 | 0.751 | |
| | KZG3 | 0.591 | 0.728 | |
| | KZG4 | 0.574 | 0.735 | |
| | KZG5 | 0.573 | 0.735 | |

续表

| 变量 | 题项 | CITC | 删除该题项后α系数 | α系数 |
|---|---|---|---|---|
| 安全遵守 | ZUNS1 | 0.504 | 0.821 | 0.823 |
| | ZUNS2 | 0.681 | 0.768 | |
| | ZUNS3 | 0.693 | 0.764 | |
| | ZUNS4 | 0.640 | 0.781 | |
| | ZUNS5 | 0.579 | 0.799 | |
| 安全参与 | CY1 | 0.513 | 0.785 | 0.801 |
| | CY2 | 0.582 | 0.763 | |
| | CY3 | 0.639 | 0.745 | |
| | CY4 | 0.628 | 0.748 | |
| | CY5 | 0.558 | 0.771 | |
| 安全结果 | JG1 | 0.553 | 0.823 | 0.826 |
| | JG2 | 0.702 | 0.757 | |
| | JG3 | 0.670 | 0.772 | |
| | JG4 | 0.684 | 0.766 | |

从表7.1可得出各变量的信度检验结果。

安全培训中的题项未被删除后的CITC值均大于0.5,删除该题项后的α系数均小于变量总题项的α系数0.865,无须对题项进行删减。表明安全培训量表的内部一致性信度较好。管理监督未删除任何题项的CITC值均大于0.5,删除该题项后的α系数均小于变量总题项的α系数0.809,无须对题项进行删减。表明管理监督量表的内部一致性信度较好。安全规程未删除任何题项的CITC值均大于0.5,删除该题项后的α系数均小于变量总题项的α系数0.852,无须对题项进行删减。表明安全规程量表的内部一致性信度较好。

安全知识中的题项未被删除后的CITC值均大于0.5;删除该题项后的α系数均小于变量总题项的α系数0.825,无须对题项进行删减。表明安全知识量表的内部一致性信度较好。安全态度未删除任何题项的CITC值均大于0.5,删除该题项后的α系数均小于变量总题项的α系数0.798,无须对题项进行删减。表明安全态度量表的内部一致性信度较好。知觉控制感的题项未被删除后的CITC值均大于0.5,删除该题项后的α系数均小于变量总题项的α系数0.781,无须对题项进行删减。表明知觉控制感量表的内部一致性信度较好。安全参与未删除任何题项的CITC值均大于0.5,删除该题项后的α系数均小于变量总题项的α系数0.801,无须对题项进行删减。表明安全参与量表的内部一致性信度较好。安全遵守未删除任何题项的CITC值均大于0.5,删除该题项后的α系数均小于变量总题项的α系数0.823,无须对题项进行删减。表明安全遵守量表的内部一致性信度较好。安全结果未删除任何题项的CITC值均大于0.5,删除该题项后的α系数均小于变量总题项的α系数0.826,无须对题项进行删减。表明安全结果量表的内部一致性信度较好。

各变量量表的题项未被删除后的CITC值均大于0.5,各变量删除该题项后的α系数均小于各变量总题项的α系数,各变量题项不需要做任何删减,各变量的Cronbach系数均大于0.7。因此,可以认为各变量量表的内部一致性较好,能够满足研究要求。

## 7.1.2 效度分析

效度检验是对量表测量结果的有效性检验,常用的效度检验有内容效度、构思效度等。

内容效度指的是问卷所采用的题项能否代表所测量的主题或内容。依赖于研究对象对理论定义的认同。本研究所采用的测量量表从两个方面保证其内容效度:①本研究量表的设计主要参考学术界认同的成熟量表;②在借鉴成熟量表的过程中,采用双向翻译和专家评审的方法以提高量表的内容效度。

构思效度主要反映与构念的维度结构相关的信息,它包括收敛效度与区分效度,指的是测验的结果是否能证实或解释某一理论的假设、术语或构想,解释的程度如何。收敛效度反映各指标是否能反映同一构念,区分效度则反映不同变量之间是否存在显著差异。

收敛效度可通过CFA检验,观察测量项目上的负载(Loading)、标准化估计值(Standardizes Estimate)、平均提取方差(Average Variance Extracted, AVE)和组合信度(Construct Reliability, CR)等指标进行衡量。

平均提取方差(AVE)是指标解释潜变量的程度,指标的变化能解释潜变量的变化。收敛效度可以用隐变量提取的AVE来衡量。AVE值越大,观测变量对潜变量解释的总体方差越大,相对测量误差越小,AVE的标准大于0.5[213]。

AVE的计算公式如下:

$$AVE = \frac{\sum \lambda^2}{\sum \lambda^2 + \sum \varepsilon_j} \quad (7.1)$$

式中:$\lambda$表示标准化负荷;$\varepsilon_j$是第$j$项的测量误差。

组合信度(CR)反映了每个潜变量中的测量项对该潜变量的解释是否一致。CR大于0.7,通常认为收敛效度较高。其计算公式如下:

$$CR = \frac{(\sum \lambda)^2}{(\sum \lambda)^2 + \sum \varepsilon_j} \quad (7.2)$$

式中:$\lambda$表示标准化负荷;$\varepsilon_j$是第$j$项的测量误差。

区分效度的检验方法是将AVE的平方根与该潜变量和其他潜变量间的相关系数进行比较,若前者大于后者,说明测量工具区分效度较好[214]。

一般而言,验证性因子分析(Confirmatory Factor Analysis,简称 CFA)是检验构思效度的常用方法。SEM(Structural Equation Modeling)包括两个基本模型:测量模型(Measurement Model)和结构模型(Structural Model)。测量模型描述的是潜变量(Latent Variable)与可观测变量(Observable Variable)之间的关系;结构模型用来表示潜变量间的关系。CFA 是利用结构方程模型的测量模型来验证潜变量与可观察变量之间,以及潜变量之间的关系。

在验证测量量表的效度时,首先需要选择合适的拟合指标。测量效度的指标主要包括:①$\chi^2/df$ 是卡方自由度比,主要验证理论模型估计矩阵与观察数据矩阵间的匹配程度,通常情况下,$\chi^2/df$ 小于 2 时,表明假设模型的适配度较佳,但也有学者认为 $\chi^2/df$ 小于 5 时,模型尚可接受。通常 $\chi^2/df$ 越小,说明模型拟合效度好[191];②GFI 为适配度指数(Goodness-of-fit Index),与回归分析中的决定系数 $R^2$ 相似。GFI 越接近 1,则该假设模型的拟合程度越高。由于 GFI 容易受到样本数量的限制,有学者提出了 AGFI 指数[215]。AGFI 称为调整后适配度指数,受样本数量影响较小,其数值越大(接近于 1),表明假设模型拟合度越好。GFI 和 AGFI 的判断标准相同。当值大于 0.9 时,模型可以接受[216];③RMSEA(Root Mean Square Error of Approximation)称为平均近似平方误差系数,主要用于比较两个模型之间的差异程度。数值越小,假设模型越理想。通常,当 RMSEA 的值大于 0.10 时,说明模型拟合得不好;当 RMSEA 值在 0.08~0.10 之间时,说明模型拟合得可以接受;当在 RMSEA 的值 0.05~0.08 之间,拟合较好;当 RMSEA 值小于 0.05 时,拟合非常好[217];④NFI 和 CFI 是相对拟合效果指标。NFI 为规范拟合指标,CFI 为在 NFI 基础上提高的指标值。NFI 和 CFI 的推荐值为 0~1。值越大,模型拟合越好,优于 0.9 的为理想拟合[218]。

本研究采用拟合度指标的取值范围和临界值,如表 7.2 所示。

表 7.2 研究采用的拟合度指标汇总

| 拟合指标 | 取值范围 | 临界值 |
| --- | --- | --- |
| $\chi^2/df$ | $[0,+\infty]$ | $[0,5)$ |
| GFI | $[0,1]$ | $(0.9,1]$ |
| AGFI | $[0,1]$ | $(0.9,1]$ |
| RMSEA | $[0,+\infty]$ | $[0,0.08)$ |
| NFI | $[0,1]$ | $(0.9,1]$ |
| CFI | $[0,1]$ | $(0.9,1]$ |
| AVE | $[0,1]$ | $(0.5,1]$ |
| CR | $[0,1]$ | $[0.7,1]$ |

在进行量表的信效度检验时,仅涉及量表测量本身问题的探讨,而未涉及研究假设模型的验证,故选取未经加工的个体层面数据进行分析更为合适。

(1) 安全氛围量表的效度检验

根据理论构建,安全氛围量表包括安全培训、管理监督和安全规程三个维度,安全培训包括 5 个观测指标,管理监督包括 4 个观测指标,安全规程包括 6 个观测指标。据此,安全氛围量表的验证性因素分析模型设定如图 7.1 所示。

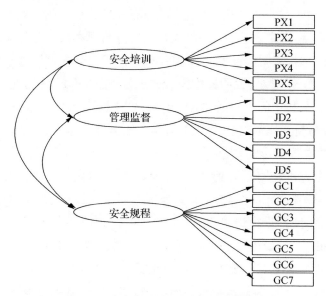

**图 7.1 安全氛围的验证性因素模型图**

安全氛围量表验证性因素分析结果如表 7.3 所示。由表 7.3 可知,模型的 $\chi^2/df$ 为 1.999,小于临界值 5;RMSEA 为 0.046,小于最优临界值 0.05;GFI、AGFI、NFI、CFI 均大于 0.930,满足大于临界值 0.900 的要求。从以上数据可以看出,安全氛围测量模型的各项拟合优度指标均可接受,拟合程度较好,测量模型可接受。该模型的收敛效度由潜变量提取的平均方差抽取量(AVE)检验,安全培训、管理监督与安全规程的平均方差抽取量分别为 0.50、0.52 和 0.53,大于收敛效度检验的标准值 0.50,故认为该潜变量具有较好的收敛效度。CR 是主要的内部质量标准,它反映了潜变量中所有测量项的一致性。当 CR 值大于 0.7 时,认为收敛效度高。安全培训、管理监督与安全规程的 CR 值分别为 0.83、0.83 和 0.88,远大于 0.7 的标准要求,说明潜变量具有很好的收敛效度。

区分效度主要通过 AVE 的平方根与潜变量之间的相关系数来评价。若 AVE 的平方根大于潜变量之间的相关系数,则说明不同潜变量具有明显的区分效度。由表 7.4 可知,潜变量 AVE 的平方根分别为 0.71、0.72 和 0.73,大于潜变量之间的相关系数最大值 0.54、0.64 和 0.55,表明潜变量之间区分效度良好。

表 7.3 安全氛围量表的验证性因素分析结果

| 潜变量 | 项目 | 标准化负荷 | CR | AVE |
|---|---|---|---|---|
| 安全培训 | PX1 | 0.73 | 0.83 | 0.50 |
|  | PX2 | 0.79 |  |  |
|  | PX3 | 0.72 |  |  |
|  | PX4 | 0.75 |  |  |
|  | PX5 | 0.76 |  |  |
| 管理监督 | JD1 | 0.62 | 0.83 | 0.52 |
|  | JD2 | 0.72 |  |  |
|  | JD3 | 0.69 |  |  |
|  | JD4 | 0.68 |  |  |
|  | JD5 | 0.69 |  |  |
| 安全规程 | GC1 | 0.71 | 0.88 | 0.53 |
|  | GC2 | 0.71 |  |  |
|  | GC3 | 0.71 |  |  |
|  | GC4 | 0.62 |  |  |
|  | GC5 | 0.65 |  |  |
|  | GC6 | 0.66 |  |  |
|  | GC7 | 0.63 |  |  |

拟合优度指标：
$\chi^2/\mathrm{d}f=1.999$；RMSEA=0.046
GFI=0.947；AGFI=0.930；NFI=0.935；CFI=0.966

表 7.4 安全氛围三维度间的相关系数表

| 潜变量 | 安全培训 | 管理监督 | 安全规程 |
|---|---|---|---|
| 安全培训 | 0.71 |  |  |
| 管理监督 | 0.54 | 0.72 |  |
| 安全规程 | 0.64 | 0.55 | 0.73 |

注：上表对角线上的数据为平均方差抽取量的平方根，即 $\sqrt{AVE}$ 的值。

（2）安全知识量表的效度检验

安全知识量表包括 5 个观测指标，安全知识量表的验证性因素分析模型设定如图 7.2 所示。

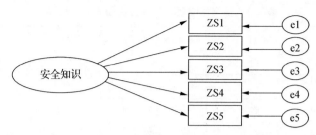

图 7.2　安全知识量表验证性因素分析模型图

安全知识量表验证性因素分析结果如表 7.5 所示。由表 7.5 可知，模型的 $\chi^2/\mathrm{d}f$ 为 2.511，小于临界值 5；RMSEA 的值为 0.056，小于临界值 0.08；GFI、AGFI、NFI 和 CFI 均在 0.960 以上，大于临界值 0.900。由此可知，安全知识的测量模型拟合度指标均在标准值内，模型整体拟合度较好，故该测量模型较为理想。该模型的收敛效度由潜变量提取的平均方差抽取量（AVE）检验，安全知识的平均方差抽取量为 0.51，大于收敛效度检验的标准值 0.50；CR 的值是 0.83，高于标准值 0.7，故认为该潜变量收敛效度较好。由于安全知识为单维变量，故无须进行区分效度检验。

表 7.5　安全知识量表验证性因素分析

| 潜变量 | 项目 | 标准化负荷 | CR | AVE |
|---|---|---|---|---|
| 安全知识 | ZS1 | 0.60 | 0.83 | 0.51 |
| | ZS2 | 0.72 | | |
| | ZS3 | 0.77 | | |
| | ZS4 | 0.71 | | |
| | ZS5 | 0.68 | | |
| 拟合优度指标： $\chi^2/\mathrm{d}f=2.511$；RMSEA$=0.056$ GFI$=0.989$；AGFI$=0.968$ NFI$=0.984$；CFI$=0.990$ ||||| 

（3）安全态度量表的效度检验

安全态度量表包括 5 个观测指标，安全态度量表的验证性因素分析模型设定如图 7.3 所示。

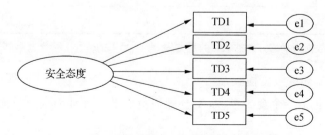

图 7.3　安全态度量表验证性因素分析模型设定

安全态度量表验证性因素分析结果如表 7.6 所示。由表 7.6 可知,模型的 $\chi^2/\mathrm{d}f$ 为 3.262,小于临界值 5;RMSEA 为 0.069,小于临界值 0.08;GFI、AGFI、NFI 和 CFI 均在 0.960 以上,大于临界值 0.900。由此可知,安全态度的测量模型拟合度指标均在标准值内,模型整体拟合度较好,故该测量模型较为理想。该模型的收敛效度由潜变量提取的平均方差抽取量(AVE)检验,安全态度的平均方差抽取量为 0.51,大于收敛效度检验的标准值 0.50;CR 值为 0.83,大于标准值 0.7 的临界要求,因此该潜变量具有较好的收敛效度。由于安全态度为单维变量,故无须进行区分效度检验。

表 7.6 安全态度量表验证性因素分析

| 潜变量 | 项目 | 标准化负荷 | CR | AVE |
|---|---|---|---|---|
| 安全态度 | TD1 | 0.58 | 0.83 | 0.51 |
| | TD2 | 0.68 | | |
| | TD3 | 0.68 | | |
| | TD4 | 0.80 | | |
| | TD5 | 0.60 | | |
| 拟合优度指标: | | | | |
| $\chi^2/\mathrm{d}f=3.262$;RMSEA$=0.069$ | | | | |
| GFI$=0.987$;AGFI$=0.960$ NFI$=0.976$;CFI$=0.983$ | | | | |

(4)知觉控制感量表的效度检验

知觉控制感量表包括 5 个观测指标,知觉控制感量表的验证性因素分析模型设定如图 7.4 所示。

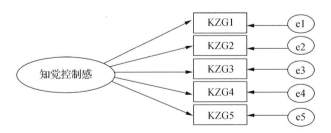

图 7.4 知觉控制感量表验证性因素分析模型设定

知觉控制感量表验证性因素分析结果如表 7.7 所示。由表 7.7 可知,模型的 $\chi^2/\mathrm{d}f$ 为 2.869,小于临界值 5;RMSEA 为 0.062,小于临界值 0.08;GFI、AGFI、NFI 和 CFI 均在 0.960 以上,远大于临界值 0.900。由此可知,知觉控制感的测量模型拟合度指标均在标准值内,模型整体拟合度较好,故该测量模型较为理想。该模型的收敛效度由潜变量提取的平均方差抽取量(AVE)检验,知觉控制感的平均方差抽取量为 0.52,大于收敛效度检验的标准值 0.50;CR 值为 0.84,大于标准值 0.7,故认为该潜变量具有较好的收敛效度。由于知觉控制感为单维变量,故无须进行区分效度检验。

表 7.7 知觉控制感量表验证性因素分析

| 潜变量 | 项目 | 标准化负荷 | CR | AVE |
|---|---|---|---|---|
| 可感知的控制感 | KZG1 | 0.59 | 0.84 | 0.52 |
| | KZG2 | 0.60 | | |
| | KZG3 | 0.69 | | |
| | KZG4 | 0.68 | | |
| | KZG5 | 0.67 | | |
| 拟合优度指标: $\chi^2/df=2.869$;RMSEA=0.062 GFI=0.988;AGFI=0.963 NFI=0.976;CFI=0.984 | | | | |

(5) 安全行为量表的效度检验

安全行为量表包含安全参与、安全遵守两个维度,两个因子各包含 5 个观测指标。安全行为量表的验证性因素分析模型设定如图 7.5 所示。

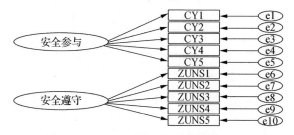

图 7.5 安全行为量表验证性因素分析模型

安全行为量表验证性因素分析结果如表 7.8 所示。由表 7.8 可知,模型的 $\chi^2/df$ 为 3.133,小于临界值 5;RMSEA 的值是 0.067,符合小于临界值 0.08 的要求;GFI、AGFI、NFI 和 CFI 均大于 0.930,符合指标大于临界值 0.900 的要求。可以看出,安全行为测量模型的拟合优度指标是可接受的,模型拟合程度较好,测量模型可接受。

该模型的收敛效度由潜变量提取的平均方差抽取量(AVE)检验,安全参与和安全遵守的平均方差抽取量分别为 0.52、0.51,大于收敛效度的标准值 0.50;安全参与和安全遵守的 CR 值均为 0.83,大于 0.7 的标准值,符合检验要求,因此认为该潜变量具有较好的收敛效度。由表 7.9 可知,两个变量的 AVE 的平方根分别为 0.72 和 0.71,大于潜变量之间的相关系数 0.69,说明潜变量之间的区分效度较好。

表7.8 安全行为量表验证性因素分析结果

| 潜变量 | 项目 | 标准化负荷 | CR | AVE |
|---|---|---|---|---|
| 安全参与 | CY1 | 0.62 | 0.83 | 0.52 |
| | CY2 | 0.65 | | |
| | CY3 | 0.71 | | |
| | CY4 | 0.71 | | |
| | CY5 | 0.65 | | |
| 安全遵守 | ZUNS1 | 0.56 | 0.83 | 0.51 |
| | ZUNS2 | 0.78 | | |
| | ZUNS3 | 0.77 | | |
| | ZUNS4 | 0.72 | | |
| | ZUNS5 | 0.66 | | |
| 拟合优度指标： | | | | |
| $\chi^2/df=3.133$；RMSEA$=0.067$ GFI$=0.959$；AGFI$=0.933$；NFI$=0.943$；CFI$=0.960$ | | | | |

表7.9 安全行为两维度间的相关系数表

| 潜变量 | 安全参与 | 安全遵守 |
|---|---|---|
| 安全参与 | 0.72 | |
| 安全遵守 | 0.69 | 0.71 |

注：上表对角线上的数据为平均方差抽取量的平方根，即$\sqrt{AVE}$的数值。

（6）安全结果量表的效度检验

安全结果量表包括4个观察指标。安全结果量表的验证性因素分析模型设置如图7.6所示。

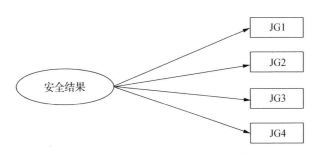

图7.6 安全结果量表验证性因素分析模型设定

安全结果量表验证性因素分析结果如表7.10所示。由表7.10可知，模型的$\chi^2/df$为2.712，小于临界值5；RMSEA为0.060，小于临界值0.08；GFI、AGFI、NFI、CFI均在0.970

以上,大于临界值0.900。可以看出,安全结果测量模型拟合优度的各项指标较为理想,模型整体拟合良好,认为该测量模型拟合良好。

该模型的收敛效度由潜变量提取的平均方差抽取量(AVE)检验,安全结果的平均方差抽取量为0.51,大于收敛效度检验的标准值0.50,安全结果的CR值为0.80,大于标准值0.7。故认为该潜变量具有较好的收敛效度。由于安全结果为单维变量,无须进行区分效度检验。

表7.10 安全结果量表验证性因素分析

| 潜变量 | 项目 | 标准化负荷 | CR | AVE |
| --- | --- | --- | --- | --- |
| 安全结果 | JG1 | 0.61 | 0.80 | 0.51 |
| | JG2 | 0.79 | | |
| | JG3 | 0.77 | | |
| | JG4 | 0.77 | | |
| 拟合优度指标: | $\chi^2/\mathrm{d}f=2.712$;RMSEA$=0.060$ GFI$=0.995$;AGFI$=0.973$ NFI$=0.992$;CFI$=0.995$ | | | |

## 7.2 结构方程模型与假设检验

### 7.2.1 个体变量间的相关分析

相关分析(Correlation Analysis)用于检验变量间是否存在关联,是研究现象之间是否存在某种依存关系、随机变量之间的相关方向及相关程度的一种统计方法,相关系数绝对值取值范围在[0,1]之间。通常情况下,根据相关系数的绝对值大小判定相关程度。相关系数小于0.3为弱相关,相关系数在0.3~0.8之间为中等相关,相关系数在0.8~1.0之间为强相关;且变量间的相关系数的绝对值大于0.8时,可以判定为有多重共线性问题[219]。本研究中相关变量的均值、标准差和相关系数的分析结果如表7.11所示。

在个体层次上,由表7.11可知,安全知识分别与安全态度($r=0.59$,$p<0.01$)、知觉控制感($r=0.59$,$p<0.01$)显著正相关,与安全遵守($r=0.62$,$p<0.01$)、安全参与($r=0.62$,$p<0.01$)和安全结果($r=0.49$,$p<0.01$)显著正相关。安全态度与知觉控制感($r=0.46$,$p<0.01$)显著正相关,与安全遵守($r=0.69$,$p<0.01$)、安全参与($r=0.64$,$p<0.01$)和安全结果($r=0.64$,$p<0.01$)显著正相关。知觉控制感与安全遵守($r=0.48$,$p<0.01$)、安全参与($r=0.53$,$p<0.01$)和安全结果($r=0.43$,$p<0.01$)显著正相关。安全遵守与安全参与($r=0.69$,$p<0.01$)和安全结果($r=0.61$,$p<0.01$)显著正相关。安全参与和安全结果

($r=0.57$,$p<0.01$)显著正相关。从而验证了假设 H1、H2、H3a、H3b、H4a、H4b、H5a、H5b 的正向相关性。

基于以上相关分析,本研究认为变量间的关系基本符合研究假设,并且所有变量之间的相关系数均小于 0.8,可以排除变量之间存在多重共线性,但不能揭示变量间的影响关系及其程度,因此,需要对变量进行结构方程模型分析。

表 7.11 个体层面变量的平均值、标准差和相关系数矩阵

| 变量 | 平均值 | 标准差 | 1 | 2 | 3 | 4 | 5 | 6 | 7 | 8 | 9 | 10 |
|---|---|---|---|---|---|---|---|---|---|---|---|---|
| 1 | 1.28 | 0.45 | 1 | | | | | | | | | |
| 2 | 2.50 | 0.67 | −0.03 | 1 | | | | | | | | |
| 3 | 3.02 | 0.74 | −0.04 | −0.002 | 1 | | | | | | | |
| 4 | 2.45 | 0.95 | −0.10* | 0.69** | −0.14** | 1 | | | | | | |
| 5 | 3.93 | 0.72 | −0.07 | −0.02 | −0.01 | 0.19 | 1 | | | | | |
| 6 | 4.18 | 0.70 | 0.02 | −0.07 | −0.01 | −0.03 | 0.59** | 1 | | | | |
| 7 | 3.75 | 0.73 | 0.02 | −0.04 | −0.03 | −0.03 | 0.59** | 0.46** | 1 | | | |
| 8 | 4.09 | 0.71 | 0.01 | −0.02 | 0.04 | −0.05 | 0.63** | 0.69** | 0.48** | 1 | | |
| 9 | 4.06 | 0.70 | 0.01 | −0.004 | 0.03 | −0.05 | 0.62** | 0.64** | 0.53** | 0.69** | 1 | |
| 10 | 4.16 | 0.77 | 0.04 | −0.06 | 0.05 | −0.04 | 0.49** | 0.64** | 0.43** | 0.61** | 0.57** | 1 |

注:* $p<0.05$,** $p<0.01$,*** $p<0.001$
1 代表性别,2 代表年龄,3 代表学历,4 代表工龄,5 代表安全知识,6 代表安全态度,7 代表知觉控制感,8 代表安全遵守,9 代表安全参与,10 代表安全结果

## 7.2.2 中介效应检验分析

为了验证安全态度、知觉控制感两个变量的中介效应,本研究采用常用检验方法对中介作用进行验证,检验过程具体分为三个阶段:

一是自变量和因变量间的回归分析。若系数显著,则进行第二步;若影响作用不明显,则可到此为止。

二是对自变量和中介变量间进行回归分析,影响系数应比较明显。

三是自变量和中介变量对因变量回归分析。如果中介变量系数不显著,则未起到中介作用。若系数显著,且自变量系数减小,说明变量具有中介效应。当自变量的系数降低到不显著时,完全中介效应发生。当自变量的系数减小但仍然显著时,说明中介变量起到了中介作用[220-221]。

本研究在进行中介作用验证时,首先对各变量进行相关分析,各变量相关系数如表 7.11 所示。变量间的相关系数均显著相关,从而可进行中介作用的检验。

#### 7.2.2.1 安全态度的中介效应检验

1. 安全态度在安全知识和安全遵守间的中介效应

检验安全态度对安全知识与安全遵守行为关系的中介作用,依照以上三个步骤进行检验,回归检验结果如表 7.12 所示。

表 7.12 安全知识通过安全态度对安全遵守的中介作用检验

| 变量 | 第一步回归 ($\beta$) | 第二步回归 ($\beta$) | 第三步回归 ($\beta$) | 中介作用 |
| --- | --- | --- | --- | --- |
| | 因变量<br>安全遵守 | 中介变量<br>安全态度 | 因变量<br>安全遵守 | |
| 自变量<br>安全知识 | 0.617*** | 0.574*** | 0.326***<br>(8.808) | |
| 中介变量<br>安全态度 | | | 0.508***<br>(13.295) | 中介 |
| 调整后的判定系数 $R^2$ | 0.396 | 0.352 | 0.559 | |
| $\Delta R^2$ | 0.395 | 0.351 | 0.557 | |
| $F$ 值 | 315.441*** | 261.754*** | 303.735*** | |
| $t$ | 17.761 | 16.179 | | |
| Sig. | 0.000 | 0.000 | 0.000 | |

注:* 表示 $p<0.05$,** 表示 $p<0.01$,*** 表示 $p<0.001$,括号中的数值为 $t$ 统计量值。

由表 7.12 的分析结果表明,第一步回归分析中,安全知识显著正向影响安全遵守,回归系数 $\beta=0.617$,$p<0.001$,说明自变量显著正向影响因变量。

第二步回归分析中,安全知识正向显著影响安全态度($\beta=0.574$,$p<0.001$),说明自变量对中介变量具有正向影响作用。

在第三步回归模型中,当安全知识和安全态度同时回归安全遵守时,安全态度对安全遵守有显著的正向影响($\beta=0.508$,$p<0.001$),说明中间变量安全态度存在中介作用。

安全知识对安全遵守仍存在显著正向作用,但 $\beta$ 值降至 0.326($\beta=0.326$,$p<0.001$),系数值减小,但仍然显著。因此,安全态度起部分中介效应。

2. 安全态度在安全知识和安全参与间的中介效应

在安全知识对安全参与行为影响关系中,检验安全态度的中介效应,依照以上三个步骤进行检验,回归检验结果如表 7.13 所示。

表 7.13　安全知识通过安全态度对安全参与的中介作用检验

| 变量 | 第一步回归 ($\beta$) | 第二步回归 ($\beta$) | 第三步回归 ($\beta$) | 中介作用 |
|---|---|---|---|---|
| | 因变量<br>安全参与 | 中介变量<br>安全态度 | 因变量<br>安全参与 | |
| 自变量<br>安全知识 | 0.591*** | 0.574*** | 0.350***<br>(9.022) | |
| 中介变量<br>安全态度 | | | 0.418***<br>(10.420) | 中介 |
| 调整后的判定系数 $R^2$ | 0.378 | 0.352 | 0.492 | |
| $\Delta R^2$ | 0.376 | 0.351 | 0.490 | |
| $F$ 值 | 291.870*** | 261.754*** | 232.857*** | |
| $t$ | 17.084 | 16.179 | | |
| Sig. | 0.000 | 0.000 | 0.000 | |

注：* 表示 $p<0.05$，** 表示 $p<0.01$，*** 表示 $p<0.001$，括号中的数值为 $t$ 统计量值。

由表 7.13 的回归分析结果表明，第一步回归分析中，安全知识正向作用于安全参与，回归系数 $\beta=0.591$，$p<0.001$，说明自变量显著正向影响因变量。

第二步回归分析中，安全知识正向显著影响安全态度（$\beta=0.574$，$p<0.001$），表明自变量对中介变量具有显著正向影响。

第三步回归模型中，当安全知识和安全态度两者回归安全参与时，安全态度对安全参与有显著的正向影响（$\beta=0.418$，$p<0.001$），证明安全态度存在中介效应；安全知识对安全参与仍存在显著正向作用，但 $\beta$ 值降至 0.350（$\beta=0.350$，$p<0.001$），系数值减小，但仍然显著。因此，安全态度起到部分中介效应，即在安全知识对安全参与的作用关系中起部分中介效应。综上所述，假设 H1、H3a、H3b 得到实证检验。

#### 7.2.2.2　知觉控制感的中介效应检验

**1. 知觉控制感在安全知识和安全遵守间的中介效应**

检验知觉控制感在安全知识对安全遵守行为影响关系的中介效应，同样依照以上三个步骤进行检验，回归检验结果如表 7.14 所示。

表 7.14 安全知识通过知觉控制感对安全遵守的中介作用检验

| 变量 | 第一步回归 ($\beta$)<br>因变量<br>安全遵守 | 第二步回归 ($\beta$)<br>中介变量<br>知觉控制感 | 第三步回归 ($\beta$)<br>因变量<br>安全遵守 | 中介作用 |
|---|---|---|---|---|
| 自变量<br>安全知识 | 0.617*** | 0.574*** | 0.522***<br>(12.286) | |
| 中介变量<br>知觉控制感 | | | 0.161***<br>(3.808) | 中介 |
| 调整后的判定系数 $R^2$ | 0.396 | 0.349 | 0.414 | |
| $\Delta R^2$ | 0.395 | 0.347 | 0.411 | |
| $F$ 值 | 315.441*** | 257.437*** | 169.400*** | |
| $t$ | 17.761 | 16.045 | | |
| Sig. | 0.000 | 0.000 | 0.000 | |

注:* 表示 $p<0.05$,** 表示 $p<0.01$,*** 表示 $p<0.001$,括号中的数值为 t 统计量值。

由表 7.14 的回归分析结果表明,第一步回归分析中,安全知识对安全遵守能够起到正向作用,回归系数为 $\beta=0.617$,$p<0.001$;说明自变量对因变量有显著正向影响。

第二步回归分析中,安全知识正向显著影响知觉控制感($\beta=0.574$,$p<0.001$),说明自变量对中介变量具有明显的正向作用。

第三步回归模型中,安全知识和知觉控制感同时对安全遵守进行回归时,知觉控制感对安全遵守具有显著正向作用($\beta=0.161$,$p<0.001$),说明中介变量知觉控制感存在中介效应;安全知识对安全遵守仍存在显著正向作用,但 $\beta$ 值降至 0.522($\beta=0.522$,$p<0.001$),系数值减小但仍然显著,所以,知觉控制感起到部分中介效应,即表明知觉控制感在安全知识对安全遵守的影响中起中介作用。

2. 知觉控制感在安全知识和安全参与间的中介效应

检验知觉控制感在安全知识对安全参与行为影响关系的中介效应,依照以上三个步骤进行检验,回归检验结果如表 7.15 所示。

表 7.15 安全知识通过知觉控制感对安全参与的中介作用检验

| 变量 | 第一步回归($\beta$)<br>因变量<br>安全参与 | 第二步回归($\beta$)<br>中介变量<br>知觉控制感 | 第三步回归($\beta$)<br>因变量<br>安全参与 | 中介作用 |
|---|---|---|---|---|
| 自变量<br>安全知识 | 0.591*** | 0.574*** | 0.447***<br>(10.800) | |
| 中介变量<br>知觉控制感 | | | 0.241***<br>(5.855) | 中介 |
| 调整后的判定系数 $R^2$ | 0.378 | 0.349 | 0.419 | |
| $\Delta R^2$ | 0.376 | 0.347 | 0.417 | |
| $F$ 值 | 291.870*** | 257.437*** | 173.175*** | |
| $t$ | 17.084 | 16.045 | | |
| Sig. | 0.000 | 0.000 | 0.000 | |

注：\* 表示 $p<0.05$，\*\* 表示 $p<0.01$，\*\*\* 表示 $p<0.001$，括号中的数值为 $t$ 统计量值。

由表 7.15 的回归分析可以看出，第一步回归分析中，安全知识显著影响到安全参与，回归系数 $\beta=0.591$，$p<0.001$，说明自变量显著正向影响因变量。

第二步回归分析中，安全知识正向显著影响知觉控制感（$\beta=0.574$，$p<0.001$），说明自变量对中介变量具有显著的正向预测作用。

第三步回归模型中，安全知识和知觉控制感同时对安全参与进行回归时，知觉控制感对安全参与具有显著正向作用（$\beta=0.241$，$p<0.001$），说明中介变量知觉控制感存在中介效应；安全知识对安全参与仍存在显著正向作用，但 $\beta$ 值降至 0.447（$\beta=0.447$，$p<0.001$），系数值减小，但仍然显著。因此，知觉控制感起到部分中介效应，即表明知觉控制感在安全知识对安全参与的影响中起中介作用。综上所述，假设 H2、H4a、H4b 得到验证。

## 7.2.3 结构方程模型检验

### 7.2.3.1 模型拟合度检验

本研究从个体层面构建了由安全知识、知觉控制感、安全态度、安全遵守、安全参与和安全结果构成的结构模型。采用自变量安全知识通过两个中介变量安全态度、知觉控制感，拟合安全绩效的两个维度安全行为（包括安全遵守、安全参与两个维度）和安全结果的作用。安全知识对安全绩效预测的检验结果如表 7.16 所示。

表 7.16　结构方程模型拟合度检验

| 模型 | $\chi^2/df$ | CFI | TLI | GFI | RMR | RMSEA |
|---|---|---|---|---|---|---|
| 拟合结果 | 2.246 | 0.924 | 0.916 | 0.894 | 0.042 | 0.051 |

根据拟合度检验结果可以看出,该模型 $\chi^2/df$ 值为 2.246,小于临界值 5,且介于 1 和 3 之间,说明拟合结果良好。CFI=0.924,TLI=0.916,IFI=0.924,都大于理想标准值 0.9,GFI=0.894,接近标准值 0.9,RMR 的值为 0.042,小于标准值 0.5,RMSEA 的值为 0.051,小于 0.08。说明个体层面构建的结构方程模型与实际数据拟合效果良好,证明安全知识对安全绩效的作用模型数据适配性较好,各项指标适配值均达到要求。

#### 7.2.3.2　区分效度检验

本研究应用验证性因子分析对个体层面变量进行效度检验,同时比较了安全知识、安全态度、知觉控制感、安全参与、安全遵守和安全结果六个变量组成的六个因子模型的拟合指数,如表 7.17 所示。

表 7.17　个体变量的区分效度检验

| 模型 | $\chi^2/df$ | CFI | TLI | GFI | RMSEA | 因子组成 |
|---|---|---|---|---|---|---|
| 六因子模型 | 2.246 | 0.924 | 0.916 | 0.894 | 0.051 | ZS;TD;KZG;ZUNS;CY;JG |
| 五因子模型 1 | 2.480 | 0.913 | 0.905 | 0.887 | 0.054 | ZS;TD;KZG;ZUNS+CY;JG |
| 四因子模型 2 | 3.231 | 0.868 | 0.857 | 0.836 | 0.066 | ZS;TD;KZG;ZUNS+CY+JG |
| 四因子模型 3 | 2.832 | 0.891 | 0.882 | 0.866 | 0.060 | ZS+TD+KZG;ZUNS;CY;JG |
| 四因子模型 4 | 2.998 | 0.882 | 0.872 | 0.854 | 0.062 | ZS;TD;KZG;ZUNS;CY;JG |
| 三因子模型 5 | 3.476 | 0.853 | 0.841 | 0.825 | 0.069 | ZS+TD+KZG;ZUNS+CY;JG |
| 二因子模型 6 | 3.780 | 0.834 | 0.821 | 0.809 | 0.074 | ZS+TD+KZG+ZUNS+CY;JG |
| 单因子模型 | 4.416 | 0.796 | 0.796 | 0.779 | 0.082 | ZS+TD+KZG+ZUNS+CY+JG |

注:表中因子组成:ZS 安全知识;TD 安全态度;KZG 知觉控制感;ZUNS 安全遵守;CY 安全参与;JG 安全结果。"+"表示两个因子合并为一个因子。

其中六个因子模型分别为六因子、五因子、四因子、三因子、二因子以及单因子模型。构成的六因子模型的拟合度指标系数:$\chi^2/df=2.246$;CFI=0.924;TLI=0.916;GFI=0.894;RMSEA=0.051。与其他几个模型相比较,六因子模型的各项拟合度指标均达到标准要求,且各项指标均优于其他模型,拟合指标系数最为理想。因此,本研究中的六个变量具有良好的判别效度,个体层面研究的判别效度良好。

#### 7.2.3.3　验证性因子分析及结果讨论

对安全知识作用安全结果的结构方程模型进行分析,验证结果如图 7.7 和表 7.18 所示。

## 1. 变量间直接作用效果检验

从表7.18、图7.7可以看出,安全参与对安全结果具有正向影响(标准化路径系数$b=0.29, p<0.001$);安全遵守对安全结果具有正向影响(标准化路径系数$b=0.51, p<0.001$)。假设H5a、假设H5b都得到了实证的支持。

安全知识对安全态度具有正向影响(标准化路径系数$b=0.75, p<0.001$),安全知识对知觉控制感具有直接正向效应(标准化路径系数$b=0.75, p<0.001$)。假设H1、假设H2都通过了实证的支持,且路径系数比较显著。

安全态度对安全参与具有直接正向影响(标准化路径系数$b=0.68, p<0.001$),安全态度对安全遵守具有直接正向效应(标准化路径系数$b=0.81, p<0.001$)。假设H3a、假设H3b都通过了实证的支持。

知觉控制感对安全参与具有直接正向影响(标准化路径系数$b=0.29, p<0.001$),知觉控制感对安全遵守具有直接正向效应(标准化路径系数$b=0.15, p<0.001$)。假设H4a、假设H4b都通过了实证的支持。

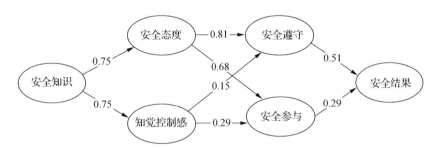

图7.7 安全知识对安全绩效的结构方程模型

表7.18 结构方程模型验证性因子分析

| 路径 | 标准化路径系数$b$ | 非标准化路径系数 | SE | CR | $p$ |
|---|---|---|---|---|---|
| 安全知识→安全态度 | 0.75 | 0.67 | 0.065 | 10.37 | *** |
| 安全知识→知觉控制感 | 0.75 | 0.77 | 0.072 | 10.72 | *** |
| 安全态度→安全遵守 | 0.81 | 0.76 | 0.081 | 9.42 | *** |
| 知觉控制感→安全参与 | 0.29 | 0.25 | 0.050 | 5.10 | *** |
| 安全态度→安全参与 | 0.68 | 0.70 | 0.076 | 9.19 | *** |
| 知觉控制感→安全遵守 | 0.15 | 0.12 | 0.041 | 2.93 | *** |
| 安全遵守→安全结果 | 0.51 | 0.59 | 0.109 | 5.39 | *** |
| 安全参与→安全结果 | 0.29 | 0.30 | 0.093 | 3.24 | *** |

注:* $p<0.05$;** $p<0.01$;*** $p<0.001$

## 2. 间接影响效应

通过表 7.19 可以得到个体层面模型各变量间影响效应。安全知识通过中介变量安全态度对安全参与的间接效应为 0.51,安全知识通过中介变量安全态度对安全遵守的间接效应为 0.608;安全知识通过中介变量知觉控制感对安全参与的间接效应为 0.218,安全知识通过中介变量知觉控制感对安全遵守的间接效应为 0.113;安全知识通过中介变量安全态度和安全参与对安全结果的间接效应为 0.148,安全知识通过中介变量安全态度和安全遵守对安全结果的间接作用效应为 0.31;安全知识通过中介变量知觉控制感和安全参与对安全结果的间接效应为 0.063,安全知识通过知觉控制感和安全遵守对安全结果的间接作用效应为 0.057。安全态度通过安全参与对安全结果的间接效应为 0.197,安全态度通过安全遵守对安全结果的间接效应为 0.413。知觉控制感通过安全参与对安全结果的间接效应为 0.084,知觉控制感通过安全遵守对安全结果的间接效应为 0.077。

**表 7.19　个体层面变量间相互影响效应**

| 维度指标 | 影响效用 | 安全态度 | 知觉控制感 | 安全参与 | 安全遵守 | 安全结果 | 路径 |
| --- | --- | --- | --- | --- | --- | --- | --- |
| 安全知识 | 直接效应 | 0.75 | 0.75 | | | | 知识—态度、控制感 |
| | 间接效应 | | | 0.51 | | 0.148 | 知识—态度—参与—结果 |
| | 间接效应 | | | | 0.608 | 0.31 | 知识—态度—遵守—结果 |
| | 间接效应 | | | 0.218 | | 0.063 | 知识—控制感—参与—结果 |
| | 间接效应 | | | | 0.113 | 0.057 | 知识—控制感—遵守—结果 |
| 安全态度 | 直接效应 | | | 0.68 | 0.81 | | 态度—参与、遵守 |
| | 间接效应 | | | | | 0.197 | 态度—参与—结果 |
| | 间接效应 | | | | | 0.413 | 态度—遵守—结果 |
| 知觉控制感 | 直接效应 | | | 0.29 | 0.15 | | 控制感—参与、遵守 |
| | 间接效应 | | | | | 0.084 | 控制感—参与—结果 |
| | 间接效应 | | | | | 0.077 | 控制感—遵守—结果 |
| 安全参与 | 直接效应 | | | | | 0.29 | 参与—结果 |
| | 间接效应 | | | | | | |
| 安全遵守 | 直接效应 | | | | | 0.51 | 遵守—结果 |

## 7.3 组织层面数据聚合检验

### 7.3.1 描述性统计分析

表 7.20 显示了样本中各变量的均值、标准差以及变量之间的相关性。表中结果显示，安全培训分别与管理监督($r=0.541$，$p<0.01$)、安全规程($r=0.551$，$p<0.01$)显著正相关；管理监督与安全规程($r=0.643$，$p<0.01$)显著正向相关。安全培训、管理监督与组织人数、组织性质和公司成立时间正相关；而安全规程与组织人数正相关，与组织性质、公司成立时间负相关。

表 7.20 组织层面变量的平均值、标准差和相关系数矩阵

| 变量 | 平均值 | 标准差 | 1 | 2 | 3 | 4 | 5 | 6 |
|---|---|---|---|---|---|---|---|---|
| 1 组织人数 | 3.57 | 0.83 | | | | | | |
| 2 组织性质 | 4.24 | 1.15 | 0.87** | | | | | |
| 3 公司年龄 | 3.01 | 0.69 | 0.96** | 0.92** | | | | |
| 4 安全培训 | 3.49 | 0.71 | 0.07 | 0.06 | 0.05 | | | |
| 5 管理监督 | 4.23 | 0.74 | 0.05 | 0.04 | 0.07 | 0.541** | | |
| 6 安全规程 | 3.55 | 0.73 | 0.002 | −0.02 | −0.006 | 0.551** | 0.643** | 1 |

注：* $p<0.05$，** $p<0.01$，*** $p<0.001$

### 7.3.2 组内一致性检验

本研究属于跨层次研究，组织安全氛围的测量是在个体层面上进行的，因此需要检验组织层面数据聚合的合理性。通过测试后，可以将个体层面的数据聚合到组织层面，形成组织变量的数据。数据聚合的可靠性指标包括 $r_{wg}$、ICC(1) 和 ICC(2) 等，评价组内一致性的主要指标是 $r_{wg}$，组内差异指标采用 ICC(1)，组间差异的比较指标选用 ICC(2)[222-223]。选用哪项指标需要根据理论和数据来确定，即根据所研究的概念及模型选用不同的检验指标。而侯杰泰等认为验证指标用得越多说服力越大[191]。因此，本研究中需要计算组织内一致性系数 $r_{wg}$ 与组内相关系数 ICC(1) 与 ICC(2)，用以检验个体层面的数据能否合理聚合到组织层面。

1) 一致性系数 $r_{wg}$

Kozlowski 和 Hattrup 研究指出与组内一致(With-group Agreement)是指受访者对构念的反应的一致性程度[224]。常用的判断指标是 $r_{wg}$，其计算公式如下：

$$r_{\text{wg}(j)} = \frac{j[1-(s_{xj}^2/\sigma_{\text{EU}}^2)]}{j[1-(s_{xj}^2/\sigma_{\text{EU}}^2)]+(s_{xj}^2/\sigma_{\text{EU}}^2)} \tag{7.3}$$

式中:$s_{xj}^2$ 是指在 $j$ 个问项所观察到的方差的平均数;$\sigma_{\text{EU}}^2$ 是期望的随机方差;$r_{\text{wg}(j)}$ 则是在 $j$ 个平行的问项上所有回答者的组内一致度。已有研究指出,$r_{\text{wg}(j)}$ 取值介于 0 至 1 之间,越接近 1 表示团队内个体成员评分一致度越高,一般情况下,$r_{\text{wg}(j)}$ 采用 0.7 作为其判定临界值。

2) 组内相关 ICC(1) 和 ICC(2)

组内相关 ICC(1) 和 ICC(2) 是检验研究变量在组间是否有足够差异的指标。研究者通过 HLM 分析,首先得出变量的组间方差和组内方差,进而得出研究变量的组内相关 ICC(1)。

$$\text{ICC}(1) = \frac{\text{组间方差}}{\text{组间方差}+\text{组内方差}} \tag{7.4}$$

组内相关 ICC(2) 是指将变量聚合为群变量时,该变量在个体水平上的信度。ICC(2) 与样本量有关,$k$ 表示总体样本量,计算公式为:

$$\text{ICC}(2) = \frac{k \times \text{ICC}(1)}{1+(k-1)\text{ICC}(1)} \tag{7.5}$$

已有研究认为 ICC(1) 的取值范围通常在 0 到 0.50 之间,但是此判断范围可能受到样本量的影响,故需进一步验证组间方差的显著性。Chen 和 Bliese 研究认为 ICC(1) 和 ICC(2) 符合数据聚合的判断标准:ICC(1)>0.12,ICC(2)>0.7[225]。

在本研究中,对样本数据进行统计计算,安全氛围各维度变量的聚合检验指标值如表 7.21 所示。各研究变量经过聚合检验都满足 $r_{\text{wg}}$ 和 ICC(2) 均大于 0.7、ICC(1) 大于 0.12 的范围要求,符合数据聚合的判断标准。

表 7.21 安全氛围各维度多水平数据的聚合检验

| 变量 | $r_{\text{wg}}$ | ICC(1) | ICC(2) |
| --- | --- | --- | --- |
| 安全培训 | 0.87 | 0.31 | 0.84 |
| 管理监督 | 0.89 | 0.38 | 0.86 |
| 安全规程 | 0.80 | 0.26 | 0.78 |

### 7.3.3 跨层次调节效应检验

#### 7.3.3.1 安全培训调节安全知识对安全态度的关系

通过 HLM6.08 构建安全知识与安全培训交互影响安全态度的多层次模型。首先,建立零模型(M1);其次,考察安全知识对安全态度的直接效应(M2);再次,考察加入安全知识后安全培训对安全态度的影响效果(M3);最后,检验安全培训的调节效应(M4)。分析结果见表 7.22。由表 7.22 可知,安全知识对安全态度产生显著正向影响(M2,$\gamma_{10}=0.56$,$p<0.01$);由 M4 可见,当将安全知识和安全培训同时对安全态度进行解释时,发现安全培训正

向调节安全知识与安全态度之间的关系(M4,$\gamma_{11}=0.11$,$p<0.01$),且有10%斜率方差可以被安全培训解释($R^2_{\text{level-2交互作用效果}}=0.10$),交互作用的效果显著。假设 H6a 和 H8a 得到验证,安全培训正向调节安全知识与安全态度的关系,安全培训对安全态度具有正向作用。

表 7.22 安全培训调节安全知识与安全态度关系的多层线性模型分析

| 变量 | 安全态度 | | | |
|---|---|---|---|---|
| | M1 | M2 | M3 | M4 |
| 截距项($\gamma_{00}$) | 4.18** | 2.97** | 2.38** | 1.22** |
| Level-1 预测因子 | | | | |
| 安全知识($\gamma_{10}$) | | 0.56** | 0.45** | 0.28** |
| Level-2 预测因子 | | | | |
| 安全培训($\gamma_{01}$) | | | 0.21** | 0.17** |
| 交互项 | | | | |
| 安全知识*安全培训($\gamma_{11}$) | | | | 0.11** |
| 方差 | | | | |
| $\sigma^2$ | 0.48 | 0.32 | 0.31 | 0.28 |
| $\tau_{00}$ | 0.19 | 0.16 | 0.14 | 0.10 |
| $\tau_{11}$ | | 0.12 | 0.10 | 0.09 |
| $R^2_{\text{level-2交互作用效果}}$ | | | | 0.10 |

注:* $p<0.05$,** $p<0.01$;$\sigma^2$ 是层 1 的残差;$\tau_{00}$ 是层 2 截距残差;$\tau_{11}$ 是层 2 的斜率残差;$R^2$ 是准决定系数

#### 7.3.3.2 安全培训调节安全知识对知觉控制感的关系

安全知识与安全培训交互影响知觉控制感的多层次模型的建立步骤如下:首先,建立零模型(M1);其次,考察安全知识对知觉控制感的直接效应(M2);再次,考察加入安全知识后安全培训对知觉控制感的影响效果(M3);最后,检验安全培训的调节效应(M4)。分析结果见表7.23。由表7.23可知,安全知识对知觉控制感产生显著正向影响(M2,$\gamma_{10}=0.58$,$p<0.01$);由 M4 可见,当将安全知识和安全培训同时对知觉控制感进行解释时,发现安全培训正向调节安全知识与知觉控制感之间的关系(M4,$\gamma_{11}=0.07$,$p<0.01$),且有14%斜率方差可以被安全培训解释($R^2_{\text{level-2交互作用效果}}=0.14$),交互作用的效果显著,假设 H7a 和 H9a 得到验证:安全培训正向调节安全知识与知觉控制感的关系,安全培训对知觉控制感具有正向影响。

表 7.23 安全培训调节安全知识与知觉控制感关系的多层线性模型分析

| 变量 | 知觉控制感 | | | |
|---|---|---|---|---|
| | M1 | M2 | M3 | M4 |
| 截距项($\gamma_{00}$) | 3.74** | 3.77** | 2.48** | 1.25** |
| Level-1 预测因子 | | | | |
| 安全知识($\gamma_{10}$) | | 0.58** | 0.41** | 0.21** |
| Level-2 预测因子 | | | | |
| 安全培训($\gamma_{01}$) | | | 0.31** | 0.16** |
| 交互项 | | | | |
| 安全知识 * 安全培训($\gamma_{11}$) | | | | 0.07** |
| 方差 | | | | |
| $\sigma^2$ | 0.52 | 0.33 | 0.32 | 0.30 |
| $\tau_{00}$ | 0.19 | 0.12 | 0.10 | 0.09 |
| $\tau_{11}$ | | 0.11 | 0.07 | 0.06 |
| $R^2_{\text{level-2交互作用效果}}$ | | | | 0.14 |

注:* $p<0.05$,** $p<0.01$;$\sigma^2$ 是层 1 的残差;$\tau_{00}$ 是层 2 的截距残差;$\tau_{11}$ 是层 2 的斜率残差;$R^2$ 是准决定系数。

#### 7.3.3.3 管理监督调节安全知识对安全态度的关系

构建安全知识与管理监督对安全态度的多层次互动模型:首先,建立零模型(M1);其次,考察安全知识对安全态度的直接效应(M2);再次,考察加入安全知识后管理监督对安全态度的影响效果(M3);最后,检验管理监督的调节效应(M4)。分析结果见表 7.24。由表 7.23 可知,安全知识对安全态度产生显著正向影响(M2,$\gamma_{10}=0.56$,$p<0.01$);由 M4 可见,当将安全知识和管理监督同时对安全态度进行解释时,发现管理监督正向调节安全知识与安全态度之间的关系(M4,$\gamma_{11}=0.06$,$p<0.01$),且有 18% 斜率方差可以被管理监督解释($R^2_{\text{level-2交互作用效果}}=0.18$),交互作用的效果显著,假设 H6b 和 H8b 得到验证,即管理监督正向调节安全知识与安全态度的关系,管理监督对安全态度具有正向作用。

表 7.24 管理监督调节安全知识与安全态度关系的多层线性模型分析

| 变量 | 安全态度 | | | |
|---|---|---|---|---|
| | M1 | M2 | M3 | M4 |
| 截距项($\gamma_{00}$) | 4.18** | 2.97** | 1.49** | 1.03** |
| Level-1 预测因子 | | | | |
| 安全知识($\gamma_{10}$) | | 0.56** | 0.44** | 0.21** |

续表

| 变量 | 安全态度 | | | |
|---|---|---|---|---|
| | M1 | M2 | M3 | M4 |
| Level-2预测因子 | | | | |
| 管理监督($\gamma_{01}$) | | | 0.40** | 0.24** |
| 交互项 | | | | |
| 安全知识 * 管理监督($\gamma_{11}$) | | | | 0.06** |
| 方差 | | | | |
| $\sigma^2$ | 0.48 | 0.32 | 0.28 | 0.26 |
| $\tau_{00}$ | 0.19 | 0.16 | 0.10 | 0.09 |
| $\tau_{11}$ | | 0.12 | 0.11 | 0.09 |
| $R^2_{\text{level-2交互作用效果}}$ | | | | 0.18 |

注:* $p<0.05$,** $p<0.01$;$\sigma^2$是层1的残差;$\tau_{00}$是层2的截距残差;$\tau_{11}$是层2的斜率残差;$R^2$是准决定系数

#### 7.3.3.4 管理监督调节安全知识对知觉控制感的关系

构建安全知识与管理监督交互影响知觉控制感的多层次模型:首先,建立零模型(M1);其次,考察安全知识对知觉控制感的直接效应(M2);再次,考察加入安全知识后管理监督对知觉控制感的影响效果(M3);最后,检验管理监督的调节效应(M4)。分析结果见表7.25。由表7.25可知,安全知识对知觉控制感产生显著正向影响(M2,$\gamma_{01}=0.58$,$p<0.01$);由M4可见,当将安全知识和管理监督同时对知觉控制感进行解释时,发现管理监督正向调节安全知识与知觉控制感之间的关系(M4,$\gamma_{11}=0.05$,$p<0.01$),且有10%斜率方差可以被管理监督解释($R^2_{\text{level-2交互作用效果}}{}^d=0.10$),交互作用的效果显著,假设H7b和H9b得到验证,即管理监督正向调节安全知识与知觉控制感的关系,管理监督对知觉控制感具有正向作用。

表7.25 管理监督调节安全知识与知觉控制感关系的多层线性模型分析

| 变量 | 知觉控制感 | | | |
|---|---|---|---|---|
| | M1 | M2 | M3 | M4 |
| 截距项($\gamma_{00}$) | 3.74** | 3.77** | 2.08** | 1.42** |
| Level-1预测因子 | | | | |
| 安全知识($\gamma_{10}$) | | 0.58** | 0.41** | 0.19** |
| Level-2预测因子 | | | | |
| 管理监督($\gamma_{01}$) | | | 0.32** | 0.24** |
| 交互项 | | | | |

续表

| 变量 | 知觉控制感 | | | |
|---|---|---|---|---|
| | M1 | M2 | M3 | M4 |
| 安全知识*管理监督($\gamma_{11}$) | | | | 0.05** |
| 方差 | | | | |
| $\sigma^2$ | 0.52 | 0.33 | 0.31 | 0.30 |
| $\tau_{00}$ | 0.19 | 0.12 | 0.12 | 0.10 |
| $\tau_{11}$ | | 0.11 | 0.10 | 0.09 |
| $R^2_{\text{level-2交互作用效果}}$ | | | | 0.10 |

注：* $p<0.05$，** $p<0.01$；$\sigma^2$ 是层 1 的残差；$\tau_{00}$ 是层 2 的截距残差；$\tau_{11}$ 是层 2 的斜率残差；$R^2$ 是准决定系数

#### 7.3.3.5 安全规程调节安全知识对安全态度的关系

构建安全知识与安全规程交互影响安全态度的多层次模型。首先，建立零模型（M1）；其次，考察安全知识对安全态度的直接效应（M2）；再次，考察加入安全知识后安全规程对安全态度的影响效果（M3）；最后，检验安全规程的调节效应（M4）。分析结果见表 7.26。由表 7.26 可知，安全知识对安全态度产生显著正向影响（M2，$\gamma_{10}=0.56$，$p<0.01$）；由 M4 可见，当将安全知识和安全规程同时对安全态度进行解释时，发现安全规程正向调节安全知识与安全态度之间的关系（M4，$\gamma_{11}=0.07$，$p<0.01$），且有 14% 斜率方差可以被安全规程解释（$R^2_{\text{level-2交互作用效果}}=0.14$），交互作用的效果显著，假设 H6c 和 H8c 得到验证，即安全规程正向调节安全知识与安全态度的关系，安全规程对安全态度具有正向作用。

表 7.26 安全规程调节安全知识与安全态度关系的多层线性模型分析

| 变量 | 安全态度 | | | |
|---|---|---|---|---|
| | M1 | M2 | M3 | M4 |
| 截距项($\gamma_{00}$) | 4.18** | 2.97** | 2.01** | 1.81** |
| Level-1 预测因子 | | | | |
| 安全知识($\gamma_{10}$) | | 0.56** | 0.47** | 0.34** |
| Level-2 预测因子 | | | | |
| 安全规程($\gamma_{01}$) | | | 0.42** | 0.29** |
| 交互项 | | | | |
| 安全知识*安全规程($\gamma_{11}$) | | | | 0.07** |
| 方差 | | | | |
| $\sigma^2$ | 0.48 | 0.32 | 0.28 | 0.28 |

续表

| 变量 | 安全态度 | | | |
|---|---|---|---|---|
| | M1 | M2 | M3 | M4 |
| $\tau_{00}$ | 0.19 | 0.16 | 0.12 | 0.11 |
| $\tau_{11}$ | | 0.12 | 0.07 | 0.06 |
| $R^2_{\text{level-2交互作用效果}}$ | | | | 0.14 |

注：$*p<0.05$，$**p<0.01$；$\sigma^2$ 是层1的残差；$\tau_{00}$ 是层2的截距残差；$\tau_{11}$ 是层2的斜率残差；$R^2$ 是准决定系数。

#### 7.3.3.6 安全规程调节安全知识对知觉控制感的关系

构建安全知识与安全规程交互影响知觉控制感的多层次模型。首先,建立零模型(M1);其次,考察安全知识对知觉控制感的直接效应(M2);再次,考察加入安全知识后安全规程对知觉控制感的影响效果(M3);最后,检验安全规程的调节效应(M4)。分析结果见表7.27。由表7.27可知,安全知识对知觉控制感产生显著正向影响(M2, $\gamma_{10}=0.58$, $p<0.01$);由M4可见,当将安全知识和安全规程同时对知觉控制感进行解释时,发现安全规程正向调节安全知识与知觉控制感之间的关系(M4, $\gamma_{11}=0.08$, $p<0.01$),且11%斜率方差可以被安全规程解释($R^2_{\text{level-2交互作用效果}}=0.11$),交互作用的效果显著,假设H7c和H9c得到验证,即安全规程正向调节安全知识与知觉控制感的关系,安全规程对知觉控制感具有正向作用。

表7.27 安全规程调节安全知识与知觉控制感关系的多层线性模型分析

| 变量 | 知觉控制感 | | | |
|---|---|---|---|---|
| | M1 | M2 | M3 | M4 |
| 截距项($\gamma_{00}$) | 3.74** | 3.77** | 1.86** | 1.05** |
| Level-1预测因子 | | | | |
| 安全知识($\gamma_{10}$) | | 0.58** | 0.41** | 0.30** |
| Level-2预测因子 | | | | |
| 安全规程($\gamma_{01}$) | | | 0.44** | 0.25** |
| 交互项 | | | | |
| 安全知识*安全规程($\gamma_{11}$) | | | | 0.08** |
| 方差 | | | | |
| $\sigma^2$ | 0.52 | 0.33 | 0.30 | 0.28 |
| $\tau_{00}$ | 0.19 | 0.12 | 0.12 | 0.07 |
| $\tau_{11}$ | | 0.11 | 0.09 | 0.08 |
| $R^2_{\text{level-2交互作用效果}}$ | | | | 0.11 |

注：$*p<0.05$，$**p<0.01$；$\sigma^2$ 是层1的残差；$\tau_{00}$ 是层2的截距残差；$\tau_{11}$ 是层2的斜率残差；$R^2$ 是准决定系数。

## 7.4　本章小结

本章运用结构方程模型检验了安全知识对安全绩效的影响机制,并对理论模型的各因子变量进行信度和效度分析;采用跨层次模型分析方法考察了安全氛围作为调节变量的作用效应,验证了前期所提出的研究假设。

依据计划行为理论、社会认知理论和知信行理论等基础理论,安全知识可以显著正向作用于员工安全态度和感知控制,并通过安全态度和直觉控制感的双重中介影响安全行为(安全参与和安全遵守),最终影响到安全结果。对影响安全绩效的作用路径进行了新的探索,且实证结果良好。表明提升企业安全绩效可以通过增进员工的安全知识、改进安全态度和强化知觉控制感等途径。安全氛围,即安全培训、管理监督和安全规程,对安全知识和安全态度的作用关系及安全知识和知觉控制感的作用关系具有正向调节作用。多数研究者从个体层面研究安全氛围,特别是对安全行为的作用研究。安全氛围的跨层次调节作用研究较少,对调节安全知识对安全态度、知觉控制感的研究就更为稀缺。这一结论从新的角度和层面深化了安全氛围的理论探索。

# 第 8 章 结论与展望

建筑企业在降低安全事故的组织运转过程中,人为因素一直是事故发生的关键因素。员工的安全知识不仅体现在自身具有的知识水平,而且体现在能够产生安全意识和态度,更好把握自身的知觉控制感,通过态度和知觉控制感的改善,降低安全事故的发生。这致使当前建筑企业对员工知识水平提出更高要求,同时也促使企业本身做好组织安全氛围管理工作。本研究基于组织视角,通过扎根理论的质性研究,得到了组织层面安全氛围变量、员工安全知识对安全绩效的影响模型架构,以中国建筑企业为对象,分别探讨了员工安全知识对安全绩效的影响路径、组织安全氛围在安全知识对安全态度和知觉控制感作用中所起的调节效应,从而推动了组织安全氛围跨层次研究的发展。

## 8.1 主要结论

本研究基于安全事故致因的探求,发现安全知识的缺失是形成安全事故的重要原因。同时,生产员工缺乏足够的安全知识是事故的共性原因之一。研究通过进一步文献分析和理论探讨,运用扎根理论的研究方法,通过筛选出的 98 条案例和 20 次深度访谈分析,对组织安全氛围、员工安全知识对安全绩效影响机制问题进行了探索,探求出安全态度和知觉控制感在安全知识影响安全绩效中的中介作用,建立安全知识对安全绩效的作用机制模型,以及组织安全氛围在自变量和中介变量间的调节效应模型。采用问卷调研方式对国内 8 个省市 32 家建筑企业进行调研,回收有效问卷 483 份,应用结构方程和跨层次分析方法,验证了理论概念模型间的作用关系假设。得到以下主要结论:

(1) 运用扎根理论初步构建了组织安全氛围、员工安全知识与安全绩效的跨层次理论模型。

本研究基于"人为因素"的视角,从事故致因分析及提升安全绩效入手,对员工安全知识作用安全绩效的问题进行探索。本研究通过扎根理论的方法从收集的 562 条案例中筛选出 98 条案例和进行 20 次访谈,对收集的大量数据进行开放式编码、主轴编码和选择性编码(即整合类属分析),将本研究中的现象与资料转化为概念,并用分析式、说明式语言阐明整个故事,提炼出核心类属和中心"故事线"。经过分析,初步抽象出个体因素中的员工安全知识、安全态度和知觉控制感三个概念,安全行为包括安全遵守和安全参与两个维度,而安全绩效包括安全行为和安全结果两部分内容;组织安全氛围三个因子包括安全培训、管理监督和安全规程。经过文献分析、扎根研究和理论推导,提炼出员工安全知识、安全态度、知觉控制感对安全绩效的作用模型;组织安全氛围对员工安全知识作用安全态度和知觉控制感的调节效应模型。整个故事是对案例和访谈数据的有序再现,也是对后续研究的理论识别。

(2) 员工安全知识对安全态度和知觉控制感具有显著正向影响。

根据探索性分析构建的理论模型,以知信行理论为基础,形成员工安全知识影响安全态度和知觉控制感的作用关系。对关系模型进行逻辑推导和理论假设,运用结构方程进行检验。实证结果表明,员工安全知识对安全态度和知觉控制感的作用路径系数为 0.75,作用效果显著,说明安全知识能够很大程度上影响员工的安全态度。同时员工安全知识对知觉控制感的作用路径系数为 0.75,作用效果显著,说明员工安全知识在影响知觉控制感上能发挥较大效应。

(3) 安全态度和知觉控制感在安全知识和安全绩效关系中具有部分中介效应,并正向作用于安全绩效。

计划行为理论认为态度和知觉行为控制对员工行为产生显著影响。依照扎根理论分析构建的理论模型,结合计划行为理论,形成了在安全知识和安全绩效间,员工安全态度和个体知觉控制感起到部分中介效应并影响安全绩效的作用关系。经过理论关系模型的推理,采用结构方程模型,借助 SPSS20.0 和 AMOS20.0 等统计软件进行分析。

实证结果表明,员工安全态度对安全遵守及安全参与的作用路径系数分别为 0.81 和 0.68,作用效应显著,表明安全态度可以正向预测员工安全遵守和安全参与的行为。知觉控制感对安全遵守及安全参与的作用路径系数分别为 0.15 和 0.29,作用效果显著,说明知觉控制感能够正向影响员工的安全遵守和安全参与。安全遵守和安全参与对安全结果的影响路径系数分别为 0.51 和 0.29,正向作用效果显著。

本书同时采用逐级回归分析,对安全态度和知觉控制感的中介效应进行验证。检验结果显示安全态度和知觉控制感在安全知识和安全绩效关系中起部分媒介效应,表明安全态度和知觉控制感在安全知识对安全遵守及安全参与的影响中起中介作用。

(4) 组织安全氛围对员工安全知识影响安全态度和知觉控制感的关系具有显著的跨层次正向调节作用和直接效应。

安全氛围迎合了全面探讨"人因环境"的可能性,良好的安全氛围能够影响个体的心理和行为,促进安全行为的形成,从而有利于降低事故和意外伤害等。经过探索性研究提取,组织安全氛围包含了三个维度结构:安全培训、管理监督和安全规程。根据安全氛围影响个体因素的实现过程和作用机理,深度探索这一调节作用。研究中对 32 家建筑企业进行调研,并提前对样本进行分组处理,采用 HLM6.08 软件对数据进行分析。实证结果表明,组织安全氛围在对安全知识与安全态度及知觉控制感的两种影响关系,具有正向调节预测效应。

①安全培训的调节效应和直接效应。在安全知识对安全态度的影响过程中,当加强组织安全培训时,安全知识与安全态度表现为正相关的关系;反之呈现负相关关系。因此,安

全培训在安全知识和知觉控制感关系中起到了正向调节作用。在安全知识和知觉控制感关系中,当加强组织安全培训氛围时,安全知识与知觉控制感表现为正相关的关系;反之呈现负相关关系。因此,安全培训在安全知识和知觉控制感关系中起到了正向调节作用。同时实证结果还表明,组织安全培训对安全态度和知觉控制具有正向预测效应。

②管理监督的正向调节效应和直接作用。在安全知识和安全态度的关系中,当加强组织管理监督氛围时,安全知识与安全态度表现为正相关的关系;反之呈现负相关关系。因此,管理监督在安全知识和知觉控制感关系中起到了正向调节作用。在安全知识和知觉控制感关系中,当加强组织管理监督氛围时,安全知识与知觉控制感表现为正相关的关系;反之呈现负相关关系。因此,管理监督在安全知识和知觉控制感之间起到正向调节作用。同时检验结果还表明了组织管理监督能够对安全态度和知觉控制感产生正向预测作用。

③安全规程的正向调节效应。在安全知识和安全态度的关系中,当加强组织安全规程氛围时,安全知识与安全态度表现为正相关的关系;反之呈现负相关关系。因此,在安全知识和知觉控制感作用关系中,安全规程起到正向调节效应。在安全知识和知觉控制感关系中,当加强组织安全规程氛围时,安全知识与知觉控制感表现为正相关的关系;反之呈现负相关关系。因此,安全规程在安全知识作用于知觉控制感的过程中起积极调节作用。同时,检验结果也表明,安全规程能够正向预测安全态度和知觉控制感。

## 8.2 管理启示

本研究对组织安全氛围、员工安全知识对安全绩效的影响机制进行了深入研究,以安全事故案例和访谈资料为研究数据,对上述影响机制进行了扎根理论的探索,建立理论模型,以此为基础构建和完善结构方程模型和跨层次理论模型,对 32 家建筑企业进行问卷调研,验证理论概念模型,旨在通过实证结论为建筑企业及其他高危企业科学的安全管理实践提供借鉴和参考。

第一,企业应该深化对员工安全知识的内涵与作用认识,定期收集员工安全知识和能力的相关信息,并采取以下措施促进员工安全绩效的改善:

(1)为了提升员工的知觉控制感,企业既应营造积极温馨的工作环境以促进员工积极乐观的心态,又应为员工提供缓解工作压力及消极情绪的途径以降低压力或情绪的负面影响。

(2)为了培育员工的安全知识和技能,企业可为员工定制与工作相关的认知技能培训和注意力集中训练,从而促进员工在工作中提高知识水平和能力。

(3)为了增强员工的安全态度,企业应为员工提供必要的安全培训和安全警示,通过经验学习、安全事故教训等强化员工的安全意识。也可以为员工提供强化自我安全意识的教育和训练机会以提升其对安全的重视态度。同时对员工的工作表现给予及时的积极反馈,以加强他们工作认可度的形成。

(4) 为了提升员工的安全绩效,改善员工的安全行为,企业应该营造互帮互助、相互监督、遵章守纪的组织氛围,不断提倡员工在工作中与组织及其成员形成友好的合作伙伴关系。

如果上述四项措施能够多管并下,则将对员工安全行为的改善具有显著的综合效应,为员工安全绩效的改善奠定基础。

第二,企业应加深管理层和员工对组织安全氛围和安全绩效的理解,调查和分析员工的安全知识技能、安全态度意识、体能和情绪心理等,采取相应措施推动员工整体素质和心态的提升。具体而言,企业可以对相关安全管理部门的管理者进行培训,让他们做好榜样作用和管理监督职能。通过提供教育、培训和晋升等机会,鼓励员工参与制定规章制度、报酬奖励和安全结果挂钩等系列办法,营造良好的组织安全氛围,并激励他们为推动员工安全知识、安全态度、知觉控制感和安全行为等表现的转化提供机会和平台,加速员工自我综合素质和能力提升的进程,不断提升员工安全绩效。

第三,注重组织安全氛围的培养和营造。组织安全氛围对员工安全知识、安全态度和知觉控制感的正向效应,充分说明管理人员需要营造组织的安全氛围。安全氛围中安全培训、管理监督和安全规程等内容维度对员工的态度意识、知觉控制感等心理因素产生正向效应。因此,组织内加强安全培训、管理监督和安全规程,有助于提高员工的安全意识,强化员工的安全技能和知识。组织的安全氛围直接影响着员工安全绩效和安全行为。因此,管理者应经常和员工进行沟通,尽早探知工作当中存在的不利因素,并采取有针对性的策略。增加员工对组织的认同意识,减少员工的不满情绪,进而营造良好的工作环境和安全氛围。

第四,企业应该不断学习和反思总结安全事故带来的沉痛教训,努力消除安全事故带来的消极影响,做好前馈控制工作。适当转变各相关安全管理部门管理者的行为风格,以营造适于员工安全绩效改善的组织情境。依据情境力量理论,企业在认识和发挥这种不同情境下管理层行为转变的同时,倡导管理者不仅要与员工建立密切联系,还应对员工进行企业安全文化培训,培养员工对组织目标的认同感和安全第一的生产理念。授予员工部分自主权,提高员工的积极性和主动性,增强知识技能,使员工能够在和谐互助的工作氛围中主动追求安全绩效的提升。

目前我国建筑企业大都偏重于员工的安全遵守,而忽略安全参与的行为。认为员工按章操作,就可以避免发生安全事故。防范行为中往往采用强制性政策,在安全规程中多采用命令方式。员工多是按照规章制度行事和遵照管理人员的要求,工作过程中缺乏主动性,从而缺乏参与意识。如果员工能积极主动参加安全管理活动,将非常有利于企业的安全管理,很大程度上节约人财物方面的资源投入。从建筑企业的管理实践角度,本研究为建筑企业的安全绩效管理提供理论借鉴。企业管理者在日常生产工作中,需明确员工安全知识、组织安全氛围对安全绩效产生的作用及影响,注重员工安全知识技能的投入和培训,加强监督管理,完善本企业的安全规章制度和安全技术交底等工作,从而促进安全绩效的不断改进和提升。

## 8.3 研究的局限性与研究展望

受水平和条件的限制，本书的研究还存在部分缺陷和不足，尚有以下工作需要进一步深入研究：

（1）本研究主要从心理视角分析了安全知识与安全绩效间的中介机制。但是除了安全态度和知觉控制感外，安全动机、工作感知等心理因素亦会对安全绩效产生影响。因此，未来研究可以考虑将安全动机与工作感知等因素纳入安全绩效的影响模型中。这些心理因素也是影响绩效的重要因素，将来的研究可以综合考虑多种心理因素对安全绩效的影响。

（2）本研究仅探讨了安全氛围中的三个维度（安全培训、管理监督和安全规程）作为对安全知识与安全态度、知觉控制感关系的调节变量，但组织安全氛围中的维度众多，如组织价值观、安全沟通、安全优先权等，可能也会影响它们之间的关系，未来的研究可以进一步探讨这些因素到底是提高还是抑制个体层面变量间的关系。

（3）本研究主要采用问卷调查的方法，所得数据均为横截面数据。虽然提出的假设可以进行统计分析和检验，但横截面数据在探索所涉及变量的因果关系时，时间上受到严格限制。因此，未来的研究可在此方面进行突破，通过运用纵向研究设计或实验方法进一步得到关键变量间的因果关系。

（4）组织抽样存在一定的局限性，由于实际操作中组织抽样存在困难，本研究的样本数量虽然在个体和组织两个层面都已达到许可数量，但取样带来的误差仍难以避免。今后研究中可以尝试适当增加部分样本，从而提高分析的准确性，以及提升模型的稳定性。

# 附录 A  调研问卷

## 企业员工调研问卷（Ⅰ）

组织编号：_____ 成员编号：_____

您好：

首先感谢您百忙中参与本问卷的调研！本问卷旨在了解您对贵企业安全管理相关问题的认知或看法，答案无所谓对错，只需反映您个人的真实想法。调查结果有助于企业改进安全绩效，为员工提供更安全的工作环境。

本调查采用匿名方式，调查资料仅用于学术研究，不会对您和公司造成任何影响。请您根据自己实际情况在相关选项下画"√"即可，没加特殊说明的即为单选题。衷心感谢您的支持与配合！

**基本信息**

☆所在单位名称：_____（必填项）

1. 您的性别（    ）
    A. 男                         B. 女
2. 您的年龄是（    ）
    A. 20 岁以下    B. 20～30 岁    C. 31～40 岁    D. 41～50 岁    E. 50 岁以上
3. 您的最高学历（    ）
    A. 高中/中专以下              B. 大专
    C. 本科                       D. 硕士以上
4. 您的工龄（    ）
    A. 1 年以下    B. 1～5 年    C. 6～10 年    D. 10 年以上
5. 您目前从事的工作性质（    ）
    A. 现场操作工  B. 现场管理人员  C. 行政人员  D. 行政管理者  E. 其他
6. 您在企业内的职位是（    ）
    A. 一线员工    B. 基层管理者    C. 中层管理者    D. 高层管理者
7. 单位员工人数（    ）
    A. 50 人及以下    B. 51～100 人    C. 101～500 人
    D. 501～1000 人   E. 1 000 人以上
8. 单位所有制性质（    ）
    A. 国有或国有控股             B. 民营企业        C. 股份制企业
    D. 事业单位                   E. 其他

9. 单位成立至今（　　　）

　　A. 不足 2 年　　B. 2～5 年　　C. 6～10 年　　D. 11～20 年　　E. 20 年以上

**问卷 1**

| 序号 | 题　项 | 不符合 | 比较不符合 | 一般 | 比较符合 | 符合 |
|---|---|---|---|---|---|---|
| 1 | 我知道如何以安全的方式进行工作 | 1 | 2 | 3 | 4 | 5 |
| 2 | 工作中我知道如何降低事故风险 | 1 | 2 | 3 | 4 | 5 |
| 3 | 我知道与工作相关的危险以及解决措施 | 1 | 2 | 3 | 4 | 5 |
| 4 | 遇到潜在危险时我知道如何处理和报告 | 1 | 2 | 3 | 4 | 5 |
| 5 | 我知道如何采取措施应对非常规操作 | 1 | 2 | 3 | 4 | 5 |
| 6 | 在任何时候都不能冒险完成工作 | 1 | 2 | 3 | 4 | 5 |
| 7 | 我很关注健康和工作安全 | 1 | 2 | 3 | 4 | 5 |
| 8 | 安全事故的发生并不是运气差的原因 | 1 | 2 | 3 | 4 | 5 |
| 9 | 工作中，遵守安全规则是必要的 | 1 | 2 | 3 | 4 | 5 |
| 10 | 我遵从安全第一的原则 | 1 | 2 | 3 | 4 | 5 |
| 11 | 工作中我能控制安全业绩 | 1 | 2 | 3 | 4 | 5 |
| 12 | 对我来说，安全操作很容易 | 1 | 2 | 3 | 4 | 5 |
| 13 | 我有能力控制影响工作的事情 | 1 | 2 | 3 | 4 | 5 |
| 14 | 我积极参加安全培训活动 | 1 | 2 | 3 | 4 | 5 |
| 15 | 以我对组织的了解，从而控制影响我的事情 | 1 | 2 | 3 | 4 | 5 |
| 16 | 我会使用正确的安全程序进行生产/工作 | 1 | 2 | 3 | 4 | 5 |
| 17 | 工作过程中我严格遵守安全操作规范 | 1 | 2 | 3 | 4 | 5 |
| 18 | 无人监督的情况下，我也会进行安全操作 | 1 | 2 | 3 | 4 | 5 |
| 19 | 即使对工作非常熟悉，我也要遵守安全规程 | 1 | 2 | 3 | 4 | 5 |
| 20 | 当工作危及自己或同事时，我会立即停止工作 | 1 | 2 | 3 | 4 | 5 |
| 21 | 我致力于改善工作场所的安全 | 1 | 2 | 3 | 4 | 5 |
| 22 | 我主动纠正工友的错误操作 | 1 | 2 | 3 | 4 | 5 |
| 23 | 我积极参加安全培训活动 | 1 | 2 | 3 | 4 | 5 |
| 24 | 我积极参加应急救援演练 | 1 | 2 | 3 | 4 | 5 |
| 25 | 如果出现安全事件我会向管理者报告 | 1 | 2 | 3 | 4 | 5 |
| 26 | 近一年来，我经历的安全事故比较少 | 1 | 2 | 3 | 4 | 5 |
| 27 | 近一年来，企业安全事故导致的受伤或死亡人数较少 | 1 | 2 | 3 | 4 | 5 |
| 28 | 近一年来，企业安全事故造成的设备故障比较少 | 1 | 2 | 3 | 4 | 5 |
| 29 | 近一年来，企业安全事故造成的经济损失非常少 | 1 | 2 | 3 | 4 | 5 |

# 组织管理者调研问卷（Ⅱ）

组织编号：_____  成员编号：_____

您好：

  首先感谢您百忙中参与本问卷的调研！本问卷旨在了解您对贵企业安全管理相关问题的认知或看法，答案无所谓对错，只需反映您个人的真实想法。调查结果有助于企业改进安全绩效，为员工提供更安全的工作环境。

  本调查采用匿名方式，调查资料仅用于学术研究，不会对您和公司造成任何影响。请您根据自己实际情况在相关选项下画"√"即可，没加特殊说明的即为单选题。衷心感谢您的支持与配合！

**基本信息**

☆所在单位名称：_____(必填项)

1. 您的性别(　　)
   A. 男　　　　　　　　　　　B. 女
2. 您的年龄是(　　)
   A. 20岁以下　B. 20～30岁　C. 31～40岁　D. 41～50岁　E. 50岁以上
3. 您的最高学历(　　)
   A. 高中/中专以下　　　　　　B. 大专
   C. 本科　　　　　　　　　　D. 硕士以上
4. 您的工龄(　　)
   A. 1年以下　B. 1～5年　　C. 6～10年　　D. 10年以上
5. 您目前从事的工作性质(　　)
   A. 现场操作工　B. 现场管理人员　C. 行政人员　D. 行政管理者　E. 其他
6. 您在企业内的职位是(　　)
   A. 一线员工　B. 基层管理者　C. 中层管理者　D. 高层管理者
7. 单位员工人数(　　)
   A. 50人及以下　B. 51～100人　C. 101～500人
   D. 501～1 000人　E. 1 000人以上
8. 单位所有制性质(　　)
   A. 国有或国有控股　　　　　B. 民营企业
   C. 股份制企业　　　　　　　D. 事业单位　　E. 其他
9. 单位成立至今(　　)
   A. 不足2年　B. 2～5年　　C. 6～10年　　D. 11～20年　　E. 20年以上

## 问卷 2

| 序号 | 题 项 | 不符合 | 比较不符合 | 一般 | 比较符合 | 符合 |
|---|---|---|---|---|---|---|
| 1 | 公司对员工进行定期培训和不断更新知识 | 1 | 2 | 3 | 4 | 5 |
| 2 | 公司为保证员工安全操作,提供足够的技能及经验 | 1 | 2 | 3 | 4 | 5 |
| 3 | 引进新规程或设备时要进行培训 | 1 | 2 | 3 | 4 | 5 |
| 4 | 公司通过咨询,建立工人的培训需求 | 1 | 2 | 3 | 4 | 5 |
| 5 | 公司为员工提供尽可能多的安全指导和培训 | 1 | 2 | 3 | 4 | 5 |
| 6 | 公司经常鼓励监督者提高安全绩效 | 1 | 2 | 3 | 4 | 5 |
| 7 | 管理者将安全纳入长期和短期目标中 | 1 | 2 | 3 | 4 | 5 |
| 8 | 企业管理者做到了及时跟踪检查或事故调查 | 1 | 2 | 3 | 4 | 5 |
| 9 | 安全检查有助于提升工人的健康和安全 | 1 | 2 | 3 | 4 | 5 |
| 10 | 即便工期紧急,监督人员仍要求依章作业 | 1 | 2 | 3 | 4 | 5 |
| 11 | 安全规程能够适合员工需要 | 1 | 2 | 3 | 4 | 5 |
| 12 | 安全规程有利于预防安全事故的发生 | 1 | 2 | 3 | 4 | 5 |
| 13 | 安全规程能够提供主要的安全信息 | 1 | 2 | 3 | 4 | 5 |
| 14 | 安全规程强制要求个人使用保护设备 | 1 | 2 | 3 | 4 | 5 |
| 15 | 安全规程包括良好的应急预案 | 1 | 2 | 3 | 4 | 5 |
| 16 | 安全规程要求企业制订详细的安全计划 | 1 | 2 | 3 | 4 | 5 |
| 17 | 工作繁忙时工人仍要遵守安全规程 | 1 | 2 | 3 | 4 | 5 |

# 附录 B 数据编码表

**表 1 初始编码表**

| 序号 | 实践过程内容(案例内容) | 概念化 |
|---|---|---|
| 1 | 2013年10月4日上午10时左右,由沭阳亿瑞置业有限公司开发、阳升集团有限公司负责土建工程的沭阳县西城馥邦小区(S2地块)27号楼工地施工现场发生一起高处坠落事故,塔吊操作工骆某某(男,沭城镇湾河村马西组114号)在27号楼的塔吊上整理起重钢丝绳时不慎坠落(a1),经县人民医院抢救无效于次日(10月5日)上午10时死亡。目前,善后事宜已处理完毕。经调查,依据《生产安全事故报告和调查处理条例》第三条,认定该起事故为一般生产安全责任事故。西城馥邦小区27号楼工地塔吊操作工骆某某无证上岗(a2),在无安全防护措施情况下整理起重钢丝绳(a3),不慎从高处坠落,受伤后经抢救无效死亡(a4) | a1 不慎坠落<br>a2 无证上岗<br>a3 无安全防护措施工作<br>a4 坠落死亡 |
| 2 | 2015年9月9日10时20分许,重庆平元建筑工程有限公司的钢结构劳务班组安装工罗某某、冉某某在綦江工业园区标准化厂房(重庆万彩新型建材生产项目)工程的2#钢结构联合厂房屋面檩条上搬运玻钢瓦作业时,罗某某未挂好安全带(a5),不慎从12 m高的屋面上坠落至地面(a6)。事故发生后,现场工人立即报告项目部管理人员,钢结构劳务班组长胡某立即拨打120急救电话和通知罗某某家属,10时45分左右,120急救车赶到事故现场,经过几分钟现场急救处理后,随即将罗某某送至綦江区中医院救治,因伤势过重,罗某某于当日12时1分抢救无效死亡。 | a5 安全带未系好<br>a6 不慎高空坠落 |
| 3 | 2015年7月27日上午,重庆凯明建筑工程有限公司杂工喻某某站在千山半岛国际A区24#楼1单元6楼跃层楼梯间临时搭设的支撑架上进行砖砌体表面挂钢丝网作业,因支撑架垮落(a7),喻某某从3 m高的支撑架上坠落至地面。10时许,准备到6楼跃层楼梯间打电漏孔的水电工赵某某看见喻某某侧躺在地面,身下有大量血迹,地面上有一顶安全帽和几张钢丝网片,赵某某大声呼救,班组长张某某赶到事故现场后,于10时29分拨打120急救电话,其他工人将喻某某抬到公路边,10时40分许,120急救车赶到,进行了30分钟左右的现场急救,随后将喻某某送至綦江区人民医院救治,因伤势过重,喻某某于当日11时56分抢救无效死亡(a8) | a7 设备垮落<br>a8 伤势过重,抢救无效死亡 |
| 4 | 青岛海达石墨有限公司将东石墨大库的钢结构工程于2013年11月16日承包给了潍坊大成钢结构工程有限公司,并签订了"工程施工承包合同"。与青岛海达石墨签订承包合同的为李某某(潍坊大成钢结构工程有限公司于2013年10月1日任命李某某为平度地区项目部经理)。2014年3月31日17:30左右,李某某雇用的农民戈某某在青岛海达石墨有限公司钢结构车间顶部安装塑钢瓦,由于未佩戴安全帽、系安全带等防护用品(a9),戈某某从高约10 m的钢结构库房顶部坠落至水泥地面上(a10),事故发生后,现场人员立即拨打了120急救电话,戈某某经救护人员现场抢救无效死亡 | a9 未佩戴安全防护用品<br>a10 高处坠落 |

续表

| 序号 | 实践过程内容(案例内容) | 概念化 |
|---|---|---|
| 5 | 2014年2月19日上午7时30分,青岛安奇豪装饰工程有限公司施工负责人于某某临时雇用王某某、代某某等6人(7人均无架子工证)(a11),在青岛盛孚泰家纺有限公司位于李园街道门村工业园的租赁厂房内,进行厂房房梁刷防火涂料作业,王某某未佩戴安全帽、安全带等防护用品(a12),站在一个宽1.25 m、长2.2 m、高约5 m的移动脚手架上刷防火涂料,上午约9时30分,王某某刷完一段涂料后坐在脚手架子上并示意代某某自己坐好了,就在代某某准备为王某某移动脚手架时a13,王某某从高约5 m的无防护围栏的脚手架上坠落(a14),头部着地,现场人员立即拨打120急救电话,王某某经现场抢救无效死亡。接到事故报告后,市政府分管领导高度重视,指示有关部门和李园街道办事处查清事故原因、吸取事故教训,并全力做好善后处理工作,公安机关对青岛盛孚泰家纺有限公司负责人于某某进行了控制 | a11 无证上岗<br>a12 未佩戴防护用品<br>a13 擅自移动操作<br>a14 高空坠落 |
| 6 | 2014年3月31日9时左右,郭某某在工厂钢结构屋顶上安装屋面瓦,在安装过程中,未按规定佩戴安全防护用品(安全帽、安全带)(a15),也未采取其他的自我保护措施(a16),在进行第二层屋面板安装时,将固定第一层屋面板的螺栓取出,一只脚踏在屋面檩条上,一只脚踏在第一层屋面板上面,重心不稳坠落(a17),且现场该区域无安全防范措施。工友拨打120将郭某某拉到平度市南村医院,经抢救无效死亡(a18)。事故发生后,该工程承包人赵某某等4人于4月1日上午到平度市安监局报告,安监局立即上报市委、市政府,平度市主要领导均在第一时间做出了指示,市政府副市长牛某某到调查现场部署事故处置工作,并通知公安部门对组织施工的承包人赵某某,采取了刑事拘留措施 | a15 未按规定佩戴安全防护用品<br>a16 未采取自我保护措施<br>a17 重心不稳坠落<br>a18 不慎坠地死亡 |
| 7 | 2014年5月23日,青岛市城阳区青岛迅达电力工程安装有限公司施工中,5月23日中午11时30分左右,在收工时施工人员贺某某(公司员工,2013年8月5日取得"中华人民共和国特种作业操作证"(a19),在078号高压线路塔到079号高压线路塔线路防舞动检维修结束,贺某某应该通过传递绳拉到079号铁塔上(a20),从铁塔上下来,但贺某某没有到079号铁塔,直接在检修点把滑轮卸下来背在身上(a21),双手抓着传递绳下滑过程中在离地面10 m多高处失手坠落(a22)。在079号高压线路塔下已收工的工友立即拨打120并通过电话和公司总经理牛某某进行汇报。现场工友将贺某某抬到农田路上,这时120也赶到事发现场,贺某某被拉到平度市南村医院,经抢救无效于12时30分左右死亡 | a19 取得安全资格证<br>a20 正确使用设备<br>a21 擅自操作<br>a22 失手坠落 |
| 8 | 2014年1月9日上午6点30分,荣光劳务工人李某某和刘某某(死者)被劳务工长田某安排去12号楼清理杂物,刘某某、李某某先后从仓库领取了工具,当李某某到达12号楼东侧时未发现刘某某,约7点30分左右李某某在11号楼北侧发现了刘某某躺在地上,遂马上喊来工友进行施救。经事故调查组调查发现:①刘某某在11号楼北侧头朝北、脚朝南趴在地上,所戴安全帽已经破碎,其正上方为11号楼主体外围悬挑防护,其北面为工程施工所形成的高约7 m的土坡(a23),该土坡表面覆盖有混凝土,侧上方的混凝土护坡有部分脱落痕迹,脱落面较新,呈现出原有土质(a24),刘某某所拿工具(铁锹、凿子、锤子)散落其周围较远处(a25)。②根据与刘某某相近的工友反映,曾见过其从临近11号楼的北侧山坡上往来过。事故现场勘查发现,11号楼北侧的土坡上有较为明显的被踩踏形成的"小道"(a26) | a23 危险土坡<br>a24 易发事故土质<br>a25 冒险施工<br>a26 隐患未引起注意 |

133

续表

| 序号 | 实践过程内容(案例内容) | 概念化 |
|---|---|---|
| 9 | 2015年10月1日因风大,胶州市宝蓝大酒店三层宿舍楼屋顶西侧部分瓦片被刮落(a27),当天,酒店负责人孙某某找到以前打过交道的张某某来负责维修。10月4日7时多,张某某组织临时雇用的刘某某、甄某某等人和张某的汽车吊到宝蓝大酒店开始施工。8时许,张某操作汽车吊将刘某某、甄某某和工具材料一起吊上楼顶西部,上去后刘某某拿着抹板等工具挖了一些灰开始往屋顶走,刚向上走就滑下来被后面的烟囱挡住(a28),接着刘某将穿的黄胶底鞋子脱了下来,赤脚继续向上走,走了两步又滑落下来(a29),碰到楼梯上后又坠落到西侧的平房顶上受伤(a30) | a27 恶劣天气<br>a28 施工地面湿滑<br>a29 赤脚无防滑措施<br>a30 坠落受伤 |
| 10 | 2015年4月中旬,承揽蓝水假期35#~38#、41#住宅楼工程施工的青岛安得利建筑工程有限公司开始复工前的备料工作。4月25日8时许,临时雇用人员韦某某在41#楼二单元13楼最东户北阳台处操作小型物料提升机运送腻子粉(a31),一高姓男子下楼告诉技术员孙某某说提升机不好用,只能上不能落(a32),孙某某上楼进行维修,并和韦某某一起操作提升机运送腻子粉(a33),运送到12楼时孙某某、韦某某连同提升机一起坠落地面,现场人员立即拨打120急救电话将2人送往胶州市人民医院救治,孙某某后经抢救无效死亡(a34),韦某某仍在康复治疗过程中 | a31 未经培训人员<br>a32 设备未检测<br>a33 违规操作<br>a34 坠地死亡 |
| 11 | 2015年8月15日,山东省引黄济青青岛建筑安装有限公司项目负责人陈某某组织孙某某等几人开始进行酸洗房安装工程,陈某某安排未取得高处作业资格的孙某某进行登高作业(a35),未采取可靠的安全防护措施(安全带佩戴但未悬挂)(a36)。孙某某主要负责接拿材料并紧螺丝。8月22日14时,孙某某在酸洗房顶部钢结构横梯(高5.5 m)上准备安装三脚架时不慎坠落至下方的酸洗池(深3.5 m)底部受伤(a37),现场人员发现后立即拨打120急救电话将其送往胶州市人民医院北院救治,后经抢救无效死亡 | a35 无从业资格<br>a36 未采取安全保护措施<br>a37 不慎坠落受伤 |
| 12 | 中南水电分包了青岛中宇鑫公司对振华路200号建筑物装修改造工程,于2014年3月16日前人入场施工作业,24日由中南水电组织施工。刘某与蔡某一组(每两人一组),下午4时左右,刘某因蔡某干活速度较慢,主动替换蔡某站到移动式脚手架(高1.7 m、门式脚手架)上使用工具进行屋顶打孔作业。约1分钟后,当蔡某低头准备其他配件时,突然听到"嘭"的一声响,蔡某发现刘某仰面躺在地上,鼻子出血,刘某在使用移动式脚手架进行屋顶钻孔时不慎坠落伤及头部(a38)且未佩戴劳动防护用品(a39)。蔡某立即叫来工友徐某某帮忙施救并拨打了120急救电话。刘某被120急救车送往青岛市第三人民医院抢救。2014年3月28日,刘某经抢救无效死亡 | a38 不慎坠落伤及头部<br>a39 未佩戴防护用品 |
| 13 | 2014年12月31日上午9点多,西奥公司员工杨某某、李某某、刘某某三人在1号楼安装电梯钢丝绳,杨某某负责在16层井内的自行搭建操作平台上安装钢丝绳,李某某负责在16层电梯井外向井内的杨小庆传递工具,刘某某负责在16层上方天台上固定钢丝绳头。李某某、杨某某未按规定佩戴安全带等劳动防护用品(a40)。9点10分左右,杨某某安装完第二根钢丝绳后,李某某在无其他安全防护措施的情况下打开电梯井的防护栏杆向杨小庆传递工具(a41),此时操作平台的木板断裂,杨某某随即下坠落(a42),正在井外传递给杨某某工具的李某某随之被带到井内向下坠落,两人均坠落至负一层电梯井底。刘某某发现后立即喊人并赶到电梯井底救人。李某某经抢救无效死亡,杨某某轻伤 | a40 未佩戴防护用品<br>a41 缺少安全防护措施<br>a42 木板断裂导致坠落 |

续表

| 序号 | 实践过程内容(案例内容) | 概念化 |
|---|---|---|
| 14 | 2014年8月17日,利美公司组织工人对城阳七中教学楼进行外墙涂料粉刷作业过程中发生事故。该教学楼共四层,楼顶距地面高度约15.5 m,吴某某用于悬挂作业的工作绳自楼顶垂下,垂ести南墙外距屋顶约90 cm处为一卸扣式下降器,下降器穿轴上挂有2个半圆环,分别用于拴挂吊具吊带两端,该吊带材质为纤维材质,宽4 cm,吊带陈旧,表面纤维严重磨损(a43),吊带两端均在距下降器30 cm处断开,座板掉落于吴某某脚旁,工作绳末端缠卷于吴某某腰际(a44)。吴某某所使用的座板式单人吊具系利美公司提供,未经过安全管理人员检查检验(a45),经现场查验,该吊具未设置坠落保护系统(无生命绳、自锁器、安全短绳、坠落悬挂安全带),吊具座板装置上未设置拦腰带(a46),吴某某身上也未穿戴安全帽等任何劳动防护用品(a47) | a43 设备磨损<br>a44 吊带断开<br>a45 吊具未经检验<br>a46 吊具无保护系统<br>a47 未戴安全防护品 |
| 15 | 2014年3月28日,砌筑班组的主要任务是对酒店一层进行构造柱模板支设。由于班组人数不够,砌筑班组长侯某某向木工班组借调包括死者尚某某在内的6名工人过来帮忙(a48)。早晨6时30分,侯某某分配完工作任务后,开始维修吊车料斗,尚某某等人分别单独进行构造柱模板支设(a49)。8时30分,工地配电箱发生了第二次跳闸(a50),侯某某进行第二次合闸送电时,一名工人喊有人摔倒,侯某某和其他工人立即赶往事发地点,发现木工尚某某摔在地上,脚手架已坍塌(a51),工人拨打了120急救电话,尚某某被送往青岛大学附属医院东区进行救治,后经抢救无效死亡 | a48 非专业操作者<br>a49 缺乏柱模板支设技术<br>a50 跳闸事故多发<br>a51 设施坍塌,工作人员摔地而亡 |
| 16 | 2013年8月14日15时20分许,50省道莲都段公路改建工程第三合同段宣平港大桥(大桥总长约367 m,宽约24 m,是一个有2%坡度转弯角的大桥)。距离东面桥头约200 m,工人王某某在使用自制简易电动吊具拆左侧护栏模板时(a52),由于操作不当(a53),使用铁榔头敲击模板用力过大(a54),吊具的钢丝绳与模板不垂直,在模板脱离护栏瞬间产生巨大向下坠力,导致吊具车体失去平衡,尾部翘起,翻落桥下,王某某本人也来不及躲避,和吊具一起掉到桥下,桥面高约18 m。因抢救无效,王某某于当天15时40分死亡(a55) | a52 安全意识淡薄<br>a53 操作不当<br>a54 违反操作规程<br>a55 失去平衡,坠桥身亡 |
| 17 | 2013年7月22日14时30分许,绍兴市天弓建筑劳务有限公司带班人员高某某打电话给该公司技术员叶某某,向其汇报丽水工程Ⅰ标第三工区电线影响施工,需要安排电工拆除电线。因当天电工请假,叶某某叫高某某自己组织工人去拆除电线(a56)。14时40分许,高某某在没有通知项目部有关人员的情况下,组织小工黄某某、林某某和挖掘机驾驶员王某进行电线拆除作业(a57)。在高某某提出让工人站在挖掘机铲斗上拆除电线的要求时,王某提出用挖掘机将电线杆挖倒再拆除电线,高某某坚持要求让工人站在挖掘机铲斗上作业,王某最后同意按照高某某的要求操作(a58)。黄某某就去拆除绑在电线杆瓷瓶上固定电线的铁丝,黄某某左手握着电线移出瓷瓶的瞬间,由于重力惯性,一下就被电线牵引着从铲斗上掉到地上,头先着地砸在一块硬石上,不治身亡(a59) | a56 施工安全意识不足<br>a57 缺乏电工知识进行作业<br>a58 执意冒险施工<br>a59 重力惯性致使坠地身亡 |

续表

| 序号 | 实践过程内容(案例内容) | 概念化 |
|---|---|---|
| 18 | 2013年8月24日6时40分,根据浙江交工高等级公路养护有限公司龙丽丽龙高速公路路面专项养护工程项目部的工作安排,根据正常操作规定,操作压路机时应加满油和加足水,但当天工作中,洪某给压路机加油未加足,15时许压路机油料耗尽,同事童某某取来油桶其加油。为保障压路机顺利开上平板车,现场工人吴某某、柏某某等人给洪某垫平板车跳板,并在跳板下增加了2节小爬梯以减小跳板角度,又在跳板和平板车上铺设旧轮胎皮和麻袋以增加摩擦(项目部安全员季某某当天早上发现该平板车跳板及爬梯有螺纹钢脱焊和中间向下凹陷的现象,但认为情况不严重,未采取措施)(a60)。作业人员洪某事故发生当天精神恍惚,注意力不集中,缺乏突发情况应变能力(a61),压路机装车过程中,且未系安全带,洪某驾驶压路机经过三次才对准爬梯,在前车轮即将开到平板车平板上时突然发生打滑(a62),压路机往后滑下来并刮到高速公路右护栏,洪某情急之下,从高1.5m的压路机座位上直接跳出水泥护栏(a63),坠落到高速公路沿江桥底下(高速公路与沿江桥底高度差约为14.5m),现场诊断洪某已经死亡(a64) | a60 未采取合理措施<br>a61 精力不集中,缺乏应变能力<br>a62 机械打滑<br>a63 应急措施不当<br>a64 坠落桥底 |
| 19 | 2015年5月18日16时0分,检修部锅炉本体班钳工何某某(工作负责人)和焊工黄某补焊完#2炉#2角上层三次风管漏粉缺陷后,发现#2炉#5一次风管方圆接头处也在漏粉。运行人员便布置安全措施(停运#5给粉机,关闭#5一次风门)。何与黄于16时10分一起上到#2炉前14.5m平台,共同搭好施工场地的跳板,何系好安全带,黄某把钳、手套、榔头、面罩、焊条等工具递给何某,何某便自己开始补焊工作,并未注意黄某的去向。大约16时45分,何某补焊完工后,喊黄某收工,连喊数声均无人回应,看见#2炉给水操作平台微喷水管处躺着一人,头部有一摊血,见是黄某某,即跑到#2集控室叫上邹某、周某某等人对黄进行现场急救,经全力抢救无效,于5月18日19时30分死亡。事后现场勘察发现,黄某是在工作中休息时,坐靠在14.5m平台前边缘右侧立柱上打盹(a65)摔下的(休息中用安全帽垫坐(a66)) | a65 精神状态差<br>a66 违章违纪 |
| 20 | 2013年3月6日7时许,山东金河建筑安装劳务有限公司工长于某某带领魏某某等人在石家庄裕华万达广场F1区裙楼6层北区砌筑内隔墙的加气混凝土块墙,为了缩短运输距离,于某某违反施工现场安全防护设施管理规定(a67),在未报审总包单位、监理单位情况下,私自强令指挥李某某移开T-W/2-7轴风井洞口南北两端部位的临边防护栏杆(a68),在风井洞口的防护木脚手板上面搭铺了一层竹胶板,将风井口上空中层间防护棚作为运输通道使用。7时40分左右,在过第二趟车时,于某某看到推拉不动就上来帮忙推拉,共同猛用力推拉(a69),防护木脚手板突然断裂,随同小车、加气混凝土砌块及防护木脚手板、竹胶板等一同坠落(a70)。医务人员经诊断确认于某某、李某某当场死亡 | a67 违反管理规定<br>a68 违规指挥<br>a69 违章操作<br>a70 安全隐患排除不力致使坠落 |
| 21 | 1996年2月11日14时30分,在东风水电站河槽公路0+430.8m~0+441.06m桩号之间,高程在864m,第四工程处房建队立模班职工陈某某正在安装模板。陈某某站在混凝土仓外部(a71),高空作业未系安全带(a72),一手拿钉锤,一手用扒钉撬两块钢模板的U形扣孔(a73),在用力过程中扒钉从U形孔中脱出,人体重心后仰,从864m高程坠落至852m高程,坠落高度12m,头部严重受伤,头骨破裂,失血过多死亡(a74) | a71 安全意识差<br>a72 未系安全带<br>a73 佩戴设施不足<br>a74 动作失控,高程坠落 |

续表

| 序号 | 实践过程内容(案例内容) | 概念化 |
|---|---|---|
| 22 | 2015年7月3日10时左右,铝模工林某在万科天誉花园二期(5栋、6栋、7栋)项目7栋1单元14层外拆除靠近施工电梯旁的面板铝模时,因图方便未走爬架楼梯a75,从14层爬架跳至13层飘台[13层放空调的飘台因项目自检质量不达标被凿除,准备重做,飘台凿除后留下洞口,该洞口正好位于13层墙体与爬架之间,施工单位用木板和方木对洞口进行防护(a76)],由于跳下的冲击力导致洞口防护板一边翘头产生缝隙,林某从缝隙边滑落至1楼施工电梯顶棚(a77)。事故发生后,施工单位及时将林某送至医院抢救,因伤势过重抢救无效死亡 | a75 侥幸心理<br>a76 防护措施简单<br>a77 冒险跳下,工作人员发生高空滑落 |
| 23 | 2012年6月14日上午7时许,董某某等12人在舜宝公司班组长余某某的带领下到宝山钢铁股份有限公司硅钢部取向硅钢后续工程(第二步)标段一区进行屋面瓦铺设作业。8时20分左右,当放置完第三块屋面瓦后,董某某所用木方被屋面瓦压住。董某某在安全带松开情况下(a78),抽动木方失稳坠落到下方的安全网边侧(a79),安全网在被冲击后系绳发生断裂(a80),董某某坠落至地面(屋面距地面高度约22 m)(a81)。事故发生后,在场人员立即将其送往上海交通大学医学院附属上海市第三人民医院,医院证实来院已死亡 | a78 安全带松开<br>a79 失稳坠落至安全网<br>a80 安全绳断落<br>a81 高处坠落 |
| 24 | 2013年4月2日7时许,陈某某帮副班长冉某某安排班组成员袁某某、赵某、周某某等至江南长兴公司2号平台拆除H1127船683-343总组分段平台脚手架,四人随即前往作业地点按分工开展施工。9时许,袁某某在总组分段平台南端,由东至西拆除脚手架立杆,赵某、周某某在北端作业(作业时三人均未系挂安全带)(a82)。9时40分左右,当袁某某拆至第二根立杆时,使用已拆下的立杆敲击待拆立杆底部夹头。在将该立杆敲脱平台的同时,袁某某随两根立杆一同从平台坠落至地面(坠落高度约5.2 m)(a83)。周某某发现袁某某坠落,叫来周围人员将其抬上随后赶到的救护车,送往上海市第七人民医院进行救治。4月8日7时,袁某某经抢救无效死亡 | a82 未系挂安全带<br>a83 失稳坠落 |
| 25 | 2014年12月11日,高某某联系了张一、张二和张三,让其到未来城工地安装防护栏(华烨建设公司项目部对高某某进行了安全教育和技术交底)。12日7时许,张一等人携带工具到5号楼26层安装楼道连廊采光井防护栏,到达现场后,三人分头进行工作。张二的邻居张中华知道张二在未来城工作的消息后,打电话联系张二准备到工地找他们一起干活。在张一等人开始工作不久,张中华也找到了施工现场。到达现场后,张中华就在附近观看张一等人工作(因安装防护栏需要一定的技术含量,其先了解一下情况),在张一等人埋头工作时,张中华不慎(a84)从26层待安装防护栏(因安装防护栏,临边防护被移开)的连廊采光井处坠落至2层平台(a85)。事故发生后,张一等人立即拨打了110、120电话,120医务人员到达现场对张中华检查后,确认其已不治身亡 | a84 疏忽大意<br>a85 防护措施不力,导致坠落 |

续表

| 序号 | 实践过程内容(案例内容) | 概念化 |
|---|---|---|
| 26 | 2015年9月1日,赤峰电业局在进行城网改造工程施工中发生一起作业人员从梯子上坠落地面的重伤事故。当日赤峰电业局红山供电局配电运行班参加城网改造工程作业中,工作负责人口头讲解注意事项后,便分配工作任务开始作业(a86),当刘某(伤者,男,41岁)完成自身工作返回地面后,看见另一组更换跌落开关很吃力,随后找来铝合金梯子与力工一起将梯子搭在跌落开关横担上,当刘某爬到开关横担处时,跌落开关横担突然向左侧倾斜下滑大约1 m,刘某身体失去平衡,从距地面3 m左右高处跌落地面,头右后部摔到水泥地面上,造成颅内因头骨刺破血管出血,颈椎第七节骨折。跌落开关横担的支撑铁固定用的螺栓、螺母锈蚀严重,而且螺母扣有松动现象(a87)。其上已有1个人在上面工作,又立上梯再上1个人施加在跌落开关横担上的力超重(a88),使螺母从螺栓端处脱出,两块支撑铁受力变形,致使跌落横担向左侧倾斜,刘某身体失衡坠落地面。当时刘某安全帽佩戴不符合要求,帽带未紧,在刘某坠落过程中人帽分离,加重了伤者的受伤程度(a89) | a86 口头布置,违背规则<br>a87 螺栓、螺母锈蚀<br>a88 安全意识淡薄<br>a89 安全帽佩戴不合要求 |
| 27 | 2014年11月25日7时许,万达公馆项目施工现场,鸿基劳务公司现场负责人于某某安排架子工班组对11号楼7层处外脚手架进行拆除作业,按照拆除方案要求,其公司现场安全员陆某某进行旁站监督。7时20分许,鸿基劳务公司架子工张某某(2013年7月25日取得山东省建筑工程管理局颁发的普通脚手架建筑架子工操作资格证书)因拆除作业需要行走到外挑网最外侧(a90),用一块跳板搭设在外架和挑网外端的钢管上(a91),身背安全带(与作业者挂在同一水平面上)从脚手架向挑网的外端行走,行走过程重心失稳,失足从已拆完的挑网侧面跌落(a92),安全带断裂,张某某遂坠落地面(a93)。现场人员拨打了120急救电话,120医护人员确认,张某某已死亡,拒绝进行抢救。现场人员将张某某送黄岛区中医院进行治疗,经急诊医生确认,张某某已呼吸衰竭、瞳孔扩散 | a90 施工条件危险<br>a91 未检查设备即投入使用<br>a92 重心失稳失足<br>a93 安全带断裂,操作者坠落地面 |
| 28 | 2014年12月21日上午,在黄岛区易宏林公司,刘某某等7人在高约10 m的新建厂房顶部进行彩钢瓦安装(a94),窦某某未在现场带领作业(a95)。窦某某、刘某某等人员没有经过专业技术培训及专业考试合格,未取得高处作业资格证书擅自从事彩钢瓦安装等高处作业(a96)。10时许,一片彩钢瓦被风吹起,砸中正在房顶进行彩钢瓦安装作业的刘某某,在没有采取安全防护措施的情况下造成刘某某从高处坠落,严重受伤。事故发生后,现场人员拨打120急救电话,经120送黄岛区中医院抢救无效于当日12时30分许死亡(a97) | a94 高空作业<br>a95 组织人员不在场<br>a96 缺乏专业训练<br>a97 未采取安全措施造成坠亡 |
| 29 | 2014年7月28日,唐某某联系工人到青岛涵碧楼酒店拆除G区的外脚手架。由程某某在劳务市场组织了明某某等7名无架子工操作证的农民工(a98)到青岛涵碧楼酒店拆脚手架。9时许,在工人们从工地找来汽车吊准备吊卸钢管时,吊装人员发现脚手架顶部向外发生了位移(a99),就赶紧停止了吊装工作,由程某某打电话把情况向唐某某进行了汇报。10时许,唐某某对现场进行查看后(唐某某未对脚手架采取加固措施)(a100),再次安排明某某、王某某、宁某某回到G区北发生移位的脚手架上进行拆除作业(a101)。在王某某、宁某某在脚手架上由南向北走动时,脚手架突然向外倾倒(a102),明某某急忙跳到了五楼室内阳台上,王某某、宁某某随脚手架一起坠落至地面,严重受伤(a103)。见此情况,现场人员赶紧拨打了110、120电话,120医生到达现场后,对宁某某进行现场检查,确认其已不治身亡,王某某受伤被送往开发区第一人民医院救治,无生命危险 | a98 无操作证,说明缺乏相关知识<br>a99 设施有问题<br>a100 未采取防护措施<br>a101 冒险操作<br>a102 脚手架倾倒<br>a103 坠落地面,严重受伤 |

续表

| 序号 | 实践过程内容(案例内容) | 概念化 |
|---|---|---|
| 30 | 2014年7月22日上午7时左右,操作工于某某发完了一批料(混凝土),将搅拌机停机后就离开操作室,给调度送底单(调度室位于该搅拌站大门入口左侧10 m处,每天给操作工下生产任务单)。7时30分左右回到操作室,接到调度通知要求发料,就启动混凝土搅拌机,突然听到有人(江某某)喊叫"别开机",于某某立即关闭开关,跑出去查看,发现混凝土搅拌机主机门开着,里面躺着一个人(江某某),马上给负责人李某某打电话。李某某赶到后,组织人员将江某某抬出,当日调度未安排清理搅拌机,江某某不知出于何种原因,在未接到调度安排(a104),未在操作工于某某看护的情况下进入搅拌机进行清理(a105),操作工于某某停机后离开操作室给调度送底单,返回后也未对设备进行检查(a106),并不知道搅拌机里面有人,在生产过程中临时停机后继续作业(a107),造成江某某被搅拌机挤伤。江某某现场救治无效死亡(a108) | a104 未遵守清理规程<br>a105 未通知调度<br>a106 未检查设备<br>a107 临时停机后继续作业<br>a108 被挤伤致亡 |
| 31 | 2014年1月18日上午,在青岛地铁工程一期工程(3号线)土建03标延安三路站1号井内,9号自卸车司机杨某在早上6点半接班后拉第三车渣土的时候,发现9号自卸车液压系统失灵,无法将车斗升起,上午9点左右,杨某找到延安三路站维修班班长李某某,向他说了自卸车的情况。何某跟杨某说他要在车底下用手扳液压控制阀,让杨某给他踩油门,何某就趴到车底下扳控制阀并喊杨某踩油门(a109),杨某听从何某的指挥踩油门,车斗这时候升起了三分之一行程,大约有1 m的高度。何某就从车下面爬了出来,把头伸进大梁和升起的车斗之间准备继续维修(a110)。杨某跟他说车上装满渣土太危险,等把渣土卸了再修(a111)。何某说没事(a112),说完这句话一两秒钟车斗突然落下,把何某的头部和上半身夹住了,胡某某、张某和杨某去抬车斗,发现抬不起来,就赶快喊人,这时候胡某某等人还听到何某在车下痛苦地呻吟了几声,随后再没有发出动静(a113) | a109 不当操作<br>a110 身处危险境地<br>a111 警示危险<br>a112 侥幸心理<br>a113 车斗落下致亡 |
| 32 | 2014年8月19日15时30分左右,管某某给搅拌机料斗上完灰料后离开去洗车。16时左右,生产车间工人马某某因车间浆不够用找到江某某(替工,公司有人请假的时候替别人干活,平时机器故障时负责买维修零件)(a114),让江某某去帮忙制浆,江某某立即去找周某某,没找到,打电话给他,发现周某某手机放在制浆池旁边的一个台子上。16时07分左右,因找不到周某某,江某某启动搅拌机,发现池子里浮上一个人,背朝上,江某某从其衣物判断为周某某,马上关掉搅拌机,给车间主任江某某打电话,说周某某掉到池子里了。该公司搅拌机在安装时未提供设备说明书,厂家也没派遣技术人员进行技术指导(a115)。现场无警示标识(a116),制浆池周围未设置防坠落防护设施(a117)。发生事故的制浆池位于车间外,无护栏。因需用手推车向制浆池内加石膏,周某某嫌干活麻烦私自将护栏拆掉(a118),公司管理人员发现后曾质问周某某,但公司未在制浆池周围重新安装护栏 | a114 临时替工,缺乏相关知识和经验<br>a115 未提供设备说明书<br>a116 无警示标示<br>a117 未设置防护设施<br>a118 私自拆掉护栏 |

续表

| 序号 | 实践过程内容（案例内容） | 概念化 |
|---|---|---|
| 33 | 2015年4月9日上班后，班长在班前会上分配当日工作，并提出了作业时的安全注意事项，但没有分配(a119)。于7日刚从其他工地调回的王某工作(a120)，班前会后王某没有与班长请示就擅自上了吊车(a121)，该吊车司机7时45分登上吊车，被王某吓了一跳，发现王某由吊车横梁平台往下走，并随司机进入驾驶室，司机开动吊车后，王某发现吊车晃动厉害，非要上去检查，司机说"车行走晃得挺厉害，别上了"，可王某说"不运行，看不出问题"，于是王某从梯子上到吊车横梁平台上(a122)，当小车行走3m多时，司机看到一个安全帽掉到驾驶室平台上，立即停车。走出驾驶室发现，王某躺在小车检修平台上，已死亡 | a119 现场指挥不当<br>a120 操作工不熟悉情况<br>a121 擅自行动<br>a122 一味蛮干 |
| 34 | 2013年8月13日下午5点左右，河北凯通投资有限公司汽车泵[型号SY5416THB56E(6)型（主要技术参数：自重42 000 kg，臂架垂直高度56.0 m，臂架水平长度51.0 m），车牌号冀AV4812]开到5-6轴与A轴以南之间，车头朝东略偏北，泵车就位后先浇筑了6轴G独立基础第一步砼后，泵架向西旋转至3轴浇筑电梯井基础，期间发现泵车左右后支腿垫木有异常现象(a123)，泵工两人（泵车操作工：李某某，汽车驾驶员：张某某）停止泵送砼，用汽车泵配备的枕木呈井字形进行修复至正常状态浇筑完电梯井基础砼，再次旋转至6轴继续浇筑G基础砼(a124)，浇筑4-5方砼时，泵车左前支腿下垫木坍塌(a125)，泵车整体向北倾斜，泵车臂架顶端下落时将正在臂架下方砼操作工陈某某砸压至死(a126) | a123 设备异常<br>a124 违反规程<br>a125 垫木坍塌<br>a126 设备倾斜后砸压操作人员 |
| 35 | 1996年3月19日，基础处锚索项目部三机组三班班长陈某某带领班员任某某等四人，从东风水电站坝后马道进入0+66桩号施工现场执行钻孔任务。陈某某与本班人员到达工作面，交接班后，施工正常。上午10时32分，因第五层处理孔内故障用水进行冲孔，污水洒落下来，将辽-ⅢA型地质钻司钻工任某某的衣服淋湿，10时35分陈看到任的衣服淋湿，就对任喊："你过来把衣服烤干，我来操作钻机。"任某某未将钻机停下来(a127)，就离开钻机向电炉走去，这时陈某某身穿中山装（未按要求穿戴工作服）(a128)，在钻机未停止运行的情况下，从钻机上部跨越过去操作钻机(a129)，就在跨越钻杆的时候陈敞开的中山装衣角被飞速旋转的钻杆缠绕住，瞬间衣服连着陈的身体缠绕在钻杆上，致使陈的头部及全身撞击在立轴油缸和钻机脚架上，造成头前部、胸部、脚、手等多处粉碎骨折，陈当场死亡(a130) | a127 未停机，违反规定<br>a128 未按要求穿戴工作服<br>a129 违章跨越钻机<br>a130 钻杆缠绕致死 |
| 36 | 2014年9月29日下午，江西地建公司打桩机喷浆观察员张某某到其打桩机南侧10 m远的三标段一石子堆上半躺观察公司的打桩机喷浆情况(a131)。15时30分，江苏地建公司施工现场负责人周某某指挥公司临时雇用的挖掘机司机庄某某驾驶挖掘机从东向西行驶(a132)，准备到工地北侧施工。因工地上其他空地被机器占据且刚下过雨，地面水坑较多，为图方便(a133)，周某某遂指挥庄某某向右拐弯准备越过石子堆向北行驶。在到达石子堆旁边时，周某某示意庄某某可以越过石子堆。由于石子堆坡度较大挖掘机无法正常通过，庄某某遂操作挖掘臂向前伸出挖铲铲住石子以助力爬坡，由于石子堆不平整挡住了视线（事发后经公安技术部门现场验证）和现场噪音大(a134)，未发现在石子堆背面半躺观察喷浆情况的张某某，致其死亡(a135)。事故发生后，现场人员拨打了110报警电话 | a131 擅自离开工作岗位<br>a132 临时雇用人员<br>a133 贪图方便<br>a134 环境嘈杂<br>a135 观察现场粗心 |

续表

| 序号 | 实践过程内容(案例内容) | 概念化 |
|---|---|---|
| 37 | 因事故发生时无直接目击者,调查人员分析:在2014年11月13日下午,王台镇华辰环保建材公司烧结区车间内,摆渡车操作工杨某某在用摆渡车运送砖坯过程中,违章离开摆渡车操作平台并走出车间(a136),在摆渡车向前运行过程中又违章从车间外向操作平台上跨跳(a137),被车上的砖坯挤在车间外墙上。现场人员发现后将其救出并拨打了120急救电话,后经120医护人员现场确认,杨某某已当场死亡。事故发生后,华辰环保建材公司向王台镇人民政府进行了汇报,王台镇人民政府按规定上报了相关部门 | a136 违章离开操作平台<br>a137 冒险跨跳导致事故 |
| 38 | 2013年7月14日17时左右,中山西路363号锦绣华庭工地2#楼21层顶板混凝土泵送浇筑完毕,泵送混凝土出租方的地泵司机王某某在泵车空运转情况下,将料斗口防护格网移开(a138),站在料斗口上方的东北侧,清洗泵车内剩余的混凝土浆,不慎失足滑落到旋转料斗内(a139),运转的泵车搅拌扇叶将其卷入其中,后被项目土建施工现场负责人徐某某发现(a140) | a138 违反安全规则<br>a139 违章冒险作业<br>a140 被泵车卷入其中 |
| 39 | 2014年11月9日,段良田租赁由李某某驾驶的挖掘机(车主:朱某某;李某某是朱某某雇用人员,长期跟随朱某某驾驶挖掘机)进行机械拆除作业。11月13日上午8时40分左右,部分工人拣拾钢筋等材料,李某某驾驶挖掘机拆除6层楼高的楼体,当拆除楼体底部支撑柱时,未从上至下逐层分段进行,而是直接拆除底部支撑柱子(a141),楼体突然整体坍塌,砸在挖掘机驾驶室上,将驾驶室砸成扁平状,导致正在驾驶室操作挖掘机的李某某受伤,不治身亡(a142) | a141 违规操作<br>a142 坍塌砸死驾驶员工 |
| 40 | 2014年11月1日8时许,青岛润天丰实业有限公司木工领班井某某带领刘某某等4个人下到管廊西端支模,收拾因下雨停工遗留在现场的工具(a143)。8时30分许,力工王某某从项目部来到管廊东端并下到底部准备捡起自己的铁锨。站在管廊南侧地面上的井某某发现后,提醒王某某管廊有塌方危险,王某某听到后从管廊底部捡起铁锨欲立即离开(a144),跑了约两三步管廊东端北侧立面发生塌方,将王某某掩埋,井某某和材料员高某等5人急忙下到管廊塌方处救人,并拨打了120、119救援电话。井某某打完电话后发现塌方处沟壁发生松动,立即通知5名救援人员撤离现场,撤离过程中发生了二次塌方(a145),材料员高某腹部以下被掩埋,右下肢被砸伤,旋即获救,并被赶到现场的120车辆送往医院救治(a146) | a143 雨水浸润<br>a144 冒险行动<br>a145 塌方处发生松动致使二次塌方<br>a146 掩埋致死 |
| 41 | 2015年6月30日晚20时30分许,一车间副主任董某某、工段长刘某某带领夜班工人开始施工,主要任务是拆除空气储热室窑顶。根据安排,刘某某带领王某某等6人在蓄热室窑顶北侧从东西两头向中间砸,董某某在顶部巡查,刘某某使用大锤向剩余部分拣拾,随着整个窑顶的塌落,刘某某手中的大锤也掉入空气蓄热室二层的格子砖上(a147)。0时39分19秒,刘某某再次与王某某站在二楼蓄热室散热口前交谈,并做出指向蓄热室内部的手势(a148),王某某略显迟疑,然后缓慢向储热室散热口走去(a149),0时39分31秒,王某某走入蓄热室内部,期间刘某某未做任何阻止的行为,反而向后退了两三步(a150);至0时39分53秒,刘某某走向蓄热室散热口向内查看;0时40分05秒,刘某某发现格子砖及窑顶碎料塌陷,王某某被埋(a151),便立即通知旁边休息的工人和正在干活的董某某、石某某等人 | a147 工具滑落<br>a148 违规指挥<br>a149 安全意识淡薄<br>a150 领导未阻止冒险行为<br>a151 碎料塌陷使得员工被掩埋致死 |

续表

| 序号 | 实践过程内容(案例内容) | 概念化 |
|---|---|---|
| 42 | 2014年4月21日上午6时许,安徽省庐江县电力设备安装有限公司员工吉某某等10余名工人在班组长蔡某某带领下前往位于碧湖镇南坑村一个土名叫"麻雀坑"的山上进行杆塔组立施工。7时许,一行人走到8R042号杆塔所在位置进行施工,具体工作由蔡某某负责安排。蔡某某安排4名工人进行塔上高空作业,其余人员在地面将堆放在陡峭斜坡上的槽钢按编号顺序找出(a151)(斜坡上堆积了较多槽钢,每块槽钢重量超过100千克,都有编号)并用绞磨机和滑车吊至杆塔上,再由高空作业人员进行安装。9时许,吉某某到斜坡上寻找按顺序需要用到的槽钢,在发现所需槽钢位于材料堆中间时,未按照操作规程由上往下搬运(a152),而是强行抽取处于中间部位的槽钢(a153),堆在上方的槽钢坍塌,吉某某被下滑的槽钢砸中(a154) | a151 堆放于陡峭斜坡上<br>a152 未按规程搬动<br>a153 强行抽动材料<br>a154 下滑的槽钢砸中 |
| 43 | 2015年4月11日13时左右,混凝土工开始浇筑13#楼三层柱、屋顶梁板结构混凝土(采用商品预拌混凝土),混凝土泵车进行泵送混凝土浇筑,泵车位于13#楼南侧地面8~11轴中间部位。浇筑由西向东(8→11轴方向)分段进行,段内南北方向往返循环浇筑,按先柱后梁板的顺序浇筑(a155)。连续浇筑4搅拌车混凝土(搅拌车容量12 m³,4车约48 m³)后现场停电。作业人员撤离工作面休息。当日18时,施工现场恢复供电,混凝土工吃过晚饭后继续浇筑作业。21时30分开始下雨,因雨量较大,作业人员避雨10分钟左右,穿上雨衣继续混凝土浇筑作业(a156)。23时刚过,田某某离开屋顶作业面去安排工人的夜餐。四五分钟后,约23时10分,当浇筑到东距11轴5.7 m处时,天井部位模板支撑系统瞬间发生整体失稳坍塌(a157)。坍塌时,施工现场共有12名工人在作业 | a155 秩序混乱<br>a156 雨量大,条件恶劣<br>a157 失稳坍塌 |
| 44 | 2014年9月18日7时40分,二分局大峡施工处制冷厂班长刘某某带领部分工人到大坝2号右门槽进行清理工作。此时门槽孔口有大小石块及混凝土块掉落下来(a158),厂长崔某某便安排女工赖某到坝顶2号机门槽孔口处当安全哨,赖到坝顶后,发现三分局协作单位白银二建司的张某某在拆2号机右孔口的木板(a159)。赖进行了制止,张等人也答应停止作业。9时30分在门槽底部清理的崔厂长听到孔内金属碰撞声,便让工作人员躲避,9时30分左右再次听到孔内金属碰撞声,接着一串溜桶向下坠落,钢管手架随之坍塌,将在孔上游躲避的斯某某、宋某某砸倒,经抢救,斯某某因伤势过重死亡(a160),宋随之腰部重伤 | a158 管理混乱<br>a159 拆除安全防护措施,形成安全隐患<br>a160 坠落物砸倒员工 |
| 45 | 9月24日7点左右,杨某某、罗某某、熊某某和熊某等四人进行挖沟施工,杨某某在排污管道中段挖土,罗某某在排污管道尾段挖土,熊某某和刘某负责在上面接土和放土。15时30分左右,天空开始下暴雨,现场停止施工(a161)。17时左右,雨停了,杨某某、罗某某、熊某某继续施工,刘某有事离开。北侧为小区围栏内的绿化带,绿化带与下面的过梁切割面平齐,过梁下面为混有水泥块的回填土,已经向北侧纵深掏空了70cm(a162)。17时15分左右,杨某某在挖过梁下面的回填土时,沟渠南侧中段回填土坍塌(a163),杨某某被坍塌的混有水泥块的回填土挤压在沟渠北侧绿化带下面20 cm厚的过梁切割面,其中一块120 cm×20 cm×20 cm的混凝土水泥块正好砸中杨某某头部(a164),现场确认杨某某已经死亡 | a161 天下暴雨<br>a162 过梁掏空出现安全隐患<br>a163 违规填土操作<br>a164 坍塌砸中头部身亡 |

续表

| 序号 | 实践过程内容(案例内容) | 概念化 |
|---|---|---|
| 46 | 2015年4月18日9时30分左右,工人邓某某在力野精密工业(深圳)有限公司拆除厂房围墙,工人邓某某在拆除围墙过程中,为图方便(a165),违规操作(a166),直接用风炮机打通墙根然后推倒,用风炮机在巷子里面打墙根时,被塌下来的围墙砸到(a167)。发现出事,另外一名拆围墙的工人将某某立即跑去通知包工头周某,周某在接到通知后立刻跑到围墙边,看到邓某某头部被夹在铁皮房和围墙中间,已经没有反应。周某拨打了120电话,120赶到现场对邓某某进行抢救,抢救无效死亡 | a165 施工贪图方便<br>a166 违规操作<br>a167 被围墙砸倒 |
| 47 | 2013年6月27日,LOC项目土建分部工程完工。6月28日至7月2日,按照第16至10轴的顺序,完成了屋面梁现场拼装及吊装、梁柱地脚螺栓紧固、屋面梁间水平系杆安装及紧固等作业,并在第16轴的屋面梁两侧设置了缆风绳。具体作业内容为由汽车起重机将放置在地面上的檩条吊至第10至16轴的屋面梁上,并由在屋面梁上的作业人员将檩条搬至待安装位置(未使用螺栓进行连接)(a168)。午饭后,作业人员继续作业。在施工过程中,未采取防止屋面梁倾倒的有效措施(a169),也未按照图纸要求进行屋面梁与柱顶预埋件焊接(a170)。16时许,屋面梁上共8人进行檩条搬运,地面上3人实施辅助作业;汽车起重机吊运第10至12轴的檩条。16时50分,第10至14轴的屋面梁坍塌,该五榀屋面梁上的作业人员共7人随屋面梁坠落至地面(a171),造成5人死亡,2人重伤 | a168 未使用正常连接<br>a169 未采取有效措施<br>a170 未按照图纸要求焊接<br>a171 随屋面梁坠落至地面 |
| 48 | 2014年12月7日下午,琅琊建筑公司现场施工技术员薛某某带领4名工人在黄岛区六汪镇驻地西侧进行排污管道开挖施工,监理单位精信公司监理员张敬林进行旁站监督。薛某某先让挖掘机司机杨某某挖出一段深3.2m,宽1.2m上下垂直的管沟,然后再由崔某某下到沟底进行找平和打水泥垫层,最后将排污管置于管沟中,未采取放坡、支护或其他防坍塌措施(a172)。14时许,崔某某在沟底进行找平工作时,其北侧沟壁发生塌方(a173),滑下的土层砸中崔某某头部并将其掩埋(a174),现场施工人员立即将其挖出并拨打120急救电话,经120医护人员确认,崔某某因头部严重受伤已当场死亡 | a172 未采取防坍塌措施<br>a173 工作时,对安全生产不重视<br>a174 滑下的土层掩埋工作人员 |
| 49 | 2014年12月4日20时30分许,中铁十五局五公司A3项目部开挖班工人17人进洞作业,到22时30分许,又有支护班工人4人进洞进行喷浆作业,之前经受连续降雨(a175)。现场专职安全员罗某某、兼职安全员李某某在洞口位置进行安全监控。12月5日0时20分左右,罗某某在洞口处听到洞内石块掉落的异常声响(a176),跟李某某返回洞里查看情况。到达掉块处,罗某某留在现场查看,李某某则跑出去跟分管安全工作的副经理徐某和项目总工程师安某报告。施工班组(五公司十五架子队)在未采取有效临时加固措施的情况下实施换拱作业(a177),导致拱部围岩变形增大,进一步减弱土体自稳能力,加大初支受力,最终导致初支失稳而产生坍塌(a178)。整个塌方过程大概10分钟,最后将整个隧道堵死,罗某某返回项目部出口处维持车辆秩序。位于洞内掌子面处上台阶钻孔、喷浆等作业的21人被困(a179) | a175 遭受降雨,地质条件差<br>a176 出现突发情况<br>a177 施工操作不规范<br>a178 失稳坍塌<br>a179 21人被困 |

续表

| 序号 | 实践过程内容(案例内容) | 概念化 |
|---|---|---|
| 50 | 2010年6月10日上午,工程公司第十一工程处员工包某、蒋某与外雇土方队挖沟机操作手杨某某(男,40岁,驾驶经验4年)在乌东联合站至1♯、2♯注配间的供水干线抢修过程中,由于下沟作业时两侧沟壁放坡不够(a180),在双侧放坡不够的情况下,贸然进入管沟进行作业(a181)。进入管沟内清理作业时,未办理受限空间作业许可(a182)。发生坍塌事故,造成包某和蒋某被管沟塌方掩埋,两人先后被救出,送往医院后死亡(a183) | a180 作业条件不足<br>a181 违章操作,风险识别不到位<br>a182 未办理作业许可<br>a183 发生坍塌掩埋事故 |
| 51 | 2013年8月某中学1号教学楼年久失修,准备拆除重建(a184),其拆除任务经市教委招标,由某建筑公司中标并于8月10日开始拆楼。该工程在拆除时采用的方法是:先将屋面拆除,然后将南北墙的开间中部附近自上而下分别切断打通一条缝,各层楼板全部打掉,使建筑物分裂成几个墙段,再把钢丝绳固定在各墙段上,用力拉动,使墙段倒塌(a185)。8月15日下午按进度拆除1号楼西首,当时竣工图纸上所标15、16、17轴的大梁及14轴的西山墙先后被拉倒。拆楼工作进行到19时左右,天空下起阵雨,并有五级左右的东北阵风(a186),14名作业人员在18轴内墙下敲钢筋和做拉倒18轴墙的准备工作(a187),突然18轴墙倒塌,倒塌的墙体面积为60 m²左右。作业人员见此情景迅速往外跑,大部分人跑开,其中2人被压在墙下,经抢救无效死亡,一人被飞砖砸伤(a188) | a184 年久失修,拆除危楼<br>a185 拆除方法不符合规程,冒险蛮干<br>a186 天气恶劣<br>a187 墙体无加固措施<br>a188 墙体倒塌压死作业人员 |
| 52 | 2015年3月11日,某市建筑安装公司承担了市烟草公司旧围墙维修工程,需要铲除原来的旧粉刷层,重新粉刷。事发当天,建筑安装公司安排4名工人进行铲除旧粉刷层作业。16时15分左右,4名工人在西侧围墙铲除旧粉刷层时,墙体突然倒塌,致使2名操作工被墙体猛力扑倒,造成一人死亡、一人重伤的重大伤亡事故。经现场勘察,造成这堵围墙倒塌的原因是该墙建筑时间较长(a189),现状明显不符合砌体结构设计规范的要求(a190)。在高3 m、长14.2 m范围内,没有建一座墙墩,墙的两端也无墙墩,墙体稳定性差(a191)。该墙是用泥灰做黏接材料砌筑的,使用年限已久(1974年砌筑),又曾被加高和做房屋山墙使用,稳固性差。该墙北端东侧1.45 m处自来水龙头无下水管道排水,在长期用水过程中,大量的下水流向墙基处,在水的浸润作用下,墙基砖体与泥灰逐渐失去附着力。墙体在铲除水泥砂浆粉刷层时受到震动,使墙体的稳定性和牢固性更差。在各种因素的共同作用下,导致墙体倒塌(a192) | a189 墙体建筑时间长<br>a190 不符合设计要求<br>a191 无安全技术措施<br>a192 各种因素导致墙体倒塌 |
| 53 | 2009年6月20日凌晨2点左右,云南澄江华荣水泥有限责任公司生料车间工人发现黏土仓堵塞不能下土。几名一起当班的工人用长钢管从黏土仓出料口从下往上捅土,用铁钎敲击黏土仓出料口(a193)。3时左右,2名当班工人见未将黏土捅下来,各拿一根2 m长的钢管在系上安全带后从黏土仓顶部的进料口进入黏土仓内,站在结拱的土层上捅土(a194)。这之后,有多人在没有系上安全带的情况下进入黏土仓参与捅土(a195)。由于进出寻找捅土工具,原先系上安全带作业的2名工人也先后解开了安全带(a196)。3时30分左右,黏土仓内结拱的土突然陷落下去,将仍在黏土仓内捅土的3名工人覆盖埋压(a197)。4点20分左右,医务人员到场确认3人已经死亡 | a193 缺乏安全知识<br>a194 安全意识淡薄<br>a195 未系安全带<br>a196 解开安全带<br>a197 出现陷落,将工人埋压 |

续表

| 序号 | 实践过程内容(案例内容) | 概念化 |
|---|---|---|
| 54 | 2014年11月26日5时40分左右,俊泽建筑公司浇筑工冯某某、王某某、冯某某等15名工人到达鼎祥锰业公司年产30万吨锰系合金项目一期工程主厂房施工现场,冯某某等人按照工作分工开始做浇筑前的各项准备工作。7时30分左右,混凝土运输车到达作业现场,开始进行浇筑作业。当天的主要任务是浇筑三层柱子、梁和三层平台。浇筑作业的方法是首先交替对三层柱子和梁进行浇筑,最后浇筑平台。15时30分左右,在将三层东侧柱子和梁浇筑完毕后,现场工人开始自东向西进行三层平台浇筑。19时30分左右,平台混凝土浇筑过程中架体内部未设置竖向剪刀撑、水平剪刀撑及之字撑,支撑体系与主体框架未设置拉接,导致架体失稳(a198),支撑模板突然坍塌,导致正在三层平台进行浇筑作业的冯某某、王某某等7人随顶板一起坠落,并被埋压(a199) | a198 未设置拉接,架体失稳<br>a199 支撑模板坍塌 |
| 55 | 2012年7月7日19时,上海祥辉劳务派遣公司班长何某某安排李某某、刘某某、段某某、杨某某、刘某某(均隶属上海祥辉劳务派遣公司)到北环立交桥二区ZH8#墩柱附近进行施工作业。主要工作是在一辆汽车吊的配合下,将ZH8#墩柱北侧预压沙袋转移到南侧支架上(第八跨支架)。22时20分左右,预压沙袋吊装完毕。而在这个过程中,现场工人未依规程将沙袋按规定的预压荷载均匀排列,而是将沙袋堆积集中放置(a200)。由于正值雨季,为防止沙袋受雨水浸泡而加大载荷,何某某指挥段某某、杨某某、刘某某等3名工人给预压沙袋上覆盖防雨篷布,让李某某、刘某某下去送对讲机。在覆盖防雨篷布过程中,堆积大量预压沙袋的立交桥第八跨支架突然发生局部坍塌,致使何某某、段某某、杨某某、刘某某随预压沙袋坠落被埋(a201) | a200 未按规定的预压载荷排列<br>a201 局部坍塌沙袋坠落,员工被埋 |
| 56 | 2013年11月15日上午10时,施工单位对该项目配套工程羽毛球馆屋顶进行砼浇筑。浇筑时,1台砼地泵车和1台砼汽车泵从不同方向同时对羽毛球馆屋顶进行砼浇筑作业。20时许,砼振动棒发生漏电(a202),漏电保护器随即跳闸,砼地泵车及施工现场照明断电。此时,砼汽车泵还在继续作业(a203)。超高模板支架的承载能力不足(a204);模板支架未按方案要求搭设,造成超高模板支架整体稳定性不足(a205);砼施工顺序违反施工方案要求(a206)。几分钟后,整个超高模板支架发生坍塌,十余人随模板支架坠落(a207)。项目部立即组织人员展开抢救。21时许,经确认有2人下落不明,消防部门赶赴现场救援。第二天16时左右,将埋在钢筋砼下的2人救出,经医生诊断确认死亡 | a202 设备漏电<br>a203 照明断电后继续作业<br>a204 未达到施工设计要求<br>a205 支架稳定性不足<br>a206 施工顺序违反要求<br>a207 十余人随支架坠落 |
| 57 | 2013年5月22日上午7点半,学校安排后勤工人铉某某、孙某某拆学校西南方向平房房顶。一人工作一人监护,相互轮流工作,11点30分,拆完西边房间需要拆东边那间,铉某某观察到东边这间房顶的椽子檩子有缺失和腐烂(a208),就要求孙某某取脚手架和脚手板、安全帽等防护工具。孙某某说快中午了,下午再取吧(a209),并在明知危险的情况下,仍站在屋顶作业,力图方便(a210),未按规定搭设脚手架(a211),未佩戴个人防护用品及未采取其他防护措施的情况下(a212),进行拆除作业,然后孙某某坐在房顶北边监护,铉某某在南边用大锤砸房顶,砸了两下后突然房顶坍塌(a213),二人被埋,并叫喊救命,铉某某死亡,孙某某受伤 | a208 房顶的椽子檩子有缺失和腐烂<br>a209 疏忽大意<br>a210 为图方便,冒险作业<br>a211 未按规定搭设脚手架<br>a212 未佩戴防护用品<br>a213 房顶坍塌 |

续表

| 序号 | 实践过程内容(案例内容) | 概念化 |
|---|---|---|
| 58 | 2013年4月6日16时58分左右,邢台亚泰重工机械有限公司施工升降二车间电焊学徒工王某某,操作天车进行吊装导轨架作业,由于导轨架在通道上违规超高摆放(a214),在吊装过程中,天车上电缆线将导轨架挂倒(a215),导轨架坍塌砸中在此打扫卫生的工人郝某某(a216)。事故发生后,车间负责人、公司董事长、安全副经理等有关人员第一时间赶赴事故现场,组织人员将伤者送往邢台市人民医院救治,后因伤势过重救治无效死亡 | a214 违规摆放<br>a215 工件摆放不合适,设备被挂到<br>a216 砸中工人救治无效 |
| 59 | 2013年8月7日上午9点45分左右,因商业楼4层东南角支模需要钢管,朱某某带领付某某到商业楼西北角地面上捆扎并吊运钢管。司索信号工不在场的情况下,擅自使用外部锈蚀断丝、缺少润滑油、纤维芯外露破损的钢丝绳捆扎(a217)、指挥吊运钢管。他们用2根直径13 mm的钢丝绳先捆扎40多根钢管,付某某指挥塔吊司机时永金将这捆钢管吊运上去。10点10分左右,当第2捆70根左右的钢管(约1吨)被吊至4层楼面(距地面约15 m)时,捆扎钢管的其中1根钢丝绳突然断裂(a218),导致钢管滑落并砸到地面上的朱某某和付某某(a219) | a217 擅自行动,使用危险设施<br>a218 绳索断裂<br>a219 钢管滑落砸倒工作人员 |
| 60 | 2015年4月18日9时,夏某某和张某等在綦江区红星国际广场工程项目进行吊篮拆除作业,在楼顶未观察确认在楼底作业的张某是否撤离到安全位置的情况下(a220),违章将钢丝绳和安全绳从楼顶往下放,导致钢丝绳击中张某的头部、脸部(a221)。10时11分左右,在楼底作业的张某被上方掉落的钢丝绳击中头部和脸部(a222),现场工人和项目部管理人员立即赶到事故现场并拨打120急救电话,10时25分左右,120急救车赶到,经120医务人员现场抢救无效,张某死亡 | a220 未观察周围作业情况<br>a221 违章作业<br>a222 钢丝绳击中头部 |
| 61 | 2015年5月25日18:20时许,青岛北苑环保建材有限公司对犁沟山废弃山体进行山体综合治理施工,由青岛平度宏盛爆破有限公司进行山体爆破。根据爆破方案规定,本次爆破为深孔爆破。文某某、郑某某(仅进行过入厂时的安全培训)(a223)两名员工负责外来过往人员、车辆警戒工作。其中文某某负责现场北侧的警戒,郑某某负责现场南侧大门处的警戒。由尹某某(此次爆破的指挥员)经电话通知、吹哨警示、登高瞭望,发现人员都撤离到了警卫室内、警戒线200米内无闲杂人员后通知爆破员实施了爆破。爆破前,郑某某无故离开了警卫室(a224)。爆破结束后,外围警戒人员文东晓从北侧另一警戒点返回现场南侧大门处时,发现郑某某倒在警卫室前的空旷地上(距爆破点约180 m),左头部被一块长约6 cm的飞石击中(a225) | a223 安全培训不到位<br>a224 未及时隐蔽到安全场所<br>a225 未按规定戴安全帽,致飞石直接击中头部 |
| 62 | 某地铁工程位于十字路口下,为双柱三跨岛式站台设计,为确保进入车站地段的施工安全,根据设计要求需在风道底部先开挖南北两个小导洞,并在其内施作风道衬砌的两条地梁。地梁钢筋骨架由φ28主筋、φ16腹筋、φ10箍筋组成,总重17.9t,钢筋骨架利用φ48钢管搭设支架定位进行施工作业,在梁体混凝2015年5月28日土灌注前,拆除钢管支架。<br>当日当班16名作业人员分成四组,同时进行绑扎箍筋作业,由于主筋间距小,支架横杆挡住箍筋不好绑扎,现场作业人员向当班副班长请示把支架扫地横杆拆掉,副班长便布置隔一根拆一根。于是四个作业组各拆除了一根支架扫地横杆后,继续绑扎箍筋(a223)。<br>19时50分,作业人员在向上提拉箍筋过程中,支架连同已架设的钢筋向小导洞进口方向倾覆(a224),将5名在支架中层和下层作业人员压在钢筋下,造成1死5伤 | a223 未按标准搭设支架<br>a224 不规范作业削弱了结构抗倾覆能力 |

续表

| 序号 | 实践过程内容(案例内容) | 概念化 |
|---|---|---|
| 63 | 2014年1月4日下午,殷某对施工现场负责人就19♯、24♯楼脚手架拆除作业进行安全技术交底,要求"拆下来的钢管扣件等整齐置放于楼层内,严禁抛掷,由施工电梯集中运至地面"。脚手架拆除作业前,殷某未对拆除负责人沈某某及施工人员进行安全技术交底(a225)。2014年1月5日上午7时30分左右,沈某某组织施工人员开始拆除19♯楼脚手架。施工人员从19♯楼5层楼面北侧开始由西向东拆除脚手架,将拆除的钢管、扣件等直接抛掷地面(a226)。脚手架拆除过程中,沈某某等人一直在现场监护,专职安全员殷某对现场进行了巡查,专业监理人对现场进行了巡视,3人均未制止施工人员违章作业行为(a227)。12时10分左右,夏某某1人来到19♯楼5层楼面南侧中间位置继续拆除脚手架,沈某某在19♯楼南侧地面整理拆除的钢管、扣件,当时现场无人监护(a228)。12时20分左右,沈某某被夏某某扔下的1根长1.2 m、直径0.06 m的脚手架钢管砸中头部,躺于19♯楼南侧地面(a229) | a225 未进行安全技术交底<br>a226 违章直接抛掷到地面<br>a227 安全人员未制止违章行为<br>a228 无人监护<br>a229 被钢管砸中头部 |
| 64 | 2010年1月26日13点10分左右,河南第二建筑工程有限责任公司(以下简称河南二建公司)黄台项目部外协单位商城宏欣建筑劳务有限公司焦某某(死者,38岁)、李某某(伤者,37岁)在黄台电厂扩建工程安装圆形煤场中央竖井钢筋(上午已用塔吊安装就位),由于钢筋束未按要求与钢管架体绑扎固定(a230),在解钢筋束时未慢慢解捆扎钢筋束的铅丝,应该是两人配合同时操作,而实际只有焦某某一人解开捆绑钢筋的铅丝(a231),且是用钢筋剪子直接剪开,致使钢筋束应力骤然释放,导致钢筋在钢管上滑动(a232),造成钢筋散开倾倒,倾倒的钢筋将李某某脸部砸伤,将焦某某砸在钢筋和钢管之间,抢救无效死亡(a233),李某某经医院治疗后仍重伤 | a230 未按技术交底<br>a231 违反操作要求<br>a232 违章作业<br>a233 散开的钢筋将操作工砸伤致亡 |
| 65 | 某机械厂是一家老厂,经规划,准备将旧厂房拆除,重新盖一座新厂房。某机械厂将拆屋工程交给某建筑公司,建筑公司安排7名民工进行拆屋作业。2009年5月10日上午在拆除部分东侧墙时,墙体已受到严重震动和破坏,随时都有倒塌的危险(a234),而施工人员却麻痹大意(a235),没有引起警惕和采取相应的安全防护措施(a236)。下午1时左右,7名民工在搬运上午拆除的东侧墙部分砖头时,东侧墙突然倒塌(a237),两名正在捡拾砖头的民工,因地面都是散砖,躲避不及,被砖墙压住,造成重伤 | a234 存在墙面倒塌危险<br>a235 麻痹大意<br>a236 未采取防护措施<br>a237 侧墙倒塌 |
| 66 | 2014年2月25日8时左右,永兴建筑公司安排谢某某、王某某、贾某某3名工人对锅炉房门口进行拓宽,三人先搭好活动脚手架,一个放在门口里侧,一个放在门口外侧,然后站在上面轮流干活。14时15分左右,王某某站在门口里侧的脚手架上用电镐进行拆除作业(a238),贾某某在门口外侧脚手架上协助作业,谢某某站在门口外侧休息,突然门口上方有一块墙体坍塌,将门口内侧的脚手架砸中,致使脚手架散落(a239),王某某随之跌落下来,被散落的脚手架钢管头划中颈部受伤(a240) | a238 违反拆除技术规范<br>a239 脚手架散落<br>a240 被脚手架钢管划伤 |

续表

| 序号 | 实践过程内容(案例内容) | 概念化 |
|---|---|---|
| 67 | 2014年10月16日17点左右,赢天下公司班组长刘某带领杨某、李某某等一共5人在台柳路门口往工地内逐块搬运幕墙玻璃,施工人员违反五矿公司规定(a241):一是搬运幕墙玻璃的工人对最后一块玻璃采取固定措施,放任其自由倾斜在支架上,然后由李某某手扶(a242);二是放置支架的地面不平整,容易造成支架连同玻璃倾倒(a243);三是李某某未按照班组长"手扶支架和玻璃"的安排,而是忙于他事,导致被幕墙玻璃上沿砸中后脑(a244)。李某某未佩戴工地配发的安全帽(a245)。约17点10分,刘某等人从"L"形架子上抬下倒数第二块玻璃运往工地途中,听见玻璃和架子的倒塌声音,回头发现本应手扶架子防止倒塌的李某某被架子上的最后一块玻璃倾倒砸中(a246)。经抢救,李某某于18点44分被宣布死亡 | a241 违反规定作业<br>a242 未采取固定措施<br>a243 放置不稳妥<br>a244 未听从命令,忙于他事<br>a245 未佩戴安全帽<br>a246 倒塌的玻璃砸中作业人员 |
| 68 | 2012年5月13日,丽水市联城经济适用房二期工程13、14号楼桩基打好后,丽水市联城经济适用房二期工程项目部桩机班组现场负责人侯某某叫打桩工刘某某、马某某等人第二天将打桩机械搬运到西面工地的一块空地。9点20分左右,李某某将装载机开到便道,马某某用一根不符合产品执行标准的吊装带绑在桩机基座中间(a247),之后马某某将吊装带另一头吊到装载机反口前的齿勾上,李某某就开着装载机往后倒退,拟退往空地,马某某站在旁边引导(a248)。桩机基座离地面高度不平衡(卷扬机一侧离地面1m左右,另一侧离地面20cm左右),马某某就站在驾驶室左侧,扶着桩机基座以防止在运输过程中晃动,李某某担心会出事(a249),叫马某某不要这样做,但马某某没有理会,李某某就继续开着装载机往后退(a250)。退了45m左右,李某某突然感觉桩机基座脱落了,同时听到侯某某叫吊带断了,李某某赶紧下车查看,发现吊装带已断裂,桩机基座(近1.5t)掉下来砸倒马某某并压在其腹部(a251)。马某某被送往医院后,经抢救无效于当日11时30分左右死亡,医生诊断死亡原因为心搏骤停 | a247 产品不符合标准<br>a248 未保持安全距离<br>a249 机械晃动<br>a250 疏忽大意,不理会安全提醒<br>a251 吊装带断裂,机械砸伤工作人员 |
| 69 | 2012年9月2日上午上班之前,汪某某电话联系曾某某,叫他联系挖掘机进隧道用于拆二衬台车。上午7时30分许,汪某某带领徐某某、罗某某等人到隧道口,汪某某叫徐某某、罗某某先进隧道,他本人在隧道口等一下挖掘机。8时许,徐某某、罗某某走到台车所在位置,因为很难等,在挖掘机进隧道前,徐某某、罗某某爬到台车上拆了模板上面2颗螺栓,此时还有2颗螺栓,模板还可以固定(a252)。拆了后,两人爬上台车休息了十来分钟,罗某某拿了个竹梯架到台车上,拆除剩下的2颗螺栓(a253)。8时30分许,未经机械固定且已事前切割分离的钢模板突然失去支撑下滑,下滑过程模板边角砸中罗某某前额部位(a254)。听到模板掉落的巨响后,徐某某赶紧跑过去查看,跟汪某某说发生事故的情况。罗某某被送往医院后,经抢救无效于2012年9月2日9时20分左右死亡,医生诊断死亡原因为高处坠物砸伤 | a252 操作错误<br>a253 擅自操作,违反规程<br>a254 下滑模板砸中工作人员 |

续表

| 序号 | 实践过程内容(案例内容) | 概念化 |
|---|---|---|
| 70 | 2014年4月27日6时许,安徽省庐江县电力设备安装有限公司班组长尹某某带领龚某某等十几名工人前往位于碧湖镇南坑村土名叫"麻雀坑"的山上进行杆塔组立施工。7时许,一行人走到8R041号杆塔所在位置进行施工,具体工作由尹某某安排,此间操作人员未按规定经过专门培训(a255),未经安全生产教育培训上岗作业,未告知危险岗位的操作规程和违章操作的危害(a256)。尹某某安排4名工人进行塔上高空作业,其余人员在地面将堆放在山坡上的槽钢按编号顺序找出,并用绞磨机和滑车吊至杆塔上,再由高空作业人员进行安装。10时许,工人龚某某在8R041号杆塔正下方地面进行拉钢丝绳吊装作业(a257),同时杆塔上方高空有施工人员将吊上去的槽钢进行安装作业,在安装过程中,因绑槽钢的铁丝断裂,一块槽钢突然从约70 m的高空掉落,直接砸到正在塔下作业的龚某某(a258) | a255 未进行培训<br>a256 未告知违章操作的危害<br>a257 吊件下方站人<br>a258 槽钢掉落砸中作业人员 |
| 71 | 2015年2月4日上午,工人在地面拼装I形厂房钢屋架梁,中午开始将拼接好的三榀钢屋架梁先后吊上房顶安装。安装顺序从第一榀依次安装,先将混凝土柱顶部垫铁现场制作后与混凝土柱的结构螺纹钢筋焊接连接(多个垫铁与混凝土柱顶有间隙)(a259),每榀钢屋架梁吊装上去后将钢屋架梁与混凝土柱顶部垫铁焊接连接。三榀I形钢屋架梁之间采用C形檩条螺栓连接(螺栓未紧固且未全部安装)(a260)。下午共安装了第1、2、3榀钢屋架梁。晚餐后现场继续做柱头连接垫铁安装施工。20时左右,第2、3榀钢屋架梁因安装偏斜、水平拉结力不够(a261),支座处钢筋和C形檩条被拉断,从高处向左侧翻倾下落(a262),砸中在梁下的工人李某身上,经送医院抢救无效死亡(a263) | a259 设备间的连接不合格<br>a260 安装不合要求<br>a261 安装偏斜,水平拉力不够<br>a262 檩条被拉断致使倾翻下落<br>a263 砸中工人致亡 |
| 72 | 2015年3月11日下午18时40分,愉天石材公司补胶工潘某某和聂某在清洗区清理完一块重约22吨石头后,潘某某离开上厕所,聂某将该石头移至补胶处,未经过起重操作培训(a264)和操作未保持安全距离(a265),违规违章操作起重机械(a266),由于操作不当(a267),聂某被石头撞击,受伤倒地(a268),潘某某上完厕所后发现在补胶区聂某低头坐在地上,背靠着一块石料,耳朵嘴巴已流血,有呼吸。潘某某到车间拉锯区叫其他人帮忙,随后聂某被120救护车送往龙岗区第二人民医院抢救,经抢救无效死亡 | a264 未经过培训<br>a265 未保持安全距离<br>a266 违规违章操作<br>a267 操作不当<br>a268 石头撞击受伤 |
| 73 | 2012年5月21日13时10分左右,连通公司根据工程进度,在上海石化公司卫六路桥桥面一高约14 m的管廊进行穿管作业时,当钢管起吊超过管廊架时,用于保持平衡的揽风绳长度不够(a269),从作业人员手中脱离,钢管失稳(a270),在撞击管廊后,从吊带中滑脱坠落至地面,造成钢管发生摆动,在撞击管廊架后,从吊带绳中滑脱坠落,落地反弹后,砸中在桥面穿越吊装警戒区的王某某(a271)。事故发生后,上海石化公司炼油改造工程项目安装工程(标段五)项目部将王某某送往复旦大学附属金山医院,15时39分,王某某经抢救无效死亡 | a269 设施不妥当<br>a270 钢管失稳<br>a271 钢管坠落砸中作业人员 |

续表

| 序号 | 实践过程内容(案例内容) | 概念化 |
|---|---|---|
| 74 | 2015年5月2日,前盛业工程公司项目负责人李某组织赵某某、王某某等6名工人在红石崖街道芙蓉街铺设地下雨(污)水管网。按照施工方案的要求,施工人员先用挖掘机在现行道路上开挖出一条深3.1m的沟槽,待人工修整完成后,用吊车将管子吊装至沟底进行对接,管子铺设完成后恢复路面。因现行道路较窄不便吊车作业(a272),项目经理李某临时改变施工方案用挖掘机吊装水管(a273)。5月20日10时许,在赵某某等人按照先前的工作程序用挖掘机将检查井水管放置沟底进行对接时,因沟底地形不平整(a274),需将放在沟底的检查井水管重新吊出沟槽清理平整沟底。王某某把6m长的吊带从检查井水管内穿过挂在斗齿上(a275),指挥挖掘机司机隋某某起吊水管时,吊带从斗齿上脱落,检查井水管坠落,将王某某砸伤(a276)。现场人员立即将检查井水管抬起把王某某救出,在120医务人员到场对伤者检查后,确认王某某因伤势过重已身亡 | a272 环境条件不便利<br>a273 违反吊装规定<br>a274 地形不便施工<br>a275 擅自安排工人吊装水管<br>a276 水管坠落砸伤工作人员 |
| 75 | 2015年1月12日上午,基旭劳务公司在青岛游艇产业园C-1-7区浇筑混凝土时所用布料机的一个支腿弯曲变形,使得布料机无法平稳放置,于是工人们就将该设备放置在C-1-7东侧的地库上面准备进行修理(a277)。16时许,基旭劳务公司施工员(兼安全员)郑某某安排塔吊信号工徐某某联系工人和塔吊把布料机吊起放正(原来处于卧放状态),自己就到工地去找电焊机等修理工具(a278)。徐某某用对讲机通知了2号塔吊(因塔吊工的视线无法观察吊物的状态,只能依靠信号工的对讲机指挥)(a279),让其把吊钩落到指定地点后,又叫来了基旭劳务公司在附近工作的王某某、李某某等人一同协助其工作。王某某根据徐某某的指挥,用钢丝绳把布料机的旋转臂两侧分别挂在吊钩上,接着徐某某就用对讲机指挥塔吊起吊(a280),起吊过程中布料机转臂发生旋转,转臂配重端击中徐某某头部(a281)。事故发生后,现场人员立即拨打了120急救电话,17时徐某某经抢救无效死亡 | a277 设备放置位置不当<br>a278 安全员擅自离开<br>a279 操作人员无法观察到吊物,凭听取信号操作<br>a280 指挥方式不合规<br>a281 布料机转臂击中工作人员致亡 |
| 76 | 2015年6月18日,在青岛炼化公司10万吨/年硫黄回收装置施工现场,北京燕华公司施工现场负责人刘某某带领人员进行脚手架拆除工作,北京燕华公司安全员刘某某,青岛炼化公司项目部HSE主管尹某、土建工程师王某等人在周围监护,现场周围设置了警示带。15时许,架子工陈某某和尚某某正在钢结构3号作业面(离地面13m高)西南柱体周围拆除架子管,没有按照国家规定和施工方案要求在架体外围采用密目式安全网全封闭防护(a282)。陈某某、尚某某两人每人拆除一个扣件,然后两人抬着架子管将其放至跳板上,再由专门人员运送至地面(a283)。在拆除一根6m长的钢管扣件过程中,因配合不当在尚某某拆除完扣件后钢管滑落(a284),沿着作业面向西滑下沿抛物线掉落,击中正在作业面西侧距钢结构柱体约8m远(a285)的安全员刘某某右胸部。经120抢救无效,刘某某当日16时20分许死亡 | a282 未按要求架设防护网<br>a283 未按规定施工<br>a284 配合不当导致失误<br>a285 违反施工方案冒险进入警戒区 |

续表

| 序号 | 实践过程内容(案例内容) | 概念化 |
|---|---|---|
| 77 | 2013年10月5日,作业人员开始安装低温省煤器管排,方式为用汽车式起重机将两组管排吊至+29.5 m平台区域,用两组手拉葫芦将单组管排逐一吊至待安装位置焊接、固定。10月10日7时30分许,东方公司现场负责人白某某组织作业人员高某某等6人在+29.5 m平台区域进行下层管排安装作业。白某某安排作业人员用汽车式起重机将待安装的管排分批吊运至+29.5 m平台区域临时堆放点,逐一搬运至待安装位置区域,由西向东直立堆放在用于承重的三根槽钢上,并斜靠于钢结构上(a286)。同时,作业人员用钢丝每隔3至5组管排进行临时绑扎固定(a287)。16时许,作业人员将第23组管排平放至待安装区域后,为使管排对齐,高某某用钢管撬动第22组管排下部时(a288),第7至22组管排突然发生倾覆,压住高某某胸部(a289)。作业人员立即用手拉葫芦等将倾覆的管排吊起,救出高某某并抬至地面。救护车赶到后,高某某被送往复旦大学附属金山医院进行救治,后不治身亡 | a286 未采取有效防倾覆措施<br>a287 临时绑扎固定不够牢靠<br>a288 未辨识安全隐患<br>a289 管排倾覆压住工作人员 |
| 78 | 2013年10月15日上午,梅某某等7人(临时增加了搬运工毛某某),采取同样方式先后拆除了原4号和3号铁塔,仅剩原2号铁塔尚未拆除。但不久开始下雨(a290),中午吃过午饭后,雨势减弱,便开始切割原2号铁塔,由梅某某负责切割。此时,沈某、洪某某因搬运拆除材料离开施工现场,汪某、陶某某、毛某某到铁塔南面约15 m处工棚躲雨,棚内另有兴业公司看护员黄某某和过路避雨人员阮某某。在切割2号铁塔时,切割人员商定,先切割西边两个底脚,后切割东边两个底脚,使塔体倒向西边(a291)。因受风向及铁塔上支架西侧南角挂有瓷瓶、电线等附属物自重影响,在割断东边两个底脚后,塔体先向西倾斜,后扭转倒向南边(a292)。13时左右,阮某某听到外面有异常声响后出工棚查看,见铁塔正向工棚倾倒,阮某某立即逃离工棚,随后铁塔砸中工棚,汪某、陶某某、毛某某、黄某某等4人被压铁塔下,造成黄某某、陶某某、毛某某等3人当场死亡,汪中重伤(a293),经抢救无效于16日7时死亡 | a290 施工条件恶劣<br>a291 缺乏安全知识,未按规定方案施工<br>a292 野蛮施工导致塔体不稳<br>a293 铁塔倾倒,造成多人受伤 |
| 79 | 2013年12月30日凌晨1时左右,在CFG桩钻孔施工过程中,夜班班组打桩机司机魏某某、现场指挥员赵某、挖掘机司机苏某、工人付某某4人在打完一组CFG桩钻孔后准备移动打桩机向下一个施工地点继续作业。2点20分许,打桩机在移动过程中,遇偏软地面导致内陷(a294),打桩机向右侧发生一定角度的倾斜(a295)。为加强支撑和打桩机平衡,赵某给现场技术员乔某某打电话调钢板垫于打桩机南侧土质较软的部位,以便打桩机移动,乔某某告知现场只有两块钢板,随后,赵某、付某某和苏某驾驶挖掘机将两块钢板托运至打桩机南侧,将第一块钢板垫于桩机右后液压支腿(a296)。凌晨3时30分左右,挖掘机向东移动,计划将第二块钢板垫至右前液压支腿过程中,由于打桩机重心偏高,内陷后倾倒,砸中正在作业的挖掘机驾驶室(a297) | a294 地面偏软导致内陷<br>a295 机械设备受影响发生倾斜<br>a296 施工人员安全管理意识淡薄<br>a297 打桩机倾倒砸中挖掘机驾驶室 |

续表

| 序号 | 实践过程内容(案例内容) | 概念化 |
|---|---|---|
| 80 | 2013年1月26日港口机械公司维修中心承接了秦港股份公司第九分公司R13-1取料机维修项目,R13-1取料机在2013年1月3日取料作业中,悬臂前段钢结构折断,导致取料机头部驱动连同斗轮部分坠落、翻倒在作业煤堆上,导致斗轮装置、卸料装置损毁严重(a298)。在维修恢复过程中,由于取料机臂架钢结构部分焊缝要求探伤,因此,港口机械公司维修中心便把焊缝焊接技术要求比较高的部分维修项目分包给了外协单位利安公司。利安公司承揽此维修项目后,派2名维修工负责此项工作。1月26日11时40分左右,利安公司维修工人王某某未正确佩戴安全防护装备违章作业(a299),在维修平台翻越取料机臂架头部钢结构时,不慎失足(a300),从4m多高的平台钢结构臂架上坠落,头部受伤,抢救无效死亡 | a298 设备受损<br>a299 未正确佩戴安全防护装备<br>a300 不慎失足坠落 |

资料来源:笔者整理。

表2 访谈内容初始编码

| 顺序 | 访谈内容 | 概念化 |
|---|---|---|
| 1 | 公司主要从事房屋建筑、建筑防水、土石方、钢结构等相关工程的承包,我目前在公司负责工程项目管理,现场施工经验8年。安全是生命线,公司一直很重视。我认为,产生安全生产问题的主要原因多数是疏忽大意(a301),应加强员工的自身安全意识(a302),安全生产无小事,应该高度重视(a303)。个人的因素主要是现在工地主要都是40~50岁的农民工,以经济收入为一切,技能、知识都不懂、不会(a304),公司应多做宣传和培训(a305)。每个人的经历不同,教育程度不同,心理状态不同,如果员工工作注意力不集中(a306),容易造成安全隐患(a307),需要单位领导对这事情注意,还有员工的身心健康(a308),也会有很大影响,比如有些员工盲目自大(a309),不重视安全问题(a310),或者不自觉遵守规章制度(a311),存在侥幸心理(a312)等都会有所影响……<br>出现安全事故还往往有以下原因:一是冒险实施高处作业平台搭设活动(a313)。员工往往未经过专业技术培训及专业考试合格(a314),比如说不具备架子工作业资格(a315)而擅自进行抹灰作业高处平台搭设(a316),违反安全技术规范规定,因安全知识和安全技能缺乏(a317),且在无任何安全防护措施的前提下(a318),常会致使事故发生。二是安全设施及个体防护用品缺失(a319),安全技术交底不落实(a320)。在组织实施电梯井内壁攒洞扎架子等抹灰准备作业活动时,比如电梯井道内有时无任何防护设施(a321),且时常做不到向正在从事抹灰扎架子准备活动的人员进行安全技术教育(a322)及安全技术交底(a323),也难以做到向其提供任何防护用品,由于以上原因导致施工人员站立不稳(a324),从脚手板与电梯井内壁的缝隙处坠落。 | a301 疏忽大意,a302 加强安全意识,a303 高度重视安全生产,a304 缺乏安全知识,a305 加强公司培训,a306 注意力不集中,a307 形成安全隐患,a308 员工的身心健康,a309 员工盲目自大,a310 不重视安全问题,a311 不自觉遵守规章制度,a312 侥幸心理,a313 冒险实施作业,a314 未经技术培训,a315 不具备作业资格,a316 擅自作业,a317 安全知识和安全技能缺乏,a318 无安全防护措施,a319 个体防护用品缺失,a320 安全技术交底不落实,a321 无防护设施,a322 未进行安全技术教育,a323 安全技术交底未进行,a324 施工人员站立不稳, |

附录B 数据编码表

续表

| 顺序 | 访谈内容 | 概念化 |
|---|---|---|
| 1 | 从管理层来说,一是施工作业方案不够具体(a325),现场安全管理落实不到位(a326)。就像公司项目部编制的"抹灰施工方案"和作业人员"安全技术交底"文件中未根据室内洞口、临边以及电梯井内壁抹灰作业等实际情况编制有针对性的安全技术措施和安全技术要求,明显不够具体(a327)。有时在项目中标后,会安排未取得相应执业资格的人员担任项目负责人,致使其在实际项目施工管理中不具备必要的安全生产知识和管理能力(a328),仅在抹灰作业分包后任由分包人自行组织施工作业(a329),未对施工现场实施任何安全生产管理活动(a330),导致施工现场各类违规违章行为发生(a331)。二是违法分包劳务作业项目也会导致事故发生(a332)。公司有时会将项目抹灰作业分包给不具备任何资质和安全生产条件的个人(a333),并任由其组织实施作业(a334),致使作业分包人在现场不具备抹灰作业条件的情况下,擅自安排无资质人员从事搭设高处作业安全设施(a335)、雇用未取得抹灰作业技能证书的人员(a336)从事抹灰工作业等违规违章行为持续存在(a337),最终导致事故发生。三是施工监理制度落实不到位(a338)。监理公司在审查批复"施工方案"及"安全技术交底"时,对该方案和技术交底内容中缺少对洞口、临边作业及电梯井内抹灰作业安全措施(a339),不符合该项目抹灰作业实际等情况未予发现和纠正(a340),且未对抹灰作业队伍资质进行严格审查(a341),未对抹灰工人持证情况及接受入场三级安全教育培训等情况进行认真监理检查(a342),致使该项目违法分包劳务项目、施工队伍管理混乱(a343)的现场迟迟得不到消除。<br>对于降低安全事故和提高安全绩效我觉得决策层的管理比较重要(a344),安全第一,预防为主(a345),提高员工安全意识(a346),做出明确目标(a347),经常培训教育(a348),严格监督安全文明施工方案和具体施工过程(a349) | a325 作业方案不具体,a326 安全管理落实不到位,a327 安全技术要求不具体,a328 安全生产,知识和管理能力不具备,a329 自行组织施工作业,a330 未实施安全管理活动,a331 现场违规行为,a332 违法分包劳务作业,a333 承包方不具备资质,a334 施工缺乏必要的监督,a335 擅自安排无资质人员施工,a336 雇用无技能证书人员,a337 违规行为持续存在,a338 监理制度落实不到位,a339 缺少安全措施,a340 未发现违规情况,a341 未对作业资质严格审查,a342 未对持证及培训进行监理检查,a343 施工队伍管理混乱,a344 决策层的管理比较重要,a345 安全第一、预防为主,a346 提高员工安全意识,a347 明确目标,a348 需要培训教育,a349 严格监督安全施工方案 |
| 2 | 我在施工单位工作了近5年,主要负责安全技术保障。公司有专门的安全部门,很重视安全问题(a350)。但是目前好多企业在安全方面流于形式,安全投入不足(a351)。个人认为也可以用经济学知识解释,如果安全生产效益大于支出的成本,那么任何经济人都会自主选择安全生产。我认为安全生产的基础应该从优化生产流程等基本的操作开始,但流程不是决定性因素(a352)。<br>结合我们单位的情况,综合现场的勘验、询问调查等情况,未严格遵守公司一些规程和守则(a353),往往会造成身体及重心失衡,可能会有滑跌坠落等现象(a354)。①安装作业现场往往事故隐患排查不及时、不彻底(a355)。比如公司编制的"作业安全操作规程"中对施工场地提出了"必须保持清洁、畅通"的规定,符合国家"安全技术规范"中"作业中的走道、通道板和登高用具,随时清扫干净"的要求。但在实际组织安装作业过程中,施 | a350 重视安全问题,a351 安全投入不足,a352 流程非决定性因素,a353 遵守规程和守则,a354 身体及重心失衡导致滑跌坠落等事故,a355 隐患排查不及时,a356 不认真组织排查 |

续表

| 顺序 | 访谈内容 | 概念化 |
|---|---|---|
| 2 | 当作业人员站在此处身体重心处于失衡状态时,往往形成滑跌事故隐患,进而容易导致事故的发生(a357)。②安装安全技术交底不到位(a358),作业现场管理不规范(a359)。综合公司提供的安全生产管理制度、操作规程和安全技术交底内容审查情况,公司对从事安装作业应注意的协作、联络等事项提出安全工作要求(a360)。在一些事故中,有些员工作业中途因故离开工作岗位(a361),回来后在未与同组工友取得联系的情况下直接作业,缺失联络、协同不好(a362),判断失误(a363),这也是导致事故发生的另一重要原因。<br>对于个人和企业来说可以采取一些防范措施:<br>一是深刻吸取事故教训,认真组织安全生产责任制及规章制度(a364)、安全操作规程,完善安装、维修作业安全技术交底内容(a365),完善安装过程中协同指挥作业的安全操作规程(a366),并强化对从业人员的安全教育培训(a367),强化安装人员协作意识(a368),加强对作业现场、环境的隐患排查(a369),及时排查消除各类事故隐患(a370),各级各岗位人员要严格落实各自安全生产责任(a371),杜绝冒险作业(a372)、违章作业(a373),严防类似事故的再发生。<br>二是以事故为警戒(a374),认真履行工程监理职责(a375),严格审查各施工单位技术监督交底情况(a376),加强对交叉作业的监理检查(a377),及时排查消除影响施工安全的各类风险因素和事故隐患。<br>三是公司各部门要认真吸取事故教训,督促各级人员认真开展隐患排查治理(a378),切实加强职工安全教育培训(a379),杜绝"三违"现象和问题。同时还要加强在建工程的安全监管(a380),在建工程项目落实施工方案、落实预防事故措施的监督检查,尽力消除影响施工安全的各类事故隐患。对于提升安全绩效问题,可以用制度提升安全绩效(a381),长久有效,避免以提升管理者自身能力(a382)作为提升安全生产的主要措施。不去刻意追求利益才能保证利益最大化,建立安全基金,加大惩罚和奖励制度(a383),责任明确到班组,责任到人,建立安全档案,比如建立全省或全国联网制度(a384),引发事故责任人当事人不能够再从事相关工作(a385) | a357 身体失衡形成滑跌隐患,a358 安全技术交底不到位,a359 现场管理不规范,a361 因故离开工作岗位,a362 缺失联络、协同不好,a363 判断失误,a364 认真组织安全生产责任制及规章制度,a365 完善技术交底内容,a366 完善安全操作规程,a367 强化安全教育培训,a368 强化安装人员协作意识,a369 加强隐患排查,a370 及时消除各类隐患,a371 严格落实安全生产责任,a372 杜绝冒险作业,a373 杜绝违章作业,a374 以事故为警戒,a375 认真履行监理职责,a376 严格审查技术监督交底,a377 加强交叉作业的监理检查,a378 督促开展隐患治理,a379 加强安全教育培训,a380 加强安全监管,a381 管理制度,a382 管理能力,a383 惩罚和奖励制度,a384 全省或全国联网制度,a385 事故责任制度 |
| 3 | 我们公司位于烟台经济技术开发区,前身是1995年成立的烟台开发区金桥建筑安装有限责任公司,2009年实现企业集团化发展,确定了以房地产开发、建筑施工为主业。我在公司工程项目部担任项目经理,工作11年,安全生产是一个企业、一个家庭生存发展的基础,但是不管是个人还是企业对安全生产的重视程度不够,主要以警示教育为主,目前缺乏量化的具体指标,应该通过具体的方式,将安全生产深入到具体的工作当中。<br>从个人因素角度考虑,影响安全绩效,导致事故发生的因素主要有以下方面:作业人员对现场作业危险性认识不足(a386),在没有任何安全防护措施下施工(a387)。同时还包括以下几个主要方面:一是持证上岗作业问题。安装人员不经过专业技术培训及专业考试合格(a388),未持高空特种作业证就上岗作业(a389)。二是不具备必 | a386 危险性认识不足,a387 无防护措施下施工,a388 不经过专业技术培训及考试,a389 未持证上岗,a390 不具备安全生产知识,a391 未掌握安全操作技能,a392 高处冒险作业 |

续表

| 顺序 | 访谈内容 | 概念化 |
|---|---|---|
| 3 | 要的安全生产知识(a390),未掌握本岗位的安全操作技能(a391),高处冒险作业(a392)。三是施工单位未对工作人员进行安全技术交底(a393),未告知作业场所和工作岗位存在的危险因素、防范措施以及事故应急措施(a394),对作业现场安全作业危险性估计不足(a395)。四是安全意识淡薄(a396),有时在未系挂安全带或未有安全防护措施的情况下进行作业(a397)。<br>从施工单位或企业角度来看,影响安全绩效的因素包括:一是单位必要的安全生产教育和培训不到位(a398),致使安全知识缺乏(a399),或不具备安全意识(a400)。二是安全操作规程不健全(a401)。施工单位未组织制定必要的安全操作规程(a402),比如砖砌体表面挂钢丝网作业的安全操作规程,从业人员挂钢丝网高处作业所使用的设施做明确的要求和规范。三是劳动防护用品不符合安全要求(a403)。施工单位未向从业人员统一配发符合国家标准或者行业标准的劳动防护用品(a404),而是劳务班组为节约成本私自购买不符合国家规范标准的劣质安全帽进行发放(a405)。四是劳动组织不合理(a406)。比如施工单位会安排一人负责一片区域进行挂钢丝网作业(a407),相互之间的协作难以达到(a408),如果有员工受伤后无法在第一时间得到有效救治。五是现场安全管理不力(a409)。未及时消除作业人员违章冒险作业的生产安全事故隐患(a410)。<br>对于提升安全绩效方面的补充,作业人员的个人心态(a411)、工作态度(a412)、对安全生产的认识(a413)都会影响到企业的安全绩效,同时要注重细节(a414),不可抱有侥幸心理(a415)。加强员工安全教育(a416),教育培训的作用很大,每周都要进行集体安全学习,同时做好安全管理和制定相应奖惩机制(a417) | a393 未进行安全,技术交底,a394 未告知危险因素、防范措施以及应急措施,a395 危险性估计不足,a396 安全意识淡薄,a397 未系挂安全带或防护措施,a398 安全生产教育和培训不到位,a399 安全知识缺乏,a400 不具备安全意识,a401 安全操作规程不健全,a402 未制定必要的操作规程,a403 劳动防护用品不合要求,a404 未统一配发标准的防护用品,a405 配发劣质安全帽,a406 劳动组织不合理,a407 单人单区作业,a408 协作困难,a409 现场安全管理不力,a410 未及时消除违章冒险的隐患,a411 个人心态,a412 工作态度,a413 对安全生产的认识,a414 注重细节,a415 不可抱有侥幸心理,a416 加强安全教育,a417 安全管理和奖惩机制 |
| 4 | 我负责施工项目技术工作5年,对于安全问题,可以说目前难以杜绝,主要问题在于工人的培训机制不健全(a418),工人不固定(a419),闲了到工地打工,忙了回家耕种(a420)。事故调查中显示出,安全防护缺失(a421)、违章作业(a422)是导致一般生产安全事故主要原因。但其间会有很多因素起作用。<br>首先个人因素的确会影响到安全生产,影响安全生产的个人因素千差万别,工作人员心情差(a423),心不在焉(a424),往往会发生意外。另外很多是自身学识(a425)、情感因素(a426)、自我约束力(a427)等等,所以安全知识培训很重要(a428)。个人的随意(a429)和侥幸心理(a430)也是影响安全生产的主要因素,我认为综合有两方面的原因:<br>一是企业方面的因素,硬性制度不完善(a431),监管不力(a432)。公司要认真吸取事故教训,举一反三,全面贯彻执行各项安全生产法律法规(a433),认真建立和落实安全生产责任制(a434)、规章制度和操作规程(a435),按照有关规定发包工程项目,确保安全生产。针对安全生产方面存在的问题,采取措施,堵塞管理漏洞,切实加强安全管理,全面提高防范事故的能力。<br>企业管理层要高度重视(a436)安全生产工作,加强安全教育培训(a437),全面提高从业人员的安全素质和安全意识(a438),加强学习安全知识(a439),加强对现场的安全管理(a440),杜绝违章作业行为(a441),尽力防范生产安全事故的发生 | a418 培训机制不健全,a419 工人不固定,a420 工人流动性大,a421 安全防护缺失,a422 违章作业,a423 工作人员心情差,a424 心不在焉,a425 自身学识,a426 情感因素,a427 自我约束力,a428 安全知识培训很重要,a429 个人的随意,a430 侥幸心理,a431 硬性制度不完善,a432 监管不力,a433 各项安全生产法律法规,a434 建立和落实安全生产责任制,a435 规章制度和操作规程,a436 企业管理层要高度重视,a437 加强安全教育培训,a438 安全素质和安全意识,a439 学习安全知识, |

续表

| 顺序 | 访谈内容 | 概念化 |
|---|---|---|
| 4 | 二是个人忽视制度(a442),并且操作工序也会影响到安全绩效(a443)。员工往往未经培训(未持证上岗)(a444),特别是对雇用的员工进行安全教育培训不到位(a445),致使员工安全意识淡薄(a446);施工作业现场安全管理缺失(a447),劳动防护用品虽已发放,但对防护用品佩戴的监督不到位(a448),违章作业,在没有佩戴安全帽、系安全带等任何防护设施的情况下(a449),在高处作业时,是导致事故发生的重要原因。作业人员做到不要违章作业(a450),安全员做好全过程监督(a451)。在高处挂好安全带(a452),还有个人劳保防护用品(a453)。主要不要疏忽大意(a454),要保持清醒的状态(a455),提高安全意识(a456)和保持良好的安全态度(a457),降低个人负面因素(a458),提高安全生产技能(a459),可以有效降低安全事故。在现实生活中,每个人会根据自身特点,关注不同的敏感点(a460),所以做出的反馈动作也就不同。通过以上多方面努力来共同提升企业安全绩效,降低事故的发生。 | a440 加强现场安全管理,a441 杜绝违章行为,a442 个人忽视制度,a443 操作工序,a444 未持证上岗,a445 安全教育培训不到位,a446 员工安全意识淡薄,a447 安全管理缺失,a448 对防护用品佩戴监督不到位,a449 没有佩戴安全帽,a450 不违章作业,a451 做好全过程监督,a452 高处挂好安全带,a453 劳保防护用品,a454 不要疏忽大意,a455 保持清醒的状态,a456 提高安全意识,a457 保持良好的安全态度,a458 降低个人负面因素,a459 提高安全生产技能,a460 个人特点导致关注敏感点不同 |
| 5 | 我在中铁第二工程有限公司担任工程部部长职务,生产安全问题一直都是一个大问题,不仅仅是通过安全员的监督和企业的督促(a461),更多的是需要员工的自我意识(a462),要让员工认识到这个问题的重要性。政府对企业安全作用不明显,主要还是要企业自身加强。许多事故最直接的原因往往在于现场工作人员对安全不够重视(a463),对细节忽略(a464)。所以安全生产应时刻注意!<br>从员工的角度来看,主要的原因包括以下几方面:首先未对从业人员依法进行岗前安全生产教育培训、考核(a465),即安排其上岗作业,致使工人安全意识不强(a466),缺乏必要的安全知识(a467);其次未佩戴劳动防护用品(a468),对施工作业时可能发生的坠落事故隐患未采取相应的防护防范措施(a469)。<br>从公司管理层的角度来分析,施工单位中有些公司会非法将工程发包给未取得施工资质的单位(a470),且作为总包方对施工作业中安全生产管理脱节(a471)、监管缺失导致事故发生(a472)。当然,如果要提高安全绩效,还需要从以下方面着手:<br>第一方面严格按照规定对从业人员进行安全教育培训(a473),常抓不懈。做好安全生产危险危害告知(a474)。通过培训进一步增强职工的自我保护意识(a475),克服麻痹大意的思想(a476),从根本上提高员工对危险危害的辨识能力(a477)。<br>第二方面加强作业现场的安全监管(a478),落实对遵守安全生产规章制度、操作规程情况的监督检查,切实做到不安全不作业(a479)、安全措施未落实不作业(a480),为从业人员提供安全的作业环境,提高本质安全水平。<br>第三方面严格按照劳动防护用品配备标准规定,根据不同行业、不同岗位,为从业人员配备符合国家标准、行业标准的劳动防护用品(a481)。在发生危险时能为从业人员提供有效防护,降低危害后果。 | a461 安全员和企业的监督,a462 员工的自我意识,a463 对安全不够重视,a464 对细节忽略,a465 岗前培训考核,a466 安全意识不强,a467 缺乏安全知识,a468 未佩戴劳动防护用品,a469 未采取防护措施,a470 非法发包给无资质的单位,a471 安全生产管理脱节,a472a473 安全教育培训常抓不懈,a474 危险危害告知,a475 自我保护意识,a476 克服麻痹大意的思想,a477 提高对危险辨识力,a478 提高安全监管,a479 不安全不作业,a480 安全措施未落实 |

续表

| 顺序 | 访谈内容 | 概念化 |
|---|---|---|
| 5 | 第四方面各相关监管部门按照网格化监管(a482)及国务院"加强企业安全生产工作"的要求,认真履行监管职责,加强安全监察监管工作(a483),及时查纠各类违法行为,确保安全生产。<br>第五方面结合事故教训及案例,开展职工安全教育培训工作(a484),以"珍惜生命,遵章守纪"为主题,在员工中开展反"三违"[反对违章指挥(a485)、违章作业(a486)、违反劳动纪律(a487)]活动,联系实际查找本岗位的安全隐患和易发事故的危险环节,消除安全隐患(a488),杜绝安全管理漏洞(a489)。<br>总体来说,对个人来说安全态度很重要(a490),人人关注安全(a491),杜绝违章作业(a492),提升安全系数,对于安全生产的态度,大家都知道危害程度,但确实没有高度重视,这些跟企业的培训教育(a493),企业的重视情况、个人的生活习惯有关。忽视工作质量(a494),侥幸心理(a495)往往可能引发事故。进场施工人员的安全教育应该做到实处,安全隐患彻底整改到位。不安全因素及时发现整改落实。降低安全事故主要还是要从思想上重视,要养成这种思维习惯a496,工作过程当中,多考虑自己的产品会有什么样的安全隐患,从设计中尽可能避免。安全事故,主要是预防,而不是总结教训 | 不作业,a481 配备标准的劳动防护用品,a482 网格化监管,a483 认真履行监管职责,a484 安全教育培训工作,a485 反对违章指挥,a486 反对违章作业,a487 反对违反劳动纪律,a488 消除安全隐患,a489 杜绝安全管理漏洞,a490 安全态度的重要性,a491 人人关注安全,a492 杜绝违章作业,a493 个人的生活习惯,a494 忽视工作质量,a495 侥幸心理,a496 养成重视安全的思维习惯 |
| 6 | 我在中铁十四局工作4年,主要负责工程质量监管,安全生产关乎所有工程工作人员的生命利益,关系到所有参与建设人员最根本的权益。个人对安全生产的认识(a497)、个人的心态(a498)、工作态度(a499)、员工的素质(a500)等都会影响到企业的安全绩效。同时员工的责任心(a501)很重要,但是企业对员工的态度(a502)也决定员工对企业的责任心。同时员工的精神状态(a503)也很重要,比如个别工人酒后上岗(a504),或个人睡眠不足(a505),或心情不好(a506)等都会影响到员工状态,这也是事故发生的原因之一。工作中的班组长、安全员监督不到位(a507)可能引发事故。<br>对于个体的影响因素而言,每个人都是独立的个体,有自己的想法,有时为了业绩不顾质量(a508),或者为了赶进度而不顾安全(a509)。知识水平(a510)、责任感、个人的安全理念(a511)会影响到企业安全绩效,个人文化水平(a512)、素质差异(a513)及所处环境(a514)也会影响到安全绩效。<br>从个人行为来讲,员工在作业操作过程中,有时作业平台违规搭建a515,平台结构和承受力未经技术鉴定或检测,未设置安全网a516等导致其存在安全隐患。再比如,未按规定佩戴安全带(a517)等劳动防护用品,安全施工措施不到位(a518),在无其他安全防护措施的情况下工作。建设单位、施工单位在工程建设中应加强施工现场安全管理(a519),教育警示从业人员按规范安全操作,可以从以下三个方面开展工作和落实:<br>首先,完善规章制度和操作规程(a520)。加强规章、制度、规程的建设,建立起一套适合现场实际需要、操作性强的岗位作业规范,并不断加以改进和提升,堵塞各种管理漏洞。 | a497 个人安全认识,a498 心态,a499 工作态度,a500 员工的素质,a501 员工的责任心,a502 企业对员工的态度,a503 员工的精神状态,a504 酒后上岗,a505 睡眠不足,a506 心情不好,a507 监督不到位,a508 为业绩不管质量,a509 为赶进度不顾安全,a510 知识水平,a511 个人的安全理念,a512 个人文化水平,a513 素质差异,a514 所处环境,a515 作业平台违规搭建,a516 未设置安全网,a517 未按规定佩戴安全带,a518 安全措施不到位,a519 加强现场安全管理,a520 完善规章规程,a521 强化安全管理,a522 职工教育培训,a523 现 |

续表

| 顺序 | 访谈内容 | 概念化 |
|---|---|---|
| 6 | 其次,是强化安全管理(a521)和职工教育培训(a522)。现场安全管理不到位(a523)会导致事故的发生,还应当完善安全生产责任体系(a524),落实安全生产责任制;对职工的安全教育与培训还要不断强化,提高安全技能、水平(a525),尤其是事故应急处置能力。<br>最后,要说明的是,提高个人工作素养及职业素质(a526),对施工人员进行安全教育及培训,建立完善监督及奖惩制度(a527),提升全员整体安全意识(a528),将安全工作做到实处及细节(a529),提高安全生产的违法成本,强化管理者的安全责任意识 | 场安全管理不到位,a524 完善生产责任体系,a525 提高安全技能,a526 提高个人工作素养及职业素质,a527 完善监督及奖惩制度,a528 提升安全意识,a529 注重工作细节 |
| 7 | 我所在单位是江苏恒基路桥公司,它是一家国有大型交通工程施工企业,现有职工1 200多人,具有公路工程施工、市政公用工程施工、港口与航道、公路工程试验等工程资格,我在单位工作3年多,现在担任施工技术人员,主要从事现场管理、方案的整理等,在我们项目上,上到公司领导,下到现场负责,对安全生产问题极为重视。<br>影响企业安全绩效的个人因素主要包括以下几方面:一是员工的行为不规范(a530)。在吊装工未在岗的情况下,员工擅自实施拆卸作业(a531),操作时用力过猛(a532),操作失误(a533),严重违反操作规程(a534)。应该在操作前再次确认管辖范围没有异常状况。二是心理意识方面,安全意识淡薄(a535),工人都感觉自己不会是倒霉的人,所以放松警惕(a536),甚至对管理人员要求也毫不在意(a537),最终导致安全事故的发生。降低安全事故应该是每一位员工谨记于心的行为准则,应提高员工的安全意识责任感(a538)。三是安全教育或专业技能(a539)。对员工进行教育培训能够提升员工的水平和整体素质(a540),增强员工的安全知识(a541),防止操作中的无端失误(a542)。还存在一种情况是领导层应把握好进度,不要因为加班、过度劳累(a543)、精神不集中(a544)产生事故。可以适度提高工人待遇,不要让工人为了收入过度拼命(a545)。因为员工在施工过程中,疲劳(a546)、精力不济(a547)、睡眠不足(a548)等原因都可能造成员工的失误。<br>组织层面中会有以下因素影响到员工的安全行为:一是施工现场监督检查(a549),安全隐患不能及时发现(a550)。二是项目部负责人对管理人员监管不力(a551),案发事故现场无监管人员,安全生产责任未落到实处(a552)。三是未切实履行安全生产管理职责(a553),对安全生产规章制度落实不到位(a554),对作业场所存在的危险因素、防范措施告知不够具体(a555),隐患排查不够细致全面(a556)。<br>因为每次发生事故都特别惋惜,也感到害怕。因此员工增强安全意识非常重要(a557),很多事故都是可以避免的,关键是领导层要调控好整体布局(a558),同时加强安全意识宣传(a559) | a530 员工行为不规范,a531 擅自实施拆卸作业,a532 操作时用力过猛,a533 操作失误,a534 严重违反操作规程,a535 安全意识淡薄,a536 放松警惕,a537 对管理人员要求毫不在意,a538 员工的安全意识责任感,a539 安全教育或专业技能,a540 员工的水平和整体素质,a541 员工的安全知识,a542 无端失误,a543 过度劳累,a544 精神不集中,a545 为了收入过度拼命,a546 疲劳,a547 精力不济,a548 睡眠不足,a549 施工现场监督检查,a550 安全隐患不能及时发现,a551 监管不力,a552 安全生产责任未落实,a553 安全生产管理职责,a554 安全生产规章制度,a555 危险因素、防范措施告知不够具体,a556 隐患排查不细致,a557 增强安全意识,a558 领导层对整体布局的调控,a559 加强安全意识宣传 |

续表

| 顺序 | 访谈内容 | 概念化 |
|---|---|---|
| 8 | 我的单位是中交第一公路工程局,目前我在上海项目工程部负责技术,有7年现场经验。中交一公局如今以承建基础设施工程为主,承接公路、桥梁、隧道、市政、房建、交通工程、钢结构等业务,在安全问题上,公司一直以来都比较重视,安全问题和个人及公司管理都有紧密联系。<br>从操作人员来说,员工的工作态度(a560)、个人情感和心态状况(a561),责任感(a562)会影响企业的安全绩效,员工的业务知识水平、心理状态(a563)及安全意识(a564)、也和周围的环境有关,与同事相处的氛围(a565)、工作态度、对安全生产的认识(a566)等都会影响到企业的安全绩效。<br>我们单位有几起事故和个人的精神状态(a567)关系较大,比如一线操作人员受家庭情况影响,为了增加收入,超时工作(a568)、过度劳累(a569),导致事故发生。还有因为个人精神状态不好(a570),发生事故当天精神迷迷糊糊(a571),精力无法集中(a572),缺乏应急能力(a573),工作时候不注意观察(a574)导致受伤。还有是因为前一天晚上睡眠不足(a575),熬夜太长(a576),第二天大脑疲劳(a577),身体也也疲惫(a578),工作不在状态(a579)导致严重受伤。这些都是安全事故的形成原因。<br>公司管理层面来讲,公司整体的安全氛围(a580)都会影响到安全,企业有时只注意到生产的进度,没有重视安全(a581)。如何才能做到安全第一呢？第一是公司的安全教育(a582)有助于提高安全意识,多现场管理人员安全意识淡薄(a583),监管不力(a584),致使作业人员缺乏必要的自我防护意识(a585)和事故应对能力(a586)。第二未履行安全生产管理职责,(a587),对工程安全工作督促(a588)、检查不到位(a589)。第三是落实安全生产规章制度和操作规程(a590),确保项目部管理人员在职在岗(a591),对分包企业及其施工班组统一协调和管理,加大对施工现场监督检查力度(a592),对发现的事故隐患要及时整改(a593),要特别做好危险作业的现场看护工作(a594),确保生产安全。<br>单位和个人都需要承担好自己的责任(a595),企业都不希望安全事故的发生,应加强安全方面的管理,先保证安全,确保项目部管理人员在职在岗,对发现的事故隐患要及时整改,要特别做好危险作业的现场看护工作,确保生产安全。行业主管部门要分析监管的薄弱环节和存在的问题,抓好隐患排查和治理,确保行业整体安全 | a560 工作态度,a561 个人情感和心态状况,a562 责任感,a563 心理状态,a564 安全意识,a565 同事间的氛围,a566 对安全生产的认识,a567 个人的精神状态,a568 超时工作,a569 过度劳累,a570 精神状态不好,a571 精神模模糊糊,a572 精力无法集中,a573 缺乏应急能力,a574 工作时候不注意观察,a575 睡眠不足,a576 熬夜太长,a577 大脑疲劳,a578 身体也很疲惫,a579 工作不在状态,a580 公司整体的安全氛围,a581 因赶生产进度不重视安全,a582 公司安全教育,a583 安全意识淡薄,a584 监管不力,a585 自我防护意识,a586 事故应对能力,a587 安全生产管理职责,a588 工作督促,a589 检查不到位,a590 规章制度和操作规程,a591 在职在岗,a592 监督检查,a593 隐患事故的整改,a594 现场看护工作,a595 承担责任 |

续表

| 顺序 | 访谈内容 | 概念化 |
|---|---|---|
| 9 | 我在上海市政工程设计研究总院的工程管理部,工作六年多,上海市政总院成立于二十世纪五十年代,主要从事规划、工程设计和咨询、工程建设总承包及项目管理等业务,拥有给排水、道路、桥梁、水利、轨交、建筑、检测、施工管理和工程总承包等系列专业,覆盖基础设施建设各领域。提及安全方面的问题,安全生产至关重要,怎么强调都不为过。项目施工地对安全抓得很严,但总还有各类事故的发生。<br>说起影响安全的因素,事故发生的各种原因很多,直接原因多是操作人员导致的,但是企业的安全管理和监督(a596)等因素也起到重要作用,比如安全教育就会导致较大的差别。<br>员工的心理状态好(a597)、知识水平高(a598),安全意识就强(a599),安全绩效就容易上去,员工个人态度和心理价值观(a600),理论联系实际,既要懂理论,也要参与实际生产项目。强化每个人的认识,让他们真正感觉到安全的重要性。令行禁止,奖惩分明(a601),从自我做起,保持安全文明。文化水平差异(a602)及所处环境(a603)都会对安全造成影响。<br>从具体行为来讲,由于部分员工存在安全意识淡薄(a604),自我保护意识差(a605),休息中有时擅自解除个人安全防护工具(安全帽)(a606),违章违纪(a607),容易造成事故的发生。在具体作业过程中还存在"张冠李戴",不属于自己的工作范围而由于关系不错,代替他人从事相关作业(a608),比如工作监护人代替别人从事具体作业,而失去工作监护,也会形成事故的发生。还有设施方面的原因,比如装置性违章(a609),平台本应有护栏等设施,而当时现场却没有,是事故形成的间接原因。安全管理有死角(a610),未彻底更除现场的装置性违章现象(a611),留下安全隐患。同时安全教育不够(a612),习惯性违章严重(a613),工作随意性大(a614),进入生产现场后有不戴或不使用安全防护用具(a615)的现象。<br>组织层面制定规章制度时尽量体现公平公正、合情合理、关心关爱的原则,提升员工自身价值、体现员工安全意识(a616),让安全生产的重要性与员工的方方面面产生关联(a617),让员工不仅从公司角度出发,更从自身角度出发重视安全生产。<br>规范施工现场操作(a618),认真开展从业人员的安全教育培训(a619),提高安全意识(a620);教育和督促从业人员执行安全生产规章制度和操作规程(a621);切实开展施工现场安全隐患排查整治(a622),防范各类事故发生。<br>组织和领导的重视程度(a623),管理人员对安全的重视程度(a624),对安全的资金投入(a625),组织层面对于操作工序的把握(a626)和监督程度能影响员工的安全意识,加强监管,降低安全事故发生的可能。安全第一,必须狠抓安全施工。需要员工自身明白安全生产关系到自身利益(a627),进而让个人有这方面的诉求,才会去影响企业 | a596 安全管理和监督,a597 员工的心理状态好,a598 知识水平高,a599 安全意识,a600 个人态度和心理价值观,a601 令行禁止、奖惩分明,a602 文化水平差异,a603 安全氛围,a604 安全意识淡薄,a605 自我保护意识差,a606 擅自解除安全防护工具,a607 违章违纪,a608 代替他人作业,a609 装置性违章,a610 安全管理有死角,a611 现场装置性违章未更除,a612 安全教育不够,a613 习惯性违章严重,a614 工作随意性大,a615 不使用安全防护用具,a616 安全意识,a617 安全与员工利益相关,a618 规范施工现场操作,a619 安全教育培训,a620 提高安全意识,a621 教育和督促员工遵守规章规程,a622 安全隐患排查整治,a623 组织和领导的重视,a624 管理人员的重视,a625 安全资金投入,a626 组织层面对于操作工序的把握,a627 安全关系到自身利益 |

续表

| 顺序 | 访谈内容 | 概念化 |
|---|---|---|
| 10 | 上海建工二建集团成立于1954年，是上海建工集团公司的全资子集团，具有房屋建筑工程施工总承包特级资质和建筑工程设计甲级资质。拥有专业的项目管理团队100余支。我在安全管理部，负责本公司安全质量及职业安全管理体系运作监督、检查和维护，组织安全管理评审工作，指导、协助各部门制订职业安全计划，并进行监督。<br>从员工个人因素和素质对安全绩效的影响来说，因素较多，主要可以分为以下几个方面：一是安全意识和安全态度(a628)，我感觉知识水平(a629)不是决定性因素，工作态度(a630)才是第一要素，如果态度不好，带着情绪工作的话(a631)，哪怕一件小事也会让当事人分心(a632)，导致安全隐患的发生，从而影响到安全绩效。另外由于家庭因素，也可能导致员工的情绪或心情发生波动(a633)，外界环境的变化让每位员工发生了差别，积极状态下和消极状态下的心理(a634)肯定不会在一个水平上。二是责任心非常重要(a635)，缺乏责任心，积极性不高，执行力不够(a636)。当缺乏责任心的时候，也会导致相互之间的协作出现问题(a637)，容易引发安全事故的发生。三是知识和技能水平(a638)，员工如果不具备安全方面的知识，在操作中很容易出现失误(a639)，或者遇到紧急事故不知所措。目前建筑施工单位雇用临时工或者流动性很大的农民工(a640)，他们往往未经安全技能的训练(a641)就直接上岗，最容易导致安全事故的出现。第四是工作人员的收入和工资待遇(a642)，工资少、工作和生活环境差(a643)、没有人文关怀(a644)、超长时间加班(a645)，缺少安全奖励(a646)等都会影响安全生产。<br>从组织方面来看，引发安全事故的因素往往是间接因素，这方面需要改进的管理漏洞较多(a647)，依照自身的工作经验，可以总结为以下几个方面：一是对从业人员安全教育培训不够(a648)，安全管理不到位(a649)，加强安全教育，重视施工安全管理，还有专业工程过程验收(a650)。二是基层管理人员缺乏必要的安全知识(a651)，安全意识淡薄(a652)，忽视安全(a653)。对职工违章作业(a654)、冒险作业行为(a655)未及时检查并及时制止。三是施工现场组织不合理(a656)，各工种、工序间协作衔接性差(a657)，拆下的模板、钢管等材料清理不及时(a658)，造成施工现场缺乏安全通道和有效的作业面(a659)。四是监理单位未认真履行监理责任(a660)，缺乏强有力的监督管理(a661)，施工现场安全监督检查不到位。同时还包括建设单位对安全生产工作整体协调(a662)、管理是否到位。<br>实际作业中违章指挥、违章作业、冒险作业，安全生产教育培训和管理不到位，安全隐患排查整治不力，安全生产责任落实不到位往往容易引发生产安全责任事故。有安全隐患或出现人员伤亡时应给予高度重视，吸取教训，总结经验，争取做到制度切合实际，落实到员工 | a628 安全意识和安全态度，a629 安全知识水平，a630 工作态度，a631 带情绪作业，a632 注意力分散，a633 员工情绪或心情波动，a634 不同的工作状态，a635 责任心重要，a636 执行力不够，a637 不利于协作，a638 安全知识和技能水平，a639 操作失误，a640 雇用临时工或流动性大农民工，a641 未经训练直接上岗，a642 工资少，a643 工作和生活环境差，a644 缺乏人文关怀，a645 超长时间加班，a646 缺少安全奖励，a647 改进管理漏洞较多，a648 安全教育培训不够，a649 安全管理不到位，a650 重视施工管理和过程验收，a651 缺乏安全知识，a652 安全意识淡薄，a653 忽视安全，a654 违章作业，a655 冒险作业，a656 施工组织不合理，a657 各工序间协作衔接性差，a658 材料清理不及时，a659 施工现场缺乏有效作业面，a660 未认真履行监理责任，a661 缺乏有效监督管理，a662 安全工作的整体协调 |

续表

| 顺序 | 访谈内容 | 概念化 |
|---|---|---|
| 11 | 我在上海市第三建筑集团公司工作5年多了,公司是具有国家一级工程建设总承包资质以及建筑施工、市政施工、装饰施工资质的大型建筑企业。我是现场安全员,负责落实安检制度,确保现场生产的有序进行,做好对重点部位和环节的监控,对作业现场安全实施昼夜监控和检查。<br>事故发生的原因,从员工层面而言,技能专业性(a663)和责任感(a664),主要是责任心和专业水平。个人知识水平(a665)、专业技能都比较重要。每个员工都想安全,安全措施(a666)和意识都很重要。员工违规作业情况时有发生(a667),有时是不按作业交底文件操作(a668)。特别在高空作业时更应遵守安全管理制度(a669),不应贪图方便(a670),有些员工会贪图方便违背操作要求(a671),容易导致事故发生。<br>员工的个人安全意识(a672)比较重要,对安全规范的执行有时不到位(a673),还有部分是因为工作时间及工期紧(a674),员工会忽略了安全问题(a675),导致安全事故的发生。在工作中我们负责安全,激发大家的认知,让大家了解不是不会发生,危险总是在不经意间就会出现(a676),以便提示员工认识到安全的重要性(a677)。但员工会遇到消极的事情(a678),会影响操作人员的想法和行为表现。还有就是防护措施过于简单,或者防护不严(a679),也为事故的发生提供了可能。<br>从管理层面来说,公司以下几个方面对事故发生影响较大:隐患排查整治不到位(a680)。公司对施工现场中存在的安全隐患排查整治不到位,忽视作业环境中存在的危险因素(a681),未做好洞口、临边等安全防护工作(a682),未采取有效措施消除安全隐患。作业人员安全意识淡薄(a683)。公司虽有组织作业人员进行相应的安全教育培训(a684)和安全技术交底(a685),作业前也有交代,但是平时对作业人员的安全管理松散(a686),要求不严(a687),作业人员安全意识不足。安全管理不到位,安全生产责任未落实。公司虽制定各项安全生产责任制、安全管理制度、安全操作规程,设置专职安全管理机构和配备专职安全管理人员,但是在施工过程中未认真履行自身安全生产职责(a688),隐患排查整治不力,对作业现场安全管理不到位(a689)。<br>企业都不希望安全事故的发生,应加强安全方面的管理,先保证安全。落实安全生产费用,加强安全生产教育,增加安全生产奖励机制,增加人文关怀措施(a690)。完善制度,加强教育和监督,从上往下抓,对新员工及时进行安全交底,单位和个人都需要承担好自己的责任。以上就是我对安全问题的个人看法 | a663技能专业性,a664责任感,a665个人知识水平,a666安全措施,a667违规作业,a668作业交底操作,a669遵守安全管理制度,a670不应贪图方便,a671贪图方便违背操作,a672安全意识,a673安全规范执行不到位,a674工期紧,a675忽略安全问题,a676不经意间出现危险,a677安全认识,a678消极事情的心理影响,a679防护措施不严,a680隐患排查整治不到位,a681忽视危险因素,a682未做好洞口、临边等安全防护工作,a683安全意识淡薄,a684安全教育培训,a685安全技术交底,a686安全管理松散,a687要求不严,a688未认真履行安全生产职责,a689安全管理不到位,a690人文关怀措施 |

续表

| 顺序 | 访谈内容 | 概念化 |
|---|---|---|
| 12 | 我在中国建筑第八工程局有限公司(以下简称中建八局)安全生产管理部,工作了6年多,中建八局是世界500强企业,总部现位于上海市。主要经营房建总承包、基础设施、工业安装、投资开发和工程设计等业务,下有20多个分支机构。毕业后在施工现场负责技术2年多,然后进入安全管理部,我们单位对安全一直非常重视,安全生产要全面抓,更要重点抓。安全生产很必要,但是落实起来确实有难度。<br>从员工个人因素来讲,个人对安全常识的了解程度(a691)、对安全隐患的判断准确性(a692)、对安全问题的重视程度(a693)都可以影响企业安全绩效,导致这些差异的原因在于企业制度在一线的落实情况(a694)。员工的知识水平(a695)和个人态度(a696)、整体的素质和修养、个人工作状态(a697)和安全防范意识(a698)等都是影响是否安全的重要因素,另外责任心、工作情绪(a699)和工作环境(a700)也会影响事故的发生,纪律是否严明也非常重要(a701)。领班人员应当以身作则(a702),并且要对员工严格检查(a703)也特别重要,同时管理层要对员工采取奖励激励(a704),提高员工的积极性。<br>建筑行业的各参与方资质(a705)、水平及综合素质良莠不齐(a706),立场和诉求也不尽相同,受区域影响明显(a707),也会提高施工的危险性。项目部安全管理要到位,需要配备设备专业人员加以监督管理(a708),加强隐患排查和整治(a709),需要对违章行为及时制止(a710)。公司要不断健全安全规章制度(a711),加大安全宣传(a712)及过程预警控制(a713),由于分包员工或雇用人员专业知识往往匮乏(a714),对员工进行安全培训教育(a715),不能以包代管(a716)。对于监理部门来讲,应认真履行安全监理责任,否则难以及时发现隐患,造成施工现场安全监督不到位。<br>故发生后企业需要汲取事故教训(a717),开展安全生产整顿,分析事故原因(a718),查找存在的问题,制定相应整改措施(a719),预防各类事故再发生。对于未经安全生产教育培训合格的从业人员,不得上岗作业(a720)。根据工程特点制定严密的安全施工措施(a721),对危险作业现场加强安全管理及监督检查。另外还要与承包、承租单位严格签订安全生产管理协议(a722),明确各自安全生产管理职责,加强对承包、承租单位的安全生产工作统一协调、管理(a723)。<br>在所有工地都应该展开隐患排查治理,定期与不定期对各施工单位进行安全检查,坚决制止"三违"行为,杜绝事故的再次发生 | a691 安全常识的了解程度,a692 安全隐患的判断,a693 安全重视程度,a694 企业制度的落实,a695 员工的知识水平,a696 个人态度,a697 个人工作状态,a698 安全防范意识,a699 工作情绪,a700 工作环境,a701 纪律严明,a702 以身作则,a703 严格检查,a704 奖励激励,a705 参与方的资质,a706 参与方的水平及综合素质,a707 区域影响,a708 监督管理,a709 隐患排查和整治,a710 违章行为,a711 安全规章制度,a712 安全宣传,a713 过程预警控制,a714 专业知识匮乏,a715 安全培训教育,a716 以包代管,a717 汲取事故教训,a718 分析事故原因,a719 整改措施,a720 未经培训不得上岗,a721 据工程特点制定施工措施,a722 安全生产管理协议,a723 对承包承租单位统一协调管理 |

续表

| 顺序 | 访谈内容 | 概念化 |
|---|---|---|
| 13 | 北京建工集团始终保持着中国建筑业的领先地位,并逐步发展成为具有国际竞争力的新型企业集团,集团集城市规划、环境改造、建筑设计、工程技术研发、施工建造等业务于一体,可以提供全过程的"交钥匙"服务。我在施工管理部工作7年多,对安全事故感触也比较多。操作人员在实际工作中,出现安全问题的情况不算少,但多是较小事故,大的事故还比较少,但一般每年也会有一两次。由于现实实践中,施工单位为了节约成本(a724),往往会雇用农民工(a725),而农民工农闲时是做工,农忙时就回去了,接受培训也不到位(a726),所以一线工人的职业化程度应引起重视(a727),否则很容易发生安全事故。<br>员工的知识水平和素质也特别重要,好多员工上岗时不具备足够的知识和技能(a728),遇到突发事件容易束手无措。还有部分员工抱有侥幸心理(a729),安全意识不足(a730),为了多点收入常会有冒险行为发生(a731),这是最危险的。因为工地生活比较枯燥,有时员工饭前会饮酒,即便不断提醒或警告,仍难以杜绝(a732),这使得在工作中身不由己(a733),或者精神不集中(a734),最容易发生安全事故。员工的工作态度(a735)比缺乏知识更令人担忧,态度不端正,麻痹大意(a736),安全带或安全帽佩戴不到位(a737),都是引起事故的重要原因。进行施工前的检查和检验(a738),确保其性能完好(a739);生产安全事故隐患排查治理工作(a740)不到位,没有对从业人员使用的特种劳动防护用品形成严格的检查检验制度(a741),导致工人使用的安全绳未经确认完好就投入使用,是事故发生的另一原因。<br>现场管理和公司的制度规章也很重要(a742),现场管理不科学、不严谨(a743),其工作时间与劳务公司工作时间不一致,没有按照规定对施工进行现场安全监督(a744)、管理协调(a745),对事故的发生也应负有重要责任,还有员工对施工现场的环境观察不周(a746)、安全防范意识不到位(a747),也非常关键。另外施工现场出现非施工人员随意出入工地(a748),也是一种安全隐患。<br>公司不办理建设许可证,擅自违章搭建厂房(a749);将搭建工程发包给不具备安全生产条件和施工资质的施工队伍(a750);且双方均未签订专门的安全生产管理协议,也没有约定有关的安全生产管理职责(a751)。施工队伍有时未详细编制建筑施工方案(a752),在施工过程中组织实施落实不到位(a753),在组织施工前没有层层进行安全技术交底(a754),无法确保操作人员熟悉安全操作规程(a755)。这些都是导致事故发生的原因。<br>安全问题并不是公司一个安全科室、一个安全部的事情,而是每一个在现场的人员的事情,所以在讨论涉及安全问题的方面,每一个人都必须参与,贡献出自己的一份力 | a724 节约成本,a725 雇用农民工,a726 接受培训也不到位,a727 员工职业化程度,a728 知识和技能,a729 抱有侥幸心理,a730 安全意识不足,a731 冒险行为,a732 饮酒难以杜绝,a733 身不由己,a734 精神不集中,a735 工作态度,a736 麻痹大意,a737 安全带或安全帽佩戴不到位,a738 施工检查和检验,a739 确保设备性能完好,a740 隐患排查治理,a741 未对特种劳动防护用品形成检验制度,a742 制度规章,a743 现场管理不科学不严谨,a744 现场安全监督,a745 管理协调,a746 现场环境观察不周,a747 安全防范意识不到位,a748 非施工人员随意出入工地,a749 擅自违章搭建厂房,a750 发包给无资质施工队伍,a751 双方均未签订专门的安全生产管理协议,未约定安全生产管理职责,a752 未编制建筑施工方案,a753 组织实施落实不到位,a754 安全技术交底,a755 未熟悉安全操作规程 |

续表

| 顺序 | 访谈内容 | 概念化 |
|---|---|---|
| 14 | 中建二局第二建筑工程公司主要是建筑工程施工总承包企业。公司业务主要包括建筑工程施工总承包、市政公用工程施工总承包、机电工程施工、钢结构工程等专业承包。我在建筑工程部施工现场工作12年,个人认为安全生产事故难以完全杜绝,但可以控制到接受范围内。工人安全意识薄弱的现象仍存在,在安全投入(a756)上施工单位舍不得投入较多成本。个人素质的提升需要加强安全教育(a757),需要与施工人员多沟通(a758),建立相应的惩罚措施(a759),明确的奖励及惩罚措施会直接影响员工的安全意识。加强日常安全检查,遵章执行,落实制度,严格进行监管(a760)。这些都会提升企业的安全绩效。<br>对于个人方面来讲,整体的安全意识,对操作过程中的技能和知识的掌握(a761),以及对安全的了解程度(a762),是否违反安全管理规定(a763),冒险进行作业(a764)等都会导致事故的发生。公司对安全的任务是否分派明确(a765),因为有时干活的人也会多做事(a766),本来出于好意,可能会酿成祸事。领导要把控好工程进度,不要为了赶进度,迫使工人尽快完工(a767),仓促中也容易出错。工人工作状态、心情和精神状态(a768)都会有影响。<br>组织结构中的层级以及各自职责、利益相关、职责范围仅凭个人和口头无法有效落实。管理人员对不规范操作(a769)视而不见,甚至纵容(a770),就会导致安全事故频发。组织结构中对安全管理的突出或忽视(a771)均会影响员工的安全意识或安全行为,公司安全生产主体责任不落实,现场管理人员未认真履行安全监督管理职责,未及时发现并排除安全隐患(a772);对从业人员安全生产教育培训不到位,施工人员安全意识淡薄,自我保护意识不强(a773),不合适的条件下冒险进入施工现场(a774),是导致事故发生的间接原因。<br>企业主要负责人督促、检查本单位的安全生产也很重要(a775),一方面说明领导的重视(a776),同时还能消除生产安全事故隐患(a777),如果组织对隐患排查不力,未能及时发现并制止施工企业的违规行为和事故隐患,行政主管部门对项目施工疏于监管(a778),也会导致事故发生。同时,天气和气候也会影响到企业的安全(a779),比如雷雨天气、风雪天气,地面湿滑(a780),员工在施工时难以自主(a781),控制不好自己的动作(a782),或操作中身体僵硬(a783)等都会导致安全事故的发生 | a756 安全投入较少,a757 安全教育,a758 加强沟通,a759 奖惩措施,a760 严格进行监管,a761 技能和知识掌握,a762 对安全了解,a763 安全管理规定,a764 冒险进行作业,a765 任务分派明确,a766 超范围做事,a767 为赶进度迫使尽快完工,a768 心情和精神状态,a769 管理人员对违规监管不力,a770 纵容,a771 安全管理的强调程度,a772 排除安全隐患,a773 自我保护意识,a774 冒险进行施工,a775 督促、检查安全生产,a776 领导的重视,a777 消除安全事故隐患,a778 疏于监管项目施工,a779 天气和气候的影响,a780 雷雨风雪天气地面湿滑,a781 员工难以自主,a782 控制不好自己的动作,a783 身体僵硬 |

续表

| 顺序 | 访谈内容 | 概念化 |
|---|---|---|
| 15 | 中铁十局成立于2003年,是以工程施工总承包为主的特大型企业,拥有铁路施工总承包和建筑工程总承包双特级资质,拥有公路工程、市政公用工程、桥梁工程、隧道工程及建筑装饰装修、建筑智能化等专业承包业务。公司在铁路、公路、市政、房建施工和房地产开发等诸多领域取得瞩目的业绩。我在安全监管部5年多,主要负责公司施工过程中安全的监督和管理。<br>公司非常注重安全事故的预防,安全事故大部分都是由小问题引起的(a784)。公司一直强调安全无小事(a785),可部分员工在施工或操作过程中,把安全不当回事(a786)。部分施工经理、施工人员缺乏安全意识(a787),无安全责任(a788)。安全生产关乎千家万户,工人安全意识薄弱的现象仍然存在(a789),有些员工存在侥幸心理(a790),责任心不足(a791)。<br>从深层次原因来讲,员工受教育的程度以及接受安全培训的机会也非常重要(a792),降低安全事故还应当以安全教育为基础,明确安全教育事故的危害性和严重损失后果。员工个人的工作态度(a793)和工作积极性(a794)会影响到工作中的安全与否,良好的工作态度(a795)能够使员工认真专注(a796),减少失误。同时员工的工作心态和情绪也会对其工作状态产生明显的影响,还有相互之间的工作氛围(a797),人际关系的情况(a798),都会对员工的工作状态产生影响,如果处理好这些因素,都会在一定程度上减少事故的发生。<br>从管理层面来讲,施工方采取有效防护措施(a799)非常关键,另外还要按照图纸要求和施工方案开展工作(a800),经常出现的情况是项目施工管理混乱(a801),总包、分包、监理单位,按合同约定配备的项目负责人未到现场履职(a802);总包、分包单位委派的现场实际负责人不具备相关资格(a803),对施工现场不能进行有效的管理(a804);分包单位临时召用外来人员(a805),在没有进行安全教育、安全技术交底的情况下进行施工。<br>在工程项目中还存在违法分包工程(a806)、超越单位资质许可的业务范围承揽建设工程(a807)、个人以企业名义承揽建设工程(a808)等诸多违法违规现象。这些都属于承发包行为违法违规(a809)。这些往往导致安全责任制未得到落实(a810)。总包、专业分包、监理、监管单位,没有按照法律法规、标准、规章制度等要求落实安全责任,未及时制止项目中问题或督促整改不彻底(a811)。<br>严格的管理制度(a812)和有效的奖罚制度(a813),现场负责人的态度和责任心(a814),上级对安全的重视程度(a815)可在一定程度上避免事故的发生。其实组织层面大多数是没有问题的,问题多出现于现场负责人和具体操作者,组织内部要加强监管,安全费用要保障落实(a816),对员工关爱的程度(a817)要加强,这些都会影响到企业的安全绩效 | a784 小问题容易引发事故,a785 安全无小事,a786 施工或操作中忽视安全,a787 安全意识,a788 无安全责任,a789 安全意识薄弱,a790 侥幸心理,a791 责任心不足,a792 安全教育培训的程度及机会,a793 工作态度,a794 工作积极性,a795 良好的工作态度,a796 员工认真专注减少失误,a797 相互间的工作氛围,a798 人际关系情况,a799 有效防护措施,a800 按照图纸要求和施工方案开展工作,a801 项目施工管理混乱,a802 项目负责人未到现场履职,a803 现场负责人不具备资格,a804 施工现场的管理,a805 临时召用外来人员,a806 违法分包工程,a807 超越资质许可承揽工程,a808 个人以企业名义承揽工程,a809 承发包行为违法违规,a810 安全责任制的落实,a811 制止项目中问题或督促整改不彻底,a812 严格的管理制度,a813 有效的奖罚制度,a814 现场负责人态度和责任心,a815 上级重视程度,a816 安全费用的保障落实,a817 员工的关爱程度 |

资料来源:笔者整理。

表3 概念化编码

| 序号 | 原始代码(现象/事件) | 概念化代码 |
|---|---|---|
| 1 | a573 缺乏应急能力,a586 事故应对能力 | aa1 应急能力 |
| 2 | a526 提高个人工作素养及职业素质,a727 员工职业化程度 | aa2 职业化素养 |
| 3 | a104 未遵守清理规程,a618 规范施工现场操作,提高安全意识,a311 不自觉遵守规章制度,a353 遵守规程和守则,a669 遵守安全管理制度,a182 未办理作业许可,a248 未保持安全距离,a265 未保持安全距离 | aa3 遵守规章制度 |
| 4 | a114 临时替工,缺乏相关知识和经验,a193 缺乏安全知识,a291 缺乏安全知识,未按规定方案施工,a304 缺乏安全知识,a328 安全生产知识和管理能力不具备,a390 不具备安全生产知识,a399 安全知识缺乏,a467 缺乏安全知识,a541 员工的安全知识,a629 安全知识水平,a651 缺乏安全知识,a695 员工的知识水平,a762 对安全了解 | aa4 安全生产知识匮乏 |
| 5 | a3 无安全防护措施工作,a36 未采取安全保护措施,a41 缺少安全防护措施,a60 未采取合理措施,a63 应急措施不当,a76 防护措施简单,a85 防护措施不力,a97 未采取安全措施造成坠亡,a100 未采取防护措施,a117 未设置防护设施,a169 未采取有效措施,a172 未采取防坍塌措施,a187 墙体无加固措施,a191 无安全技术措施,a236 未采取防护措施,a242 未采取固定措施,a243 放置不稳妥,a286 未采取有效防倾覆措施,a318 无安全防护措施,a321 无防护设施,a387 无防护措施下施工,a397 未系挂安全带或防护措施,a421 安全防护缺失,a469 未采取防护措施,a480 安全措施未落实不作业,a518 安全措施不到位,a555 危险因素、防范措施告知不够具体,a339 缺少安全措施,a394 未告知危险因素、防范措施以及应急措施,a799 有效防护措施 | aa5 安全保护措施 |
| 6 | a511 个人的安全观念 | aa6 个人安全观念 |
| 7 | a423 工作人员心情差,a426 情感因素,a506 心情不好 | aa7 员工心情 |
| 8 | a144 冒险行动,a150 领导未阻止冒险行为,a185 拆除方法不符合规程,冒险蛮干,a203 照明断电后继续作业,a210 为图方便,冒险作业 | aa8 蛮干 |
| 9 | a510 知识水平,a512 个人文化水平,a563 业务知识水平,a602 文化水平差异,a665 个人知识水平,a598 知识水平高 | aa9 文化水平 |
| 10 | a366 完善安全操作规程,a401 安全操作规程不健全,a402 未制定必要的操作规程,a719 整改措施 | aa10 操作规程的完善程度 |
| 11 | a501 员工的责任心,a635 责任心重,a791 责任心不足 | aa11 员工责任心 |
| 12 | a413 对安全生产的认识,a677 安全认识,a566 对安全生产的认识,a497 个人安全认识 | aa12 安全生产认识 |
| 13 | a158 管理混乱,a343 施工队伍管理混乱,a801 项目施工管理混乱,a359 现场管理不规范,a686 安全管理松散,a587 安全生产管理职责现场安全管理不到位,a649 安全管理不到位,a409 现场安全管理不力 | aa13 管理执行到位 |
| 14 | a600 价值观 | aa14 价值观念 |

续表

| 序号 | 原始代码(现象/事件) | 概念化代码 |
|---|---|---|
| 15 | a152 未按规程搬动,a443 操作工序,a435 规章制度和操作规程,a721 据工程特点制定施工措施,a590 规章制度和操作规程,a755 未熟悉安全操作规程,a626 组织层面操作工序的把握 | aa15 安全规程 |
| 16 | a65 精神状态差,678 消极事情的心理影响,a503 员工的精神状态,a570 精神状态不好,a571 精神迷迷糊糊,a567 个人的精神状态 | aa16 精神状况差 |
| 17 | a25 冒险施工,a58 执意冒险施工,a77 冒险跳下,工作人员发生高空滑落,a101 冒险操作,a313 冒险实施作业,a372 杜绝冒险作业,a392 高处冒险作业,a655 冒险作业,a731 冒险行为,a764 冒险进行作业,a774 冒险进行施工 | aa17 冒险实施作业 |
| 18 | a2 无证上岗,a11 无证上岗,a98 无操作证,a389 未持证上岗,a444 未持证上岗 | aa18 无证上岗 |
| 19 | a68 违规指挥,a227 安全人员未制止违章行为,a148 违规指挥,a280 指挥方式不合规,a485 反对违章指挥 | aa19 违规指挥 |
| 20 | a412 工作态度,a499 工作态度,a560 工作态度,a630 工作态度,a696 个人态度,a735 工作态度,a793 工作态度,a795 良好的工作态度,a814 现场负责人态度和责任心 | aa20 个人工作态度 |
| 21 | a505 睡眠不足,a548 睡眠不足导致疲劳,a575 睡眠不足,a576 熬夜太长 | aa21 睡眠不足 |
| 22 | a418 培训机制不健全,a792 安全教育培训的程度及机会 | aa22 培训机会 |
| 23 | a425 自身学识 | aa23 自身学识 |
| 24 | a325 作业方案不具体,a364 认真组织安全生产责任制及规章制度,a326 安全管理落实不到位,a330 未实施安全管理活动,a381 管理制度,a417 安全管理和奖惩机制,a431 硬性制度不完善,a440 加强现场安全管理,a519 加强现场安全管理,a520 完善规章规程,a521 强化安全管理,a553 安全生产管理职责,a554 安全生产规章制度,a759 奖惩措施,a687 要求不严,a694 企业制度的落实,a601 令行禁止,奖惩分明,a701 纪律严明,a711 安全规章制度,a722 安全生产管理协议,a723 对承包承租单位统一协调管理,a742 制度规章,a745 管理协调,a751 未约定安全生产管理职责,a763 安全管理规定,a804 施工现场的管理,a812 严格的管理制度,a813 有效的奖罚制度 | aa24 规章制度 |
| 25 | a9 未佩戴安全防护用品,a12 未佩戴防护用品,a39 未佩戴防护用品,a40 未佩戴防护用品,a47 未戴安全防护用品,a453 劳保防护用品,a468 未佩戴劳动防护用品,a212 未佩戴防护用品 | aa25 未佩戴安全用品 |
| 26 | a60 监督检查不力,a448 对防护用品佩戴监督不到位,a769 管理人员对违规监督不力,a451 做好全过程监督,a461 安全员和企业的监督,a507 监督不到位,a527 监督及奖惩制度,a588 工作督促,a592 监督检查,a596 安全管理和监督不力,a660 未认真履行监理责任,a661 缺乏有效监督管理,a708 监督管理,a775 督促、检查安全生产 | aa26 监督检查 |
| 27 | a317 安全技能缺乏,a459 提高安全生产技能,a525 提高安全技能,a663 技能专业性,a638 技能水平,a761 技能和知识掌握,a728 知识和技能 | aa27 安全生产技能 |

续表

| 序号 | 原始代码(现象/事件) | 概念化代码 |
|---|---|---|
| 28 | a1 不慎,a6 不慎高空坠落,a7 高空坠落,a10 高处坠落,a14 高空坠落,a17 重心不稳坠落,a30 坠落受伤,a22 失手坠落,a37 不慎坠落伤害,a38 不慎坠落伤头部,a64 坠落桥底,a81 高处坠落,a103 坠落地面,严重受伤,a171 随屋面梁坠落至地面,a300 不慎失足坠落 | aa28 不慎坠落受伤 |
| 29 | a52 安全意识淡薄,a56 施工安全意识不足,a58 安全意识淡薄,a71 安全意识差,a149 安全意识淡薄,a194 安全意识淡薄,a302 加强安全意识,a346 提高员工安全意识,a396 安全意识淡薄,a400 不具备安全意识,a438 安全素质和安全意识,a446 员工安全意识淡薄,a456 提高安全意识,a466 安全意识不强,a528 提升安全意识,a535 安全意识淡薄 538 员工的安全意识责任感,a557 增强安全意识,a564 安全意识,a583 安全意识淡薄,a599 安全意识,a604 安全意识淡薄,a616 安全意识,a652 安全意识淡薄,a672 安全意识,a683 安全意识淡薄,a698 安全防范意识,a730 安全意识不足,a787 安全意识,a789 安全意识薄弱 | aa29 安全意识不足 |
| 30 | a16 未采取自我保护措施,a29 赤脚无防滑措施,a319 个体防护用品缺失 | aa30 个体防护措施 |
| 31 | a96 缺乏专业技术训练,a314 未经技术培训,a322 未进行安全技术教育,a428 安全知识培训很重要 | aa31 技术训练 |
| 32 | a475 自我保护意识,a747 安全防范意识不到位 | aa32 自我保护意识 |
| 33 | a26 隐患未引起注意,a70 安全隐患排除不力致使坠落,a355 隐患排查不及时,a369 加强隐患排查,a370 及时消除各类隐患,a488 消除安全隐患,a550 安全隐患不能及时发现,a556 隐患排查不细致,a593 隐患事故的整改,a622 安全隐患排查整治,a680 隐患排查整治不到位,a772 排除安全隐患,a777 消除安全事故隐患 | aa33 排查隐患 |
| 34 | a170 未按照图纸要求焊接,a190 不符合设计要求,a261 安装偏斜,水平拉力不够,a800 按照图纸要求和施工方案开展工作,a260 安装不合要求 | aa34 设计或施工不合要求 |
| 35 | a388 不经过专业技术培训及考试,a539 安全教育或专业技能 | aa35 专业技能教育 |
| 36 | a44 吊带断开,a78 安全带松开,a80 安全绳断落,a93 安全带断裂,a196 解开安全带,a517 未按规定佩戴安全带,a737 安全带或安全帽佩戴不到位 | aa36 安全带断开 |
| 37 | a455 保持清醒的状态,a579 工作不在状态,a634 不同的工作状态,a697 个人工作状态 | aa37 个人工作状态 |
| 38 | a33 违规操作,a54 违反操作规程,a66 违章违纪,a67 违反管理规定,a124 违反规程,a69 违章操作,a127 未停机,违反规定,a166 违规操作,a137 冒险跨跳导致事故,a138 违反安全规则,a139 违章冒险作业,a141 违规操作,a163 违规填土操作,a181 违章操作,风险识别不到位,a197 违法技术规范,a206 施工顺序违反要求,a352 流程非决定性因素,a214 违规摆放,a221 违章作业,a226 违章直接抛掷到地面,a231 违反操作要求,a232 违章,a238 违反拆除技术规范,a241 违反规定作业,a253 擅自操作,违反规程,a256 未告知违章操作的危害,a266 违规违章操作,a273 违反吊装规定,a283 未按规定施工,a331 现场违章行为,a337 违规行为持续存在,a340 未发现违规情况,a373 杜绝违章作业,a441 杜绝违章行为,a486 违章作业,a487 违反劳动纪律,a492 杜绝违章作业,a515 作业平台违规搭建,a534 严重违反操作规程,a607 违章违纪,a609 装置性违章,a611 现场装置性违章未更除,a613 习惯性违章严重,a654 违章作业,a667 违规作业,a710 违章行为,a749 擅自违章搭建厂房 | aa38 违章操作 |

续表

| 序号 | 原始代码(现象/事件) | 概念化代码 |
|---|---|---|
| 39 | a84 疏忽大意,a209 疏忽大意,a235 麻痹大意,a250 疏忽大意,a301 疏忽大意,a424 心不在焉,a464 对细节忽略,a494 忽视工作质量,a442 个人忽视制度,a454 不要疏忽大意,a476 麻痹大意的思想,a736 麻痹大意,a786 施工或操作中忽视安全,a681 忽视危险因素,a653 忽视安全,a675 忽略安全问题 | aa39 粗心大意 |
| 40 | a501 员工的责任心,a635 责任心重,a791 责任心不足 | aa40 工作责任感 |
| 41 | a45 吊具未经检验,a198 未设置拉接,架体失稳,a739 确保设备性能完好,a740 未对特种劳动防护用品形成检验制度 | aa41 设备检查 |
| 42 | a19 取得安全资格证,a35 无从业资格,a315 不具备作业资格,a336 雇用无技能证书人员 | aa42 作业资格 |
| 43 | a5 安全带未系好,a46 吊具无保护系统,a62 未系安全带,a72 未系安全带,a82 未系挂安全带,操作者坠落地面,a195 未系安全带 | aa43 未系挂安全带 |
| 44 | a48 非专业操作者,a120 操作工不熟悉情况,a391 未掌握安全操作技能 | aa44 操作的专业性 |
| 45 | a457 保持良好的安全态度,a490 安全态度的重要性,a628 安全意识和安全态度 | aa45 安全态度的保持 |
| 46 | a489 杜绝安全管理漏洞,a647 改进管理漏洞较多,a447 安全管理缺失,a471 安全生产管理脱节,a610 安全管理有死角,a406 劳动组织不合理,a752 未编制建筑施工方案,a743 现场管理不科学严谨 | aa46 管理的严谨性 |
| 47 | a57 缺乏电工知识进行作业,a714 专业知识匮乏 | aa47 专业知识 |
| 48 | a122 一味蛮干,a153 强行抽动材料,a292 野蛮施工导致塔体不稳,a532 操作时用力过猛 | aa48 野蛮施工 |
| 49 | a204 未达到施工设计要求,a342 未对持证及培训进行监理检查,a703 严格检查,a589 检查不到位,a356 不认真组织排查,a738 施工检查和检验 | aa49 施工检验 |
| 50 | a458 降低个人负面因素,a563 工作心理状态,a597 员工的心理状态好 | aa50 工作心理状态 |
| 51 | a4 坠落死亡,a18 不慎坠地死亡,a34 坠地死亡,a8 伤势过重,抢救无效死亡 | aa51 坠落死亡 |
| 52 | a59 安全帽佩戴不合要求,a405 配发劣质安全帽 | aa52 安全帽不合规 |
| 53 | a543 过度劳累,a569 过度劳累,a578 身体也很疲惫 | aa53 身体劳累过度 |
| 54 | a51 设施坍塌,工作人员摔地而亡,a188 墙体倒塌压死作业人员,a146 掩埋致死,a151 碎料塌陷使得员工掩埋致死,a142 坍塌砸死驾驶员工,a164 坍塌砸中头部身亡 | aa54 坍塌掩埋 |
| 55 | a131 擅自离开工作岗位,a278 安全员擅自离开 | aa55 擅自离岗 |
| 56 | a324 施工人员站立不稳,a781 员工难以自主,a782 控制不好自己的动作,a783 身体僵硬 | aa56 身体自控能力 |
| 57 | a334 施工缺乏必要的监督,a349 严格监督安全施工方案,a376 严格审查技术监督交底,a378 督促开展隐患治理,a549 施工现场监督检查,a811 制止项目中问题或督促整改不彻底,a744 现场安全监督 | aa57 施工过程监督 |

续表

| 序号 | 原始代码(现象/事件) | 概念化代码 |
|---|---|---|
| 58 | a15 未按规定佩戴安全防护用品,a128 未按要求穿戴工作服,a299 未正确佩戴安全防护装备劳动,a650 防护用品不合要求 | aa58 未按规定佩戴安防用品 |
| 59 | a491 人人关注安全,a591 在职在岗,a559 加强安全意识宣传,a712 安全宣传识,a794 工作积极性 | aa59 关注安全 |
| 60 | a53 操作不当,a109 不当操作,a119 现场指挥不当,a177 施工操作不规范,a252 操作错误,a668 作业交底操作,a267 操作不当,a279 操作人员无法观察到吊物,凭听取信号操作,a224 不规范作业削弱了结构抗倾覆能力,a673 安全规范执行不到位 | aa60 规范操作 |
| 61 | a225 未按规定戴安全帽,致飞石直接击中头部,a245 未佩戴安全帽,a449 没有佩戴安全帽 | aa61 未佩戴安全帽 |
| 62 | a257 吊件下方站人未予警告,a374 以事故为警,a395 危险性估计不足,a474 危险危害告知,a536 放松警惕 | aa62 警告 |
| 63 | a168 未使用正常连接,a223 未按标准搭设支架,a200 未按规定的预压载荷排列,a287 临时绑扎固定不够牢靠,a211 未按规定搭设脚手架 | aa63 设施标准要求 |
| 64 | a296 施工人员安全管理意识淡薄,a748 非施工人员随意出入工地 | aa64 安全管理意识淡薄 |
| 65 | a225 未进行安全技术交底,a230 未按技术交底,a320 安全技术交底不落实,a323 安全技术交底未进行,a358 安全技术交底不到位,a365 完善技术交底内容,a393 未进行安全技术交底,a685 安全技术交底,a754 安全技术交底 | aa65 技术交底的落实 |
| 66 | a201 局部坍塌沙袋坠落,员工被埋,a207 十余人随支架坠落,a271 钢管坠落砸中作业人员,a276 水管坠落砸伤工作人员,a160 坠落物砸倒员工,a289 管排倾覆压住工作人员,a293 铁塔倾倒,造成多人受伤,a154 下滑的槽钢砸中,a167 被围墙砸倒 | aa66 设施伤害 |
| 67 | a504 酒后上岗,a547 精力不济,a734 身不由己,精神不集中 | aa67 精力不济 |
| 68 | a347 明确目标,a765 任务分派明确 | aa68 明确任务 |
| 69 | a56 口头布置,违背规则,a129 违章跨越钻机,a136 违章离开操作平台,a332 违法分包劳务作业,a285 违反施工方案冒险进入警戒区,a615 不使用安全防护用具 | aa69 违背规则 |
| 70 | a500 员工的素质,a513 素质差异,a540 员工的水平和整体素质,a706 参与方的水平及综合素质 | aa70 员工素质 |
| 71 | a133 贪图方便,a165 施工贪图方便,a670 不应贪图方便,a671 贪图方便违背操作 | aa71 贪图方便 |
| 72 | a126 设备倾斜后砸压操作人员,a130 钻杆缠绕致死,a140 被泵车卷入其中,a222 钢丝绳击中头部,a219 钢管滑落砸倒工作人员,a229 被钢管砸中头部 | aa72 设备致伤 |
| 73 | a631 带情绪作业,a633 员工情绪或心情波动,a699 工作情绪 | aa73 工作情绪 |

续表

| 序号 | 原始代码(现象/事件) | 概念化代码 |
|---|---|---|
| 74 | a6 设备垮落,a42 木板断裂导致坠落,a50 跳闸事故多发,a57 螺栓螺母锈蚀,a62 机械打滑,a125 垫木坍塌,a295 机械设备受影响发生倾斜,a297 打桩机倾倒砸中挖掘机驾驶室,a102 脚手架倾倒,a218 绳索断裂 | aa74 设施障碍 |
| 75 | a59 重力惯性致使坠地身亡,a108 被挤伤致亡,a113 车斗落下致亡,a216 砸中工人救治无效,a233 散开的钢筋将操作工砸伤致亡,a263 砸中工人致亡,a281 布料机转臂击中工作人员致亡 | aa75 设备致亡 |
| 76 | a427 自我约束力,a462 员工的自我意识,a605 自我保护意识差,a773 自我保护意识,a585 自我防护意识 | aa76 自我意识 |
| 77 | a546 疲劳,a577 大脑疲劳 | aa77 疲劳 |
| 78 | a91 未检查设备即投入使用,a99 设施有问题,a147 工具滑落,a202 设备漏电,a215 工件摆放不合适,设备被挂到 | aa78 使用不当 |
| 79 | a75 侥幸心理,a112 侥幸心理,a312 侥幸心理,a415 不可抱有侥幸心理,a430 侥幸心理,a495 侥幸心理,a729 抱有侥幸心理,a790 侥幸心理 | aa79 侥幸心理 |
| 80 | a162 过梁掏空出现安全隐患,a288 未辨识安全隐患,a307 形成安全隐患,a357 身体失衡形成滑跌隐患,a410 未及时消除违章冒险的隐患,a422 违章作业隐患,a692 安全隐患的判断,a709 隐患排查和整治,a740 隐患排查治理 | aa80 隐患辨识 |
| 81 | a411 个人心态,a498 心态,aa561 个人情感和心态状况 797 工作心态和情绪 | aa81 个人心态 |
| 82 | a465 岗前培训考核,a582 公司安全教育,a641 未经训练直接上岗,a720 未经培训不得上岗 | aa82 上岗训练 |
| 83 | a429 个人的随意,a614 工作随意性大,a574 工作时候不注意观察 | aa83 工作随意 |
| 84 | a31 未经培训人员,a255 未进行培训,a726 接受培训也不到 | aa84 人员培训 |
| 85 | a61 精力不集中,缺乏应变能力,a306 注意力不集中,a308 员工的身心健康,a544 精神不集中,a572 精力无法集中,a632 注意力分散,a768 心情和精神状态 | aa85 注意力分散 |
| 86 | a111 警示危险,a116 无警示标示,a477 提高对危险辨识力,a516 未设置安全网,a713 过程预警控制 | aa86 警示标识 |
| 87 | a344 决策层的管理比较重要,a436 企业管理层要高度重视,a644 缺乏人文关怀,a650 重视施工管理和过程验收,a690 人文关怀措施,a771 安全管理的强调程度 | aa87 管理层的重视 |
| 88 | a13 擅自移动操作,a21 擅自操作,a316 擅自作业,a531 擅自实施拆卸作业,a606 擅自解除安全防护工具 | aa88 擅自操作 |
| 89 | a386 危险性认识不足,a691 安全常识的了解程度 | aa89 安全常识了解 |

续表

| 序号 | 原始代码(现象/事件) | 概念化代码 |
|---|---|---|
| 90 | a223 安全培训不到位,a305 加强公司培训,a348 需要培训教育,a367 强化安全教育培训,a379 加强安全教育培训,a398 安全生产教育和培训不到位,a416 加强安全教育,a437 加强安全教育培训,a473 安全教育培训常抓不懈,a522 职工教育培训,a612 安全教育不够,a619 安全教育培训,a621 教育和督促员工遵守规章规程,a648 安全教育培训不够,a684 安全教育培训,a715 安全培训教育到位 | aa90 公司培训教育 |
| 91 | a61 防护栏拆除过早,a118 私自拆掉护栏,a159 拆除安全防护措施,形成安全隐患,a282 未按要求架设防护网,a679 防护措施不严,a682 未做好洞口、临边等安全防护工作 | aa91 安全隐患 |
| 92 | a55 失去平衡坠桥,a74 动作失控,高程坠落,a79 失稳坠落至安全网,a83 失稳坠落,a92 重心失稳失足,a354 身体及重心失衡导致滑跌坠落等事故,a157 失稳坍塌 | aa92 失稳失足 |
| 93 | a545 为了收入过度拼命,a568 超时工作,a645 超长时间加班 | aa93 过度工作 |
| 94 | a73 佩戴设施不足,a404 未统一配发标准的防护用品,a481 配备标准的劳动防护用品 | aa94 配发设施 |
| 95 | a121 擅自行动,a217 擅自行动,使用危险设施,a244 未听从命令,忙于他事,a275 擅自安排工人吊装水管,a309 员工盲目自大,a329 自行组织施工作业,a335 擅自安排无资质人员施工 | aa95 盲目行动 |

资料来源:笔者整理。

# 参考文献

[1] 赵志杰. 正确处理安全生产与经济发展的关系[J]. 经营与管理，2015(11)：27-28.

[2] World Health Organization. Global strategy on occupational health for all：The way to health at work[EB/OL][2015-12-23]. http://www.who.int/occupational_health/en/.

[3] Nahrgang J D, Morgeson F P, Hofmann D A. Safety at work：A meta-analytic investigation of the link between job demands, job resources, burnout, engagement, and safety outcomes[J]. The Journal of Applied Psychology, 2011, 96(1)：71-94.

[4] 俞秀宝. 从海因里希法则看事故致因[N]. 文汇报，2013-06-24(14).

[5] Heinrich H W, Petersen D, Roos N R. Industrial accident prevention：A safety management approach[M]. 5th ed. New York：McGraw-Hill, 1980.

[6] Salminen S, von Wright A, Morelli L, et al. Demonstration of safety of probiotics：a review[J]. International Journal of Food Microbiology, 1998, 44(1/2)：93-106.

[7] 颜伟文，张文海，王磊，等. 关于企业安全生产管理人员素质现状及其培训的建议[J]. 中国安全科学学报，2006，16(10)：51-55.

[8] Garrett J W, Teizer J. Human factors analysis classification system relating to human error awareness taxonomy in construction safety[J]. Journal of Construction Engineering and Management, 2009, 135(8)：754-763.

[9] Evia C. Localizing and designing computer-based safety training solutions for Hispanic construction workers[J]. Journal of Construction Engineering and Management, 2011, 137(6)：452-459.

[10] 张吉广，张伶. 安全氛围对企业安全行为的影响研究[J]. 中国安全生产科学技术，2007，3(1)：106-110.

[11] Ford M T, Tetrick L E. Safety motivation and human resource management in North America[J]. The International Journal of Human Resource Management, 2008, 19(8)：1472-1485.

[12] 傅贵，李宣东，李军. 事故的共性原因及其行为科学预防策略[J]. 安全与环境学报，2005，5(1)：80-83.

[13] Cropanzano R, Mitchell M S. Social exchange theory：An interdisciplinary review

[J]. Journal of Management,2005,31(6):874-900.

[14] Cox S J, Cheyne A J T. Assessing safety culture in offshore environments[J]. Safety Science,2000,34(1/2/3):111-129.

[15] Cheyne A, Oliver A, Tomás J M et al. The architecture of employee attitudes to safety in the manufacturing sector[J]. Personnel Review,2002,31(6):649-670.

[16] Campbell J Y. Understanding risk and return[R]. National Bureau of Economic Research,1993.

[17] Griffin M A, Neal A. Perceptions of safety at work:A framework for linking safety climate to safety performance, knowledge, and motivation[J]. Journal of Occupational Health Psychology,2000,5(3):347-358.

[18] Vinodkumar M N, Bhasi M. Safety management practices and safety behaviour:Assessing the mediating role of safety knowledge and motivation[J]. Accident Analysis & Prevention,2010,42(6):2082-2093.

[19] 梁振东,刘海滨.个体特征因素对不安全行为影响的 SEM 研究[J].中国安全科学学报,2013,23(2):27-33.

[20] Bandura A. Social cognitive theory:An agentic perspective[J]. Annual Review of Psychology,2001,52(1):1-26.

[21] Neal A, Griffin M A, Hart P M. The impact of organizational climate on safety climate and individual behavior[J]. Safety Science,2000,34(1/2/3):99-109.

[22] Zohar D. A group-level model of safety climate:Testing the effect of group climate on microaccidents in manufacturing jobs[J]. The Journal of Applied Psychology,2000,85(4):587-596.

[23] Williamson A M, Feyer A M, Cairns D, et al. The development of a measure of safety climate:The role of safety perceptions and attitudes[J]. Safety Science,1997,25(1/2/3):15-27.

[24] McCaughey D, DelliFraine J L, McGhan G, et al. The negative effects of workplace injury and illness on workplace safety climate perceptions and health care worker outcomes[J]. Safety Science,2013,51(1):138-147.

[25] 于广涛,王二平.安全文化的内容、影响因素及作用机制[J].心理科学进展,2004,12(1):87-95.

[26] 陆柏,傅贵,付亮.安全文化与安全氛围的理论比较[J].煤矿安全,2006,37(5):66-70.

[27] Glaser B G, Strauss A L. The discovery of grounded theory:Strategies for qualitative research[M]. New York:Adline de Gruyte,1967.

[28] Strauss A L. Qualitative analysis for social scientists[M]. Cambridge:Cambridge

University Press, 1987.

[29] Glaser B G. The grounded theory perspective: Conceptualization contrasted with description[M]. Sociology Press, 2001.

[30] Charmaz K. Grounded theory[J]//Smith J, Harre R et al. Rethinking methods in psychology. 1995:27-49.

[31] Charmaz K. Constructing grounded theory: A practical guide through qualitative research[M]. London: Sage Publications Ltd, 2006.

[32] Glaser B G, Strauss A L. The discovery of grounded theory: strategies for qualitative research[J]. Nursing Research, 1968, 17(4): 364.

[33] Glaser B G, Strauss A L. The discovery of grounded theory: Strategies for qualitative research[M]. Transaction publishers, 2009.

[34] Ajzen I. The theory of planned behavior[J]. Organizational Behavior and Human Decision Processes, 1991, 50(2): 179-211.

[35] Bandera C. Foveal machine vision systems[C]//IEEE International conference on systems. IEEE, 1990.

[36] Mayo F R, Walling C. Copolymerization[J]. Chemical Reviews, 1950, 46(2): 191-287.

[37] Motowidlo S J, Scotter J V. Evodence that task performance should be distinguished from contextual performance[J]. Journal of Applied Psychology, 1994, 79(4): 475-480.

[38] 张玮. 安全氛围的结构及其作用机制研究[D]. 杭州：浙江大学, 2008.

[39] Neal A, Griffin M A. A study of the lagged relationships among safety climate, safety motivation, safety behavior, and accidents at the individual and group levels [J]. The Journal of Applied Psychology, 2006, 91(4): 946-953.

[40] Christian M S, Bradley J C, Wallace J C, et al. Workplace safety: a meta-analysis of the rolesof person and situation factors[J]. The Journal of Applied Psychology, 2009, 94(5): 1103-1127.

[41] 刘素霞, 梅强, 沈斌, 等. 安全绩效研究综述[J]. 中国安全科学学报, 2010, 20(5): 131-139.

[42] 于广涛, 李永娟. 安全氛围三"心"模型的构建与检验[J]. 中国安全科学学报, 2009, 19(9): 28-36.

[43] Cheyne A, Cox S, Oliver A, et al. Modelling safety climate in the prediction of levels of safety activity[J]. Work & Stress, 1998, 12(3): 255-271.

[44] 刘素霞. 基于安全生产绩效提升的中小企业安全生产行为研究[D]. 镇江：江苏大学, 2012.

[45] Fruhen L S, Mearns K J, Flin R, et al. Skills, knowledge and senior managers' demonstrations of safety commitment[J]. Safety Science, 2014, 69: 29-36.

[46] 周波,李贤功,汪伟忠. 煤矿企业员工安全知识能力分析[J]. 煤炭工程, 2012, 44(9): 137-139.

[47] Rasmussen J. Skills, rules, and knowledge; signals, signs, and symbols, and other distinctions in human performance models[J]. IEEE Transactions on Systems, Man, and Cybernetics, 1983(3): 257-266.

[48] Hesketh B, Neal A. Technology and performance[J]. Pulakos (Eds.), The changing nature of performance: Implications for staffing, motivation, and development, 1999: 21-55.

[49] Cox S, Tomás J M, Cheyne A, et al. Safety culture: The prediction of commitment to safety in the manufacturing industry[J]. British Journal of Management, 2002, 9: 3-11.

[50] 郭彬彬. 煤矿人的不安全行为的影响因素研究[D]. 西安: 西安科技大学, 2011.

[51] 吴声声. 电力企业人因安全的研究与应用[D]. 北京: 北京交通大学, 2013.

[52] Fishbein M, Ajzen I. Belief, attitude, intention, and behavior: An introduction to theory and research[J]. Contemporary sociology, 1977, 6(2): 244.

[53] Donald I, Young S. Managing safety: An attitudinal-based approach to improving safety in organizations[J]. Leadership & Organization Development Journal, 1996, 17(4): 13-20.

[54] Siu O L, Phillips D R, Leung T W. Safety climate and safety performance among construction workers in Hong Kong: The role of psychological strains as mediators[J]. Accident Analysis & Prevention, 2004, 36(3): 359-366.

[55] Donald I, Canter D. Employee attitudes and safety in the chemical industry[J]. Journal of Loss Prevention in the Process Industries, 1994, 7(3): 203-208.

[56] Lund J, Aarø L E. Accident prevention. Presentation of a model placing emphasis on human, structural and cultural factors[J]. Safety Science, 2004, 42(4): 271-324.

[57] Glendon A I. Safety culture[J]. 2006.

[58] 李磊. 关于大倾角采煤技术应用及其安全管理分析[J]. 科技创新与应用, 2014(30): 115.

[59] Skinner E A. A guide to constructs of control[J]. Journal of Personality and Social Psychology, 1996, 71(3): 549-570.

[60] Mehrabian A, Russell J A. An approach to environmental psychology[M]. Cambridge: The MIT Press, 1974.

[61] Averill J R. Personal control over aversive stimuli and its relationship to stress[J].

Psychological Bulletin, 1973, 80(4): 286 - 303.

[62] Ajzen I. Residual effects of past on later behavior: Habituation and reasoned actionperspectives[J]. Personality and Social Psychology Review, 2002, 6(2): 107 - 122.

[63] Burger J M. Negative reactions to increases in perceived personal control[J]. Journal of Personality and Social Psychology, 1989, 56(2): 246 - 256.

[64] 刘轶松. 安全管理中人的不安全行为的探讨[J]. 西部探矿工程, 2005, 6: 226 - 228.

[65] Huang Y H, Ho M, Smith G S, et al. Safety climate and self-reported injury: Assessing the mediating role of employee safety control[J]. Accident Analysis & Prevention, 2006, 38(3): 425 - 433.

[66] 武淑平, 宋守信. 营运客车道路交通事故人因失误问题研究[J]. 综合运输, 2008 (5): 62 - 65.

[67] Zohar D. Safety climate in industrial organizations: Theoretical and applied implications[J]. The Journal of Applied Psychology, 1980, 65(1): 96 - 102.

[68] Williamson A M, Feyer A M, Cairns D, et al. The development of a measure of safety climate: The role of safety perceptions and attitudes[J]. Safety Science, 1997, 25(1/2/3): 15 - 27.

[69] Kennedy R, Kirwan B. Development of a Hazard and Operability-based method for identifying safety management vulnerabilities in high risk systems[J]. Safety Science, 1998, 30(3): 249 - 274.

[70] Mearns K J, Flin R. Assessing the state of organizational safety—culture or climate?[J]. Current Psychology, 1999, 18(1): 5 - 17.

[71] Zohar D, Luria G. A multilevel model of safety climate: Cross-level relationships between organization and group-level climates[J]. Journal of Applied Psychology, 2005, 90(4): 616 - 628.

[72] Dedobbeleer N, Béland F. A safety climate measure for construction sites[J]. Journal of Safety Research, 1991, 22(2): 97 - 103.

[73] Coyle I R, Sleeman S D, Adams N. Safety climate[J]. Journal of Safety Research, 1995, 26(4): 247 - 254.

[74] Díaz R I, Cabrera D D. Safety climate and attitude as evaluation measures of organizational safety[J]. Accident Analysis & Prevention, 1997, 29(5): 643 - 650.

[75] Hofmann D A, Stetzer A. The role of safety climate and communication in accident interpretation: Implications for learning from negative events[J]. Academy of Management Journal, 1998, 41(6): 644 - 657.

[76] Cooper D. Improving safety culture: A practical guide[M]. New Jersey:

Wiley, 1997.

[77] Mearns K J, Flin R. Assessing the state of organizational safety: Culture or climate? [J]. Current Psychology, 1999, 18(1): 5 - 17.

[78] Yule S, Flin R, Murdy A. Modeling managerial influence on safety climate [C], 2001.

[79] Silva S, Lima M L, Baptista C. OSCI: An organisational and safety climate inventory [J]. Safety Science, 2004, 42(3): 205 - 220.

[80] Fang D, Chen Y, Wong L. Safety climate in construction industry: A case study in Hong Kong[J]. Journal of Construction Engineering and Management, 2006, 132(6): 573 - 584.

[81] Tharaldsen J E, Olsen E, Rundmo T. A longitudinal study of safety climate on the Norwegian continental shelf[J]. Safety Science, 2008, 46(3): 427 - 439.

[82] Keren N, Mills T R, Freeman S A, et al. Can level of safety climate predict level of orientation toward safety in a decision making task? [J]. Safety Science, 2009, 47(10): 1312 - 1323.

[83] 陆柏,陈培,张江石,等. 企业安全氛围因子结构和要素组合关系测评研究[J]. 中国安全科学学报, 2008, 18(3): 95 - 102.

[84] 刘海东. 什么是安全氛围[J]. 中国电力企业管理, 2009(17): 72 - 72.

[85] Fogarty G J, Shaw A. Safety climate and the Theory of Planned Behavior: Towards the prediction of unsafe behavior[J]. Accident Analysis & Prevention, 2010, 42(5): 1455 - 1459.

[86] Dollard M F, Tuckey M R, Dormann C. Psychosocial safety climate moderates the job demand-resource interaction in predicting workgroup distress[J]. Accident Analysis & amp; Prevention, 2012, 45(0): 694 - 704.

[87] Brondino M, Silva S A, Pasini M. Multilevel approach to organizational and group safety climate and safety performance: Co-workers as the missing link[J]. Safety Science, 2012, 50(9): 1847 - 1856.

[88] Colley S K, Lincolne J, Neal A. An examination of the relationship amongst profiles of perceived organizational values, safety climate and safety outcomes[J]. Safety Science, 2013, 51(1): 69 - 76.

[89] Brown R L, Holmes H. The use of a factor-analytic procedure for assessing the validity of an employee safety climate model[J]. Accident Analysis & Prevention, 1986, 18(6): 455 - 470.

[90] Dedobbeleer N, Béland F. A safety climate measure for construction sites[J]. Journal of Safety Research, 1991, 22(2): 97 - 103.

[91] Rundmo T. Safety climate, attitudes and risk perception in Norsk Hydro[J]. Safety science, 2000, 34(1/2/3): 47-59.

[92] Cox S J, Cheyne A J T. Assessing safety culture in offshore environments[J]. Safety Science, 2000, 34(1/2/3): 111-129.

[93] Glendon A I, Litherland D K. Safety climate factors, group differences and safety behaviour in road construction[J]. Safety Science, 2001, 39(3): 157-188.

[94] Mohamed S. Safety climate in construction site environments[J]. Journal of Construction Engineering and Management, 2002, 128(5): 375-384.

[95] Seo D C, Torabi M R, Blair E H, et al. A cross-validation of safety climate scale using confirmatory factor analytic approach[J]. Journal of Safety Research, 2004, 35(4): 427-445.

[96] Fang D P, Chen Y, Wong L. Safety climate in construction industry: a case study in Hong Kong[J]. Journal of Construction Engineering and Management, 2006, 132(6): 573-584.

[97] Wu T C, Chen C H, Li C C. A correlation among safety leadership, safety climate and safety performance[J]. Journal of Loss Prevention in the Process Industries, 2008, 21(3): 307-318.

[98] Lin S H, Tang W J, Miao J Y, et al. Safety climate measurement at workplace in China: A validity and reliability assessment[J]. Safety Science, 2008, 46(7): 1037-1046.

[99] Vinodkumar M N, Bhasi M. Safety climate factors and its relationship with accidents and personal attributes in the chemical industry[J]. Safety Science, 2009, 47(5): 659-667.

[100] Zhou Q, Fang D P, Mohamed S. Safety climate improvement: Case study in a Chinese construction company[J]. Journal of Construction Engineering and Management, 2011, 137: 86-95.

[101] Fernández-Muñiz B, Montes-Peón J M, Vázquez-Ordás C J. Safety climate in OHSAS 18001-certified organisations: Antecedents and consequences of safety behaviour[J]. AccidentAnalysis & Prevention, 2012, 45: 745-758.

[102] Kwon O J, Kim Y S. An analysis of safeness of work environment in Korean manufacturing: The "safety climate" perspective[J]. Safety Science, 2013, 53: 233-239.

[103] 蓝荣香. 安全氛围对安全行为的影响及安全氛围调查软件的开发[D]. 北京: 清华大学, 2004.

[104] 陈扬. 建筑企业安全氛围的测量:抽样方法及其应用[D]. 北京:清华大学, 2005.

[105] 林嗣豪,王治明,唐文娟,等. 工作场所安全氛围的测量及其效度与信度的评价[J]. 四川大学学报(医学版),2007,38(4):720-724.

[106] 丁明蓉. 企业安全氛围测量工具的初步开发[D]. 镇江:江苏大学,2007.

[107] 张江石,傅贵,王祥尧,等. 行为与安全绩效关系研究[J]. 煤炭学报,2009(6):857-860.

[108] 于广涛. 行为科学关于安全控制的研究述评与未来研究展望[J]. 中国安全科学学报,2009,19(3):86-92.

[109] 叶新凤,李新春,王智宁. 安全氛围对员工安全行为的影响:心理资本中介作用的实证研究[J]. 软科学,2014,28(1):86-90.

[110] 王亦虹,刘飞,黄路路. 建筑施工企业安全氛围量表初步开发:基于天津市建筑施工企业样本的研究[J]. 中国安全生产科学技术,2015(5):192-198.

[111] 张力. 安全氛围与驾驶行为关系研究[D]. 北京:北京交通大学,2015.

[112] Wagenaar T C. The capstone course[J]. Teaching Sociology, 1993, 21(3): 209.

[113] Helmreich R L. Managing human error in aviation[J]. Scientific American, 1997, 276(5): 62-67.

[114] Choudhry R M, Fang D P. Why operatives engage in unsafe work behavior: Investigating factors on construction sites[J]. Safety Science, 2008, 46(4): 566-584.

[115] 郑莹. 煤矿员工不安全行为的心理因素分析及对策研究[D]. 唐山:河北理工大学,2008.

[116] 李红霞,田水承. 安全激励机制体系分析[J]. 矿业安全与环保,2001,28(3):8-9.

[117] 李永娟,王二平. 组织错误的研究[J]. 人类工效学,2001,7(3):48-50.

[118] 刘绘珍,张力,王以群. 人因失误原因因素控制模型及屏障分析[J]. 工业工程,2007,10(6):13-17.

[119] 曹庆仁,李凯,李静林. 管理者行为对矿工不安全行为的影响关系研究[J]. 管理科学,2011,24(6):69-78.

[120] 殷文韬,傅贵,张苏,等. 煤矿企业员工不安全行为影响因子分析研究[J]. 中国安全科学学报,2012,22(11):150-155.

[121] Singer L D. Product communication: form, failure and safety[J]. Visible Language, 2009.

[122] Yau Y, Ho D C W, Chau K W. Determinants of the safety performance of private multi-storey residential buildings in Hong Kong[J]. Social Indicators Research, 2008, 89(3): 501-521.

[123] Smith-Crowe K, Burke M J, Landis R S. Organizational climate as a moderator of safety knowledge-safety performance relationships[J]. Journal of Organizational Behavior, 2003, 24(7): 861-876.

[124] Jiang L, Yu G T, Li Y J, et al. Perceived colleagues' safety knowledge/behavior and safetyperformance: Safety climate as a moderator in a multilevel study[J]. Accident Analysis & Prevention, 2010, 42(5): 1468-1476.

[125] Barbaranelli C, Petitta L, Probst T M. Does safety climate predict safety performance in Italy and the USA? Cross-cultural validation of a theoretical model of safety climate[J]. Accident Analysis & Prevention, 2015, 77: 35-44.

[126] Liu X X, Huang G X, Huang H Q, et al. Safety climate, safety behavior, and worker injuries in the Chinese manufacturing industry[J]. Safety Science, 2015, 78: 173-178.

[127] Fugas C S, Silva S A, Meliá J L. Another look at safety climate and safety behavior: Deepening the cognitive and social mediator mechanisms[J]. Accident Analysis & Prevention, 2012, 45: 468-477.

[128] 贾旭东,谭新辉. 经典扎根理论及其精神对中国管理研究的现实价值[J]. 管理学报, 2010, 7(5):656-665

[129] Yin R K. Case study research: Design and methods, revised edition[J]. Applied Social Research Methods Series, 1989, 5.

[130] Platt J. "Case study" in American methodological thought[J]. Current Sociology, 1992, 40(1): 17-48.

[131] 陈晓萍,徐淑英,樊景立. 组织与管理研究的实证方法[M]. 北京:北京大学出版社, 2008.

[132] Strauss A, Corbin J M. Grounded theory in practice[M]. Newbury Park, CA: Sage, 1997.

[133] 李志刚,李兴旺. 蒙牛公司快速成长模式及其影响因素研究:扎根理论研究方法的运用[J]. 管理科学, 2006, 19(3): 2-7.

[134] Strauss A, Corbin J. Basics of qualitative research[M]. Newbury Park, CA: Sage, 1990.

[135] Clarke S. The relationship between safety climate and safety performance: A meta-analytic review[J]. Journal of Occupational Health Psychology, 2006, 11(4): 315-327.

[136] Zohar D. Safety climate: Conceptual and measurement issues[J]. J. c. quick & L. tetrick Handbook of, 2003.

[137] Vinodkumar M N, Bhasi M. Safety management practices and safety behaviour: Assessing the mediating role of safety knowledge and motivation[J]. Accident Analysis & Prevention, 2010, 42(6): 2082-2093.

[138] 郭伏,杨学涵. 人因工程学[M]. 2版. 沈阳:东北大学出版社, 2005.

[139] 陈宗宝,周敏,宫正,等. 对煤矿职工不安全行为影响因素的分析[J]. 能源技术与管理,2008(1):128-130.

[140] Rhoades L, Eisenberger R. Perceived organizational support: A review of the literature[J]. The Journal of Applied Psychology, 2002, 87(4): 698-714.

[141] Kanki B G, Lozito S, Foushee H C. Communication indices of crew coordination.[J]. Aviation, Space, and Environmental Medicine, 1989, 60(1):56-60.

[142] Geller E S. Ten principles for achieving a total safety culture[J]. Professional Safety, 1994, 39(9): 18.

[143] Iversen H. Risk-taking attitudes and risky driving behaviour[J]. Transportation ResearchPart F: Traffic Psychology and Behaviour, 2004, 7(3):135-150.

[144] 曹勇,孙合林,蒋振宇,等. 异质性知识对企业创新绩效的影响:理论述评与展望[J]. 科技管理研究,2016,36(2):168-171.

[145] 曹庆仁,李凯,李静林. 管理者行为对矿工不安全行为的影响关系研究[J]. 管理科学,2011,24(6):69-78.

[146] Ajzen I, Fishbein M. Attitude-behavior relations: A theoretical analysis and review of empirical research[J]. Psychological Bulletin, 1977, 84(5):888-918.

[147] Donald I, Canter D. Employee attitudes and safety in the chemical industry[J]. Journal of Loss Prevention in the Process Industries, 1994, 7(3):203-208.

[148] Siu O L, Phillips D R, Leung T W. Age differences in safety attitudes and safety performance in Hong Kong construction workers[J]. Journal of Safety Research, 2003, 34(2): 199-205.

[149] 陆柏,陈培,傅贵. 基于SEM的企业安全氛围诊断与测评研究[J]. 中国安全科学学报,2010,20(4):22-26.

[150] Ajzen I, Fishbein M. Understanding attitudes and predicting social behavior[M]. New Jersey: Prentice-Hall, 1980.

[151] 刘素霞,梅强,张赞赞. 中小企业安全绩效评估方法研究[C]. 第十六届海峡两岸及香港、澳门地区职业安全卫生学术研讨会,2008:354-358.

[152] Baig M M. Safety assessment in industrial construction projects in Saudi Arabia[D]. Dhahran: King Fahd University of Petroleum and Minerals, 2001.

[153] 汪德宝. 纳米企业安全氛围与安全绩效的关系研究[D]. 杭州:浙江大学,2008.

[154] Chhokar J S, Wallin J A. A field study of the effect of feedback frequency on performance[J]. Journal of Applied Psychology, 1984, 69(3): 524-530.

[155] Cooper M D, Phillips R A. Validation of a safety climate measure[C]//Occupational Psychology Conference of the British Psychological Society. 1994, 3(5).

[156] Ptersen D. Techniques of safety management[M]. New York: McGram-Hill, 1971.

[157] Dedobbeleer N, Béland F. A safety climate measure for construction sites[J]. Journal of Safety Research, 1991, 22(2):97-103.

[158] Flin R, Mearns K, O'connor P, et al. Measuring safety climate: identifying the common features[J]. Safety Science, 2000, 34(1/2/3):177-192.

[159] Hofmann D A, Stetzer A. A cross-level investigation of factors influencing unsafe behaviors and accidents[J]. Personnel Psychology, 1996, 49(2):307-339.

[160] Wallace J C, Popp E, Mondore S. Safety climate as a mediator between foundation climates and occupational accidents: A group-level investigation[J]. The Journal of Applied Psychology, 2006, 91(3):681-688.

[161] Hofmann D A, Morgeson F P. Safety-related behavior as a social exchange: The role of perceived organizational support and leader-member exchange[J]. Journal of Applied Psychology, 1999, 84(2):286-296.

[162] Hofmann D A, Morgeson F P, Gerras S J. Climate as a moderator of the relationship between leader-member exchange and content specific citizenship: Safety climate as an exemplar.[J]. The Journal of Applied Psychology, 2003, 88(1):170-178.

[163] González-Romá V, Peiró J M, Tordera N. An examination of the antecedents and moderator influences of climate strength[J]. The Journal of Applied Psychology, 2002, 87(3):465-473.

[164] Zohar D, Tenne-Gazit O. Transformational leadership and group interaction as climate antecedents: A social network analysis[J]. The Journal of Applied Psychology, 2008, 93(4):744-757.

[165] Clarke D D, Ward P, Bartle C, et al. Young driver accidents in the UK: The influence of age, experience, and time of day[J]. Accident Analysis & Prevention, 2006, 38(5):871-878.

[166] 胡里根. 铁路车务站段安全管理水平评价方法及应用研究[D]. 北京:北京交通大学, 2005.

[167] 谢晋宇. 人力资源开发概论[M]. 北京:清华大学出版社, 2005.

[168] 石金涛. 培训与开发[M]. 2版. 北京:中国人民大学出版社, 2009.

[169] Thompson J B. Hermeneutics and the human sciences: Essays on language, action and interpretation[M]. Cambridge University Press, 1981.

[170] Dollard M F, Winefield H R, Winefield A H, et al. Psychosocial job strain and productivity in human service workers: A test of the demand-control-support model[J]. Journal of Occupational and Organizational Psychology, 2000, 73(4):501-510.

[171] Hinze J, Pannullo J. Safety: Function of job control[J]. Journal of the Construction Division, 1978, 104(2): 241-249.

[172] Samelson N M, Levitt R E. Owner's guidelines for selecting safe contractors[J]. Journal of the Construction Division, 1982, 108(4): 617-623.

[173] Blair E H. Achieving a total safety paradigm through authentic caring and quality [J]. Professional Safety, 1996, 41(5): 24-27.

[174] Bartel A, Thomas L. Direct and Indirect Effects of Regulation [J]. The Journal of Law and Economics, 1985: 28(1): 1-25.

[175] 刘静, 程建中. 建筑企业内部控制制度的完善与实施[J]. 建筑, 2005(12): 45.

[176] 黄宁强. 现代建筑企业安全管理模式的研究[D]. 西安: 西安建筑科技大学, 2005.

[177] 邹晓波, 毕默. 安全领导力、安全氛围与安全行为的典型相关分析[J]. 重庆建筑, 2012, 11(7): 52-54.

[178] Yousef D A. Organizational commitment: A mediator of the relationships of leadership behavior with job satisfaction and performance in a non-western country [J]. Journal of Managerial Psychology, 2000, 15(1), 6-24.

[179] Murgatroyd S J, Woolfe R. Coping with crisis: Understanding and helping people in need[M]. Milteon Keynes: Open University Press, 1982.

[180] Powell W W, Koput K W, Smith-Doerr L. Interorganizational collaboration and the locus of innovation: Networks of learning in biotechnology[J]. Administrative Science Quarterly, 1996, 41(1): 116-145.

[181] Barling J, Zacharatos A. High performance safety systems: Ten management practices for creating safe organizations[C]//SK Parker & MA Griffin (Chairs), Managing safety at work: Beyond blaming the individual. Symposium conducted at the Acad—emy of Management Conference, Chicago, 1999.

[182] Parker S K, Axtell C M, Turner N. Designing a safer workplace: Importance of job autonomy, communication quality, and supportive supervisors. [J]. Journal of Occupational Health Psychology, 2001, 6(3): 211-228.

[183] Näswall K, Sverke M, Hellgren J. The moderating role of personality characteristics on the relationship between job insecurity and strain[J]. Work & Stress, 2005, 19(1): 37-49.

[184] Mischel W. Toward an integrative science of the person[J]. Annual Review of Psychology, 2004, 55: 1-22.

[185] Fornell C, Larcker D F. Evaluating structural equation models with unobservable variables and measurement error[J]. Journal of Marketing Research, 1981, 18(1): 39.

[186] Bagozzi R P, Yi Y. On the evaluation of structural equation models[J]. Journal of the Academy of Marketing Science, 1988, 16(1): 74-94.

[187] 李怀祖. 管理研究方法论[M]. 2版. 西安: 西安交通大学出版社, 2004.

[188] Iglesias V, Vázquez R. The moderating effects of exclusive dealing agreements on distributor satisfaction[J]. Journal of Strategic Marketing, 2001, 9(3):215-231.

[189] Yuan F R, Woodman R W. Innovative behavior in the workplace: The role of performance and image outcome expectations[J]. Academy of Management Journal, 2010, 53(2):323-342.

[190] Zhang X M, Bartol K M. Linking empowering leadership and employee creativity: The influence of psychological empowerment, intrinsic motivation, and creative process engagement[J]. Academy of Management Journal, 2010, 53(1):107-128.

[191] 侯杰泰, 温忠麟, 成子娟. 结构方程模型及其应用[M]. 北京: 教育科学出版社, 2004.

[192] Anderson J C, Gerbing D W. Structural equation modeling in practice: A review and recommended two-step approach[J]. Psychological Bulletin, 1988, 103(3): 411-423.

[193] 杨国枢. 中国人的心理与行为: 本土化研究[M]. 北京: 中国人民大学出版社, 2004.

[194] Farh J L, Hackett R D, Liang J. Individual-level cultural values as moderators of perceived organizational support-employee outcome relationships in China: Comparing the effects of power distance and traditionality[J]. Academy of Management Journal, 2007, 50(3):715-729.

[195] Brown K A, Willis P G, Prussia G E. Predicting safe employee behavior in the steel industry: Development and test of a sociotechnical model[J]. Journal of Operations Management, 2000, 18(4): 445-465.

[196] Tomas J M, Oliver A. Rosenberg's self-esteem scale: Two factors or method effects[J]. Structural Equation Modeling: A Multidisciplinary Journal, 1999, 6(1): 84-98.

[197] Seo D C. An explicative model of unsafe work behavior[J]. Safety Science, 2005, 43(3): 187-211.

[198] Hahn S E, Murphy L R. A short scale for measuring safety climate[J]. Safety Science, 2008, 46(7): 1047-1066.

[199] 方东平, 周全. 中国建筑企业安全文化调查[A]. 2009年台湾安全文化国际论坛[C]. (清华. 金门) 建筑安全研究中心. 北京:2009,12:11-13.

[200] Glendon A I, Stanton N A. Perspectives on safety culture[J]. Safety Science, 2000, 34(1/2/3): 193-214.

[201] Coyle I R, Sleeman S D, Adams N. Safety climate[J]. Journal of Safety Research, 1995, 26(4): 247-254.

[202] Cohen A, Smith M, Cohen H H. Safety program practices in high versus low accident rate companies: An interim report[R], 1975.

[203] Planek T, Driessen G, Vilardo F J. Evaluating the elements of an industrial safety program[J]. National Safety News, 1967: 60-63.

[204] Evans B, Glendon A I, Creed P A. Development and initial validation of an aviation safety climate scale. [J]. Journal of Safety Research, 2007, 38(6):675-682.

[205] Ghahramani A, Khalkhali H R. Development and validation of a safety climate scale for manufacturing industry[J]. Safety and Health at Work, 2015,6(2):97-103.

[206] Wu C L, Song X Y, Wang T, et al. Core dimensions of the construction safety climate for a standardized safety-climate measurement[J]. Journal of Construction Engineering and Management, 2015, 141(8): 04015018.

[207] Zhou Q, Fang D P, Mohamed S. Safety climate improvement: Case study in a Chinese construction company [J]. Journal of Construction Engineering and Management, 2011, 137(1): 86-95.

[208] Henning J B, Stufft C J, Payne S C, et al. The influence of individual differences on organizational safety attitudes[J]. Safety Science, 2009, 47(3): 337-345.

[209] Lee C, Ashford S J, Bobko P. Interactive effects of "type a" behavior and perceived control on worker performance, job satisfaction, and somatic complaints[J]. Academy of Management Journal, 1990, 33(4): 870-881.

[210] Conner M, McMillan B. Interaction effects in the theory of planned behaviour: Studying cannabis use[J]. British Journal of Social Psychology, 1999, 38(2): 195-222.

[211] 杨世军. 建筑企业安全文化与安全绩效关系的实证分析及比较研究 [D]. 成都:西南交通大学, 2013.

[212] 袁玥. 建筑企业安全文化对安全绩效作用机理的实证研究 [D]. 成都:西南交通大学, 2012.

[213] 吴明隆. 结构方程模型:AMOS 的操作与应用[M]. 重庆:重庆大学出版社, 2009.

[214] Bock G W, Zmud R W, Kim Y G, et al. Behavioral intention formation in knowledge sharing: Examining the roles of extrinsic motivators, social-psychological forces, and organizational climate[J]. MIS Quarterly, 2005, 29(1): 87.

[215] 黄芳铭. 结构方程模式:理论与应用[M]. 北京:中国税务出版社, 2005.

[216] Bagozzi R P, Yi Y, Nassen K D. Representation of measurement error in marketing

variables: Review of approaches and extension to three-facet designs[J]. Journal of Econometrics, 1998, 89(1/2): 393-421.

[217] Browne M W, Cudeck R. Alternative ways of assessing model fit[J]. Sociological Methods & Research, 1992, 21(2): 230-258.

[218] Hu L T, Bentler P M. Cutoff criteria for fit indexes in covariance structure analysis: Conventional criteria versus new alternatives[J]. Structural Equation Modeling: A Multidisciplinary Journal, 1999, 6(1): 1-55.

[219] 马国庆. 管理统计:数据获取、统计原理、SPSS 工具与应用研究[M]. 北京:科学出版社,2002.

[220] 吴明隆. 问卷统计分析实务:SPSS 操作与应用[M]. 重庆:重庆大学出版社,2010.

[221] 林炜铃. 岛屿旅游地安全氛围对游客安全行为的影响机制研究[D]. 泉州:华侨大学,2015.

[222] James L R, Demaree R G, Wolf G. R-sub(wg): An assessment of within-group inter rater agreement[J]. Journal of Applied Psychology, 1993, 78(2):306-309.

[223] Bartko J J, Carpenter W T. On the methods and theory of reliability[J]. The Journal of Nervous and Mental Disease, 1976, 163(5): 307-317.

[224] Kozlowski S W, Hattrup K, et al. A disagreement about within-group agreement: Disentangling issues of consistency versus consensus[J]. Journal of Applied Psychology, 1992, 77(2):161-167.

[225] Chen G, Bliese P D. The role of different levels of leadership in predicting self-and collective efficacy: Evidence for discontinuity[J]. The Journal of Applied Psychology, 2002, 87(3): 549-556.

# 致　谢

感谢我的导师吴宗法教授。本书的方向指引、结构框架及草拟稿等都得到了吴宗法教授的悉心指导，从而不断纠正错误，促成了最终的成稿。恩师视野开阔，高屋建瓴，思想深刻，学识渊博，可称良师；治学严谨认真，工作热情勤勉，学识渊博，汇集百川，足为典范；恩师性情温和，待人热情，平易近人，交往中如沐春风，堪比益友。这些年不但促进了我的学业，在思想和为人处世方面更是使我受益匪浅，终生难忘，在此向恩师致以最诚挚的谢意！

感谢我的老师俞秀宝副教授。在我写作艰难、迷茫困惑时期，给予了我无私的帮助，将自身多年的学术方向及成果分享给我，并在研究思路、学术规范上给予了持续指引，帮我度过艰难时期。俞老师对待学术严谨、认真，精益求精，这种孜孜不倦的追求精神深深感染了我，让我具备克服困难的勇气和不断前行的动力。在此对俞秀宝老师致以衷心的谢意！

感谢我的同门、同学和益友，本书的完成得益于同学朋友之间互相帮助、互相支持和互相促进的学习及生活氛围。感谢山东第一医科大学的陆强博士、时涛博士和王爱敏博士给予的关心和支持！感谢我的同门詹泽雄博士、程国雄博士给予的支持！感谢青岛理工大学徐振亭博士、山东大学门成昊博士及孔庆山博士、山东建筑大学张士彬博士、山东财经大学岳雷博士、上海海洋大学徐士伟博士和无锡学院方胜博士等对我一如既往的支持和帮助。没有你们的投入和助力，本书进展不可能这么顺利，在此对帮助过我的同学和朋友表示诚挚的感谢！

最后，深深感谢我家人的支持和帮助！我的妻子孟秀焕一直在背后无私奉献，默默支撑着整个家庭，她的坚强、她的鼓励是我精神振作的源泉和支柱，在此对妻子表示衷心的感谢！还有很多人给予了我无私的支持和帮助，难以详尽，只能用感恩之心对所有支持和帮助过我的人表达自己的谢意，由衷地说一声：谢谢你们！

马振鹏
2021 年 8 月